JN371570

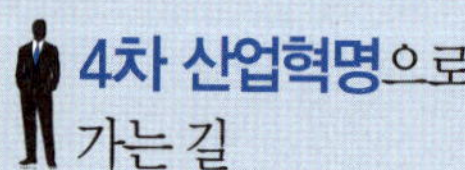

초판 1쇄 발행일 : 2016. 9. 1.
2쇄 발행일 : 2016. 10. 17.
3쇄 발행일 : 2016. 12. 30. **4쇄 발행일 :** 2019. 01. 17.
지은이 : 이민화
펴낸곳 : (사)창조경제연구회
출판등록 : 2014. 4. 1.
주소 : 서울시 강남구 논현로 28길 25(도곡동 517-10)
전화 : 02-577-8301
홈페이지 : kcern.org
이메일 : kcern@kcern.org
편집기획 : 릴시스템

| 벤처 선구자 이민화 기고문 모음집 |

4차 산업혁명으로 가는길

이 민 화 지음

KCERN

책을 펴내며

일 년 간의 활동과 기고문을 모은 세 번째 책을 펴내게 되었다. 아내를 포함하여 주변에서 알아주지 않는 일을 만들어 혼자 동분서주한 이야기들이다. 혁신 국가를 향한 월간 창조경제 포럼과 벤처, 바른 역사, 디지털 병원 그리고 4차 산업혁명이 주된 내용이다.

특히 월간 창조경제 정책 포럼은 매월 국가 혁신을 위한 다른 주제로 200페이지 내외에 달하는 보고서를 내고 공개 토론을 하는 힘든 과정들의 연속이었다. '하드웨어 스타트업', 'M&A 혁신장터', '창조형 기술사업화', '창조경제 세계화', '창조경제 성과와 미래', '글로벌화', '인공지능과 4차 산업혁명', '디지털 사회의 미래', '재기기업인', '규제 패러다임 혁신', '공유경제' 의 11개 과제들이 연구원들의 밤샘 고통의 자식들로 태어났다. 모든 생명의 탄생에 아픔은 당연한 일이나, 하나하나 분만의 고통 속에서 세상을 바꾸어 갔다. 창조경제연구회(KCERN)는 한국의 브루킹스, 헤리티지 연구소와 같은 민간 연구소로, 국가 혁신에 일조하고자 하는 사람들의 순수 민간 네트워크다.

벤처는 영원하다. 한국의 창조경제는 벤처와 대기업의 선순환 경제라고 간단히 정의할 수 있다. 벤처가 혁신을 대기업이 효율을 담당하여 혁신 시장에서 공정 거래를 통하여 국부를 창출하고 일자리를 만들어 가는 것이 대한민국이 제2 한강의 기적으로 가는 길일 것이다. 아직도 갈 길은 멀지만 그래도 한 걸음 한 걸음 다가가고는 있다. 벤처기업협회의 더 큰 역할을 기대한다.

창조경제와 벤처가 미래로 가는 길이라면, 이들을 비추어 주는 등대는 올바른 역사의식일 것이다. 추격 시대에서 선도 시대로 전환하는 과정에서 필수 과목이 바로 역사관의 정립이다. 식민사학과 국수주의를 극복하고 미래로 가는 바른 역사를 정립해 나가는 것이 창조경제의 밑거름일 것이다. 그래서 '역사는 미래'다. 이것이 유라시안 네트워크의 활동에도 관심을 부탁드리는 이유다.

디지털 병원은 한국의 새로운 산업을 대표하는 산업이라고 할 수 있다. 제조에서 서비스로 산업의 중심이 이동하고 오프라인에 온라인이 결합하는 시대적 소명에 한국의 인적 자원의 비교 우위를 대입하면 결론은 디지털 의료 산업이 나올 것이다. 규제 혁파 등, 디지털 의료의 발전 전략은 그대로 한국의 미래인 4차 산업 혁명으로 연결해 나갈 수 있을 것이다. 디지털 병원 수출조합의 역할은 아무리 강조해도 지나치지 않을 것이다.

4차 산업혁명은 인류사적인 혁명인 동시에 한국의 기회다. 1차 한강의 기적이 보여준 성공에 함몰되어 가는 대한민국을 일깨울 하늘이 준

화두다. 과거 ICT의 강국이었던 한국이 다시 세계적인 역할을 하기 위하여 정부와 민간이 혼연일체가 되어 4차 산업혁명의 구현에 힘을 모을 수 있어야 한다. 국운을 건 인류사적 혁명에 기운을 모으기 위하여 일차적으로 필요한 것이 위기의식이다. 자조적인 용어가 아니라 비판적인 용어로 우리의 위기를 직시해 보자. 주력 기업들은 추락하고 벤처 창업은 미국, 중국에 비교도 안 될 뿐만 아니라 일본보다 못하다. 세계 최고 속도로 노령화는 진행되고 소비 위축은 일본보다 심하다. 사회 갈등과 자살률은 OECD 최고이고, 안전망과 출산율은 최저다. 역사와 민족의식은 사라지고 개인화는 팽배하고 있다. 기업 취업보다 공무원 시험 준비생이 많은 기현상이 벌어지고 있다. 서로를 비난하며 이대로 주저앉을 수는 없지 않은가. 4차 산업혁명의 국가적 리더십이 필요한 이유다.

4차 산업혁명은 독일, 미국이 선도하고 일본, 유럽, 중국이 국력을 기울여 따라가고 있다. 인류사적 혁명에 방관하면, 19세기 말 대한제국의 전철을 밟게 될 수도 있다. 그렇다고 추격경제 시대와 같이 단순히 베끼는 정책으로는 강국으로 부상할 수 없다. 그들의 정책을 숙지하되 우리의 4차 산업혁명 그림을 그려야 한다. 짧으나 치열한 토론 과정에 한국의 석학들이 힘을 모으는 것이 두 번째 필요한 과정이다.

4차 산업혁명은 사물을 다루는 과학기술에서 촉발되어 O2O의 초 생산 사회를 구현할 것이나, 여기에 머물지는 않아야 한다. 초 생산은 과학기술과 더불어 규제 등 사회 제도의 변화가 수반되어야 하고, 이를 위하여 4차 산업혁명 강력 추진에 대한 국민적 합의가 요구된다. 4차 산업혁명이 분배 혁명으로 이어져야 하는 이유다. 분배를 위한 거버넌스 혁명이 4차 산업혁명의 양대 요소가 된다. 분배에 이은 착한 소비가 4차 산업혁명의 마무리가 될 것이다. 화백과 화랑도와 홍익인간과 선비정신을 되살려 4차 산업혁명의 차별화 정신으로 삼았으면 한다.

청년과 노년의 일자리는 국가 경쟁력의 결과다. 바로 혁신 국가를 지향해야 하는 이유다. 창조경제는 대기업과 벤처의 선순환을 통한 혁신 국가 건설이라고 해석했다. 4차 산업혁명은 현실과 가상 세계의 선순환을 통한 혁신 국가 건설이라는 해석이 가능하다. 창조경제와 4차 산업혁명은 혁신 국가라는 개념에서 융합하고 있다. 창조경제에서 4차 산업혁명으로 성공적인 국가 화두의 전환을 바라는 마음이다.

이 책에 수록된 기고문들은 나만의 글이 아닌, KCERN 연구원들의 꿈과 뜻으로 빚어낸 작품들이다. 오늘도 열정적으로 미래를 만들어가는 진정한 청년 KCERN 연구원들의 노고에 진심으로 감사하고 또 감사한다. 그리고 필자의 메시지를 항상 잘 이해하고 표현해내는 제자 아침, 그녀가 해마다 이렇게 책을 엮어주니 많은 글들을 부담 없이 집필할 수 있었다. 역시 지면을 빌려 고맙다 전한다.

2016년 여름, 이민화 올림

CONTENTS

4차 산업혁명으로 가는 길

책을 펴내며 4

서문 – 大한국인에 고함 14

대한민국을 일으킬 하늘이 준 기회, 4차 산업혁명 19

4차 산업혁명과 초생명사회 20

4차 산업혁명 기회와 위기 21

4차 산업혁명과 일자리의 미래 31

미래의 일, 창조·재미·윤리가 핵심이다 48

4차 산업혁명과 O2O 융합 51

4차 산업혁명과 혁신의 리더십, 기업가정신 55

4차 산업혁명은 데이터 혁명이다 58

4차 산업혁명은 분배 혁명 61

4차 산업혁명과 소비 혁명 64

4차 산업혁명과 혁신 생태계 67

혁신과 효율, 그리고 기업의 이익 70

인공지능 73

4차 산업혁명과 마케팅 혁신 74

인공지능과 4차 산업혁명 77

인공지능 혁명의 본질 80

인공지능 산업의 국내현황 83
인공지능의 미래와 국가정책 86
인공지능과 개인정보 94

디지털 사회의 미래 97
인류의 새로운 진화, 호모 모빌리언스 98
디지털 사회의 미래는 '초융합' 104
초인류와 소셜 현상들 107
超생산 사회에서 超신뢰 사회로 110

4차 산업혁명과 규제 패러다임 혁신 113
세계 1위 초고속망 불구 클라우드는 꼴찌 114
융합기술 시범사업을 허하라 117
4차 산업혁명과 규제개혁 패러다임 120

공유경제와 미래사회 123
4차 산업혁명과 공유경제 124
공유경제의 본질적 의미 127
공유경제의 두 얼굴 130
창조를 위한 개방과 공유의 패러다임 133

CONTENTS

4차 산업혁명으로 가는 길

미래로 가는 길, 창조경제와 벤처 139

하드웨어 스타트업 140

제조 3.0과 중소제조업 혁신 141

'뉴 하드(New Hard)' 의 시대 144

디자인 혁신의 시대 147

산업 패러다임이 바뀌면 품질 패러다임도 바뀌어야 한다 150

용산, 구로, 홍합, 성수, 그리고 강남 156

하드웨어 스타트업으로 벤처 세계화를 159

창조경제의 연결고리, 상생형 M&A 162

기술벤처 활성화, 상생형 M&A에 달렸다 163

벤처 M&A 혁신거래장터 필요하다 166

창조경제혁신센터와 대기업의 혁신 169

한국에 M&A를 許하라! 172

'창업투자와 M&A 활성화' 는 벤처생태계의 완성 175

창조경제의 연결고리, M&A 거래소 178

'상생형 M&A시대' 병신년 1월 열린다 181

바람직한 코스닥 복원 방향은 184

창조형 연구, 기술사업화 187

창조적 기술사업화가 시급하다 188
기술사업화와 죽음의 계곡 191
기술사업화, 단독개발 집착 버리고 개방과 협력 나서라 194
한국 기술사업화의 '불편한 진실' 197
창조형 연구와 창조경제 00
국가 R&D '개방형 사업화' 로 성장 · 고용 연결 203

창조경제의 성과와 미래과제 206

창조경제혁신센터를 혁신하라 207
창조센터를 매트릭스 조직화하라 210
창조경제혁신센터와 창업보육센터와 크라우드 펀딩 213
평가제도를 혁신하자 216
창조경제, 어디로 가야 하는가 219
창조경제의 미래 과제 222
기업가정신 의무교육 225
전략과 조직의 결합 '창조적 리더십' 228

벤처기업의 글로벌화 231

새로운 과제 '한국 벤처의 글로벌화' 232
글로벌화와 마케팅 혁신 235

CONTENTS

4차 산업혁명으로 가는 길

오프라인 기업 글로벌화 전략 238
본 글로벌(Born Global)과 초협력 생태계 241
벤처기업의 진화과정 5단계 244
벤처기업 글로벌화 위한 협력 생태계 필요하다 247

재도전 기업가를 위하여 250
좋은 실패, 나쁜 실패 251
재도전 기업 정책을 정상화하라 254
공무원인가? 벤처 창업인가? 257
실패를 통해 혁신은 다듬어진다 260
기업 회생 제도의 회생 263

벤처는 영원하다 266
'더벤처스 사태' 특별기고 267
메디슨 문화 270
페이팔 마피아, 메디슨 마피아 276
연속 기업가정신(Serial Entrepreneurship) 279
창업벤처와 사내벤처, 함께 활성화되어야 282
벤처 영웅을 기다리며 286

창조경제와 유라시안 이니셔티브 289

창조경제와 유라시안 이니셔티브 290

영국의 창조경제, 한국의 창조경제 293

유라시안 네트워크와 개방 한국 296

한국 창조경제의 글로벌화 299

이제는 역사 광복이다 302

열린 역사는 미래의 나침반이다 305

한국의 새로운 대표 산업, 디지털 병원 310

원격의료, 더 이상 늦출 수 없는 과제 311

ICT 기반의 메르스 대책 314

디지털 헬스케어의 미래 317

마무리 – 꿈, 뜻 그리고 사랑 331

大한국인에 고함

대한민국은 불과 반세기만에 세계 최빈국에서 선진국 클럽으로 도약하는 자랑스러운 1차 한강의 기적을 이룩하였다. 그러나, 추격자 전략의 성공에 함몰된 대한민국은 이제 갈 길을 잃고 방황하고 있다. 전 세계가 칭송하던 기업가정신은 OECD 바닥으로 추락하고 청년들은 안전한 공무원으로 몰려가고 있다. 주력 산업은 추락하고 신산업은 중국에 뒤지고 있다. 확대되는 양극화로 사회적 신뢰는 무너지고 국가관 부재로 개인주의는 심해지고 있다. 지식인들은 냉소주의로 돌아서고 국민의 자부심은 사라지고 있다. 제 2차 한강의 기적을 향한 국민 대 결집을 촉구하고자 하는 이유다.

1차 한강의 기적은 빠른 추격자 전략으로 예측 가능한 목표에 매진하는 효율로 달성되었다. 국가는 산업과 기업을 선택하여 지원과 규제를 하고, 대기업은 갑을 문화로 중소기업을 이끌고 수출 전선에 매진했다.

정해진 목표에 도달하는 능력을 양성하는 정답 위주의 교육으로 스펙형 인재를 양성했다. 목표에 도달하지 못하는 실패는 무능력 혹은 불성실로 간주하여 응징했다. 그 결과 우리는 효율 중심의 추격 경쟁 예선 1위로 OECD에 진입한 것이다.

그러나, 본격적인 OECD 본선 경쟁의 룰은 예선과 달라도 완전히 다르다. 효율 중심의 추격전략으로는 일류 국가 부상은 불가능하다. 열심히 하는 효율에 다르게 하는 혁신을 결합한 국가들이 선두권을 형성하고 있다. 이제 창조적 도전을 살리는 혁신의 안전망 구축이 필수 조건으로 부상했다. 그 결과 과거 추격 전략의 핵심역량들이 탈 추격 혹은 선도 전략에서는 핵심 걸림돌로 돌변해 버렸다. 과거 성공이 이제 미래 실패의 어머니가 된 것이다.

이제 목표 설정 능력이 목표 달성 능력보다 중요해졌다. 그런데, 우리는 스스로 남들이 가지 않은 미지의 미래 목표에 도전해 본 경험이 거의 없다. 목표 달성을 위한 상명하복의 갑을 문화는 목표 설정을 위한 토론 문화의 걸림돌이 되고 있다. 추격 전략의 결과 지향 주의는 탈 추격 전략에 필수적인 논의 과정을 저해하고 있다.

추격 시대에는 국가가 구체적 산업 목표를 정하고, 집중적 지원과 세세한 규제를 하는 국가 후견 주의로 성공했다. 그러나, 지난 10여 년간 정부가 구체적 산업 목표를 설정하고 추진한 정책들은 대부분 실패를 거듭하고 있지 않은가. 이제는 특정 산업 정책에서 산업 인프라 정책으로 대전환해야 하는데, 단기 실적주의가 이를 완강히 가로막고 있다. 정부 후견 주의를 과감히 버리고 민간주도로 가야 하는데 인프라 구축의 성과는 단기간에 나오지 않기 때문이다. 정부는 기업가정신 교육과 더불어 혁신의 안전망과 혁신 자본 시장을 구축하면 미래 먹거리는 벤처와 대기업이 만들어 낼 것이라 믿어야 한다. 그리고 정부는 작은 스마트 정부로 가는 규제 혁신 정책을 지향하면 된다.

추격 전략에서 확립된 사전 규제와 실패에 대한 징벌은 탈 추격을 가로막는 최대의 걸림돌이다. 탈 추격 전략은 불확실한 목표에 도전하고 또 도전하는 혁신 전략이다. 혁신은 본질적으로 실패를 내포하고 있다. 실패를 응징하면 혁신도 사라진다. 정직한 혁신을 지원하는 혁신의 안전망이 탈 추격의 핵심 국가 인프라다. 세계 최대의 GDP 대비 연구개발비를 투입하고도 기술사업화 실적은 OECD 최하위인 이유는 실패를 응징하는 연구 평가 때문이다. 기업 혁신을 가로막는 원인은 불명확한 배임죄 처벌 때문이다. 창업을 가로막는 걸림돌은 신용불량자의 공포 때문이다. 정직한 실패를 지원하라.

실패를 없애려는 사전규제는 결국 혁신 산업을 도태시킨다. 드론, IoT, 웨어러블, 핀테크 등 4차 산업 분야에서 중국에 뒤진 이유는 기술이 아니라 규제 때문이다. 원칙 금지의 포지티브 규제에서 원칙 허용의 네가티브 규제로 패러다임을 혁신해야 한다. 국가 경쟁력 하락의 주범은 20위권의 기술이 아니라 90위권의 규제 때문이다.

치열한 레드 오션 추격 경쟁에서 발생한 폐쇄와 비협력은 이제 탈 추격의 블루 오션 개척의 걸림돌이다. 탈 추격의 선도 전략은 혼자 갈 수 없다. 우리는 복합적 문제를 더불어 해결하는 개방협력이 너무나도 부족하다. 정부 부처에서 대기업에 이르기까지 닫힌 철옹성을 쌓고 있다.

오픈소스와 오픈 플랫폼은 선도 국가의 필수 사항이다. 특히 대기업과 벤처의 선순환을 이룩하는 M&A 개방 혁신의 부족은 대한민국 산업생태계의 아킬레스건이 되고 있다. 공정거래와 수평 기업문화가 중요한 것은 그것이 혁신의 지렛대이기 때문이다.

수출 제조업 중심의 산업 구조는 우리의 자랑이었으나, 4차 산업혁명은 제조업의 서비스화를 요구하고 있다. 현실과 가상의 세계가 순환하는 O2O의 4차 산업혁명 구조는 제품의 데이터화를 통한 서비스 혁신을 가속화하고 있다. 데이터와 서비스의 중요성을 강화하는 산업 혁신이 요구된다.

분배구조의 혁신 없이는 국가의 지속 가능성에 한계가 노출된다. 혁신이 없는 수익을 억제하고, 개방사회를 지향하여 국가의 신뢰를 회복해야 한다. 특히 OECD 국가들에 비해 과도하게 왜곡된 2차 분배 구조의 개선이 시급하다.

추격 전략의 교육은 창의적 문제 발견보다는 정답 위주의 문제 풀기에 최적화되었다. 단군 이래 최고의 스펙을 가진 인재들이 일자리를 찾지 못하고 있는 기현상이 벌어진 이유다. 선도 국가들의 성장과 일자리의 유일한 대안이 기업가적 창업임이 밝혀졌다. 기업가정신 중심의 프로젝트 교육 재편이 시급한 이유다.

이제 국민의 가치관이 혁신되어야 한다. 최빈국에서 선진국 문턱 도달까지 우리는 돈 벌기에 몰입한 개인주의가 지배해 왔다. 국가의 가치와 비전이 공유된 민족의식 형성에 실패한 것이다. 빈곤에서의 탈출이 추격의 동기부여였다면, 꿈의 가치 추구가 탈 추격의 동기부여가 되어야 할 것이다. 국가의 자부심이 없이 역사를 잃은 국가가 일류 국가로 도약한 사례는 없다. 국가의 미래를 그려나갈 인재들에게 바른 개방적 역사관을 심어주는 노력은 아무리 강조해도 지나치지 않을 것이다. 차별화된 미래 설계 능력은 우리의 역사와 정체성에 뿌리를 두어야 하나, 우리는 4차 산업혁명도 다른 나라의 사례를 모방하려는 중이다.

그래도 우리에게는 아직 충분히 희망이 있다. 1차 한강의 기적에 도전한 1960년대보다 외부 상황은 나쁘지 않다. 4차 산업혁명을 새로운 기회로 만들 수 있다. '할 수 있다' 라는 의지와 '반만년 역사 민족' 의 자부심으로 제2 한강의 기적에 도전해 보자. 될 것인가 묻지 말고, 되려면 무엇을 할 것인가를 물어보기로 하자. 그리고 백마를 탄 초인의 리더십을 기대해 본다.

대한민국을 일으킬
하늘이 준 기회,
4차 산업혁명

4차 산업혁명과 초생명사회

과연 4차 혁명은 무엇을 제공할 것인가.
인공지능과 로봇으로 대표되는 생산성 혁명은 초 생산 사회를 이룩하여 물질과 서비스의 공급 문제를 해결할 것이다. 그렇다면 인간은 무엇을 할 것인가.
이것이 바로 과거 산업혁명과 다른 4차 산업혁명의 본질적인 차이다.

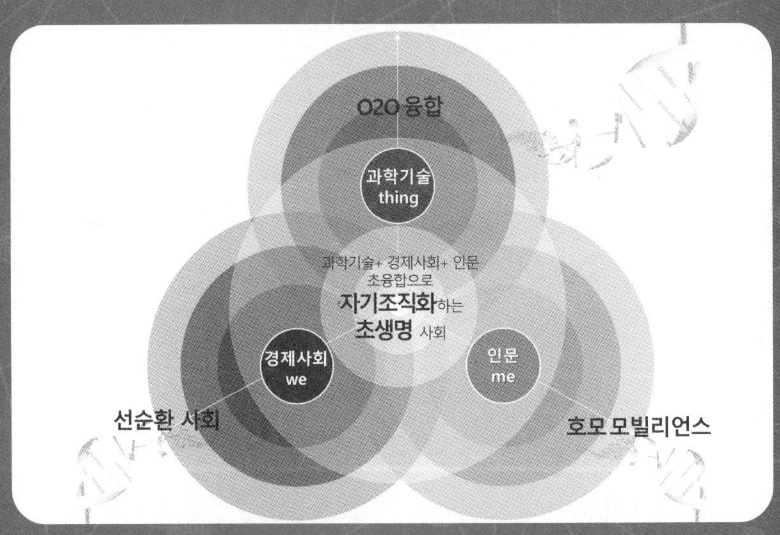

4차 산업혁명 기회와 위기

4차 산업혁명의 도래

인류는 1, 2차 물질혁명과 3차 정보혁명을 거쳐 4차 산업혁명인 지능혁명으로 돌입하고 있다. 독일과 미국의 Industry 4.0에서 출발한 제조혁신의 4차 산업혁명은 올해 초 다보스 포럼에서 현실과 가상이 융합된 CPS(cyber physical system)에서 "모든 것이 연결된 지능 사회"라는 개념으로 발전되고 있다. 독일의 Industry 4.0과 미국의 스마트 아메리카, 일본의 재흥 전략, 중국의 제조 2025 등 주요 국가들은 이미 4차 산업혁명의 선두 주자가 되기 위한 치열한 노력을 경주한지 오래다.

우리가 4차 산업혁명을 앞서가기 위해서는 미래 사회 변화의 메가 트렌드의 혜안이 필요하다. 소위 '카더라' 라는 추격형 전략으로 다보스 포럼의 결과를 단순 벤치마킹해서는 4차 산업의 승자가 되기는 어렵다. 제조 혁신을 중심으로 하는 독일, 미국을 넘어 사회 전체의 혁명이라는 관점으로 4차 산업혁명을 준비하는 것을 제안하고자 하는 이유다. 미래는 예상하는 것이 아니라 예측을 통하여 만들어 간다는 것이 미래학의 개념이다. 사물(thing)을 다루는 과학기술과 나(me)를 다루는 인문과 우리(we)를 다루는 경제사회가 초융합하는 4차 산업 혁명의 초생명 모델을 새롭게 제시해 본다.

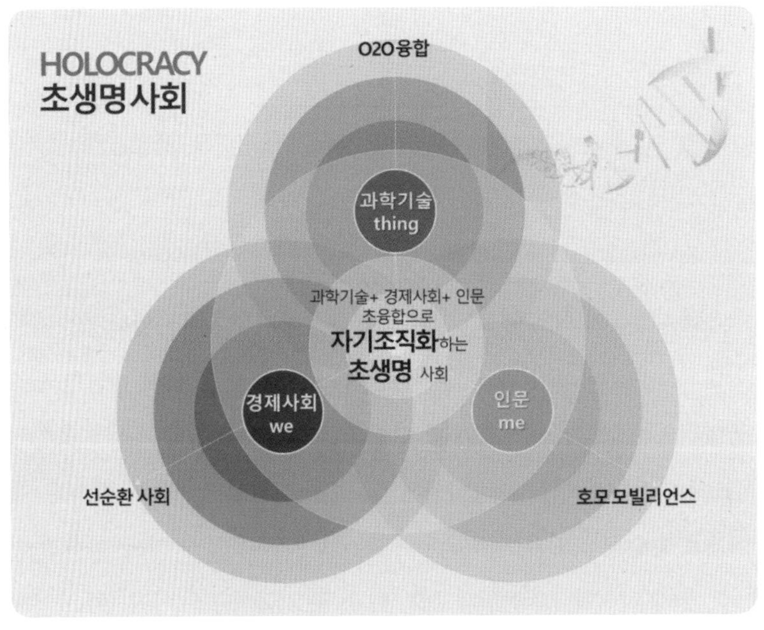

〈그림 1〉 4차 산업혁명과 초생명사회

새로운 4차 산업 혁명 모델, 초생명 사회

우선 4차 산업혁명은 물질과 연결을 넘어 인간의 혁명이라는 점에서 기존의 산업혁명과 차원을 달리한다. 1차 혁명은 물질의 양적 공급을, 2차 혁명은 물질의 질적 공급을 통하여 매슬로의 욕구 5단계의 1, 2차 단계를 만족시켰다. 이어서 3차 혁명은 연결의 혁명으로, 인간의 사회적 연결 욕구를 충족시켰다. 과연 4차 혁명은 무엇을 제공할 것인가. 인공지능과 로봇으로 대표되는 생산성 혁명은 초 생산 사회를 이룩하여 물질과 서비스의 공급 문제를 해결할 것이다. 그렇다면 인간은 무엇을 할 것인가. 이것이 바로 과거 산업혁명과 다른 4차 산업혁명의 본질적인 차이다. 4차 산업혁명은 인간의 정신적 욕구인 자기표현과 자아실현이라는 매슬로 욕구 4, 5 단계에 도전하는 혁명인 것이다. 그래서 4차 산업혁명은 인간을 연구하는 인문학과 융합하게 된다.

한편 4차 산업혁명은 생산과 공급의 문제보다 소비와 분배의 문제가 궁극적인 현안 과제가 된다. 물론 4차 산업혁명의 첫 단계는 공급의 혁명이 될 것이다. 우선 기술은 초 생산성을 이룩할 것이다. 무엇보다 고급 서비스업의 생산성이 급증할 것이다. 결국, 인공지능과 로봇이 생산 혁명을 이룩할 것이다. 수요는 경험 경제의 확산으로 물질 소비는 줄고 개인화된 정신적 소비가 증대될 것이다. 놀이와 문화가 최대 산업으로 부상할 것이다. 물질의 소유에서 정신의 삶으로 행복은 이동할 것이다. 지속 가능한 성장은 혁신에 비례하는 보상에, 지속 가능한 분배의 문제는 복지의 거버넌스에 달려 있다. 만약 현재보다 월등한 생산이 가능한 사회가 도래하고 분배 문제가 해결된다면 유토피아가 될 것이다. 그래서 4차 산업혁명은 분배의 문제를 해결할 거버넌스 혁명이 될 것이다. 분산화된 권력을 뒷받침하는 블록체인(Block Chain) 기술이 직접민주제와 거래의 신뢰 문제를 해결할 것이다. 경제적 가치와 사회적 가치가 선순환하는 미래 사회 이론에 우리의 태극 사상이 큰 기여를 하기 바란다.

O2O 융합은 지구 차원의 자기 조직화를 촉발하여 지구 전체를 생명화하고 있다. 인류는 집단 생명으로 자기 조직화하는 초인류인 호모 모빌리언스로 진화할 것이다. 이제 사물을 다루는 기술과 우리를 다루는 경제사회와 나를 다루는 인문학이 초융합하는 세상이 다가오고 있다. 우리가 도전해야 할 목표인 1) 기술의 대융합 2) 선순환 경제사회 구축 3) 초인류의 삶의 가치, 세 가지는 각각 과학기술과 경제사회와 인문학의 화두일 것이다. 그리고 이 세 과제는 독립적 발전이 아니라 다 함께 초융합되고 있다. 이러한 4차 산업혁명의 미래 사회를 부분과 전체가 자기 조직화하는 초생명사회(Holocracy)라 명명하고자 한다.

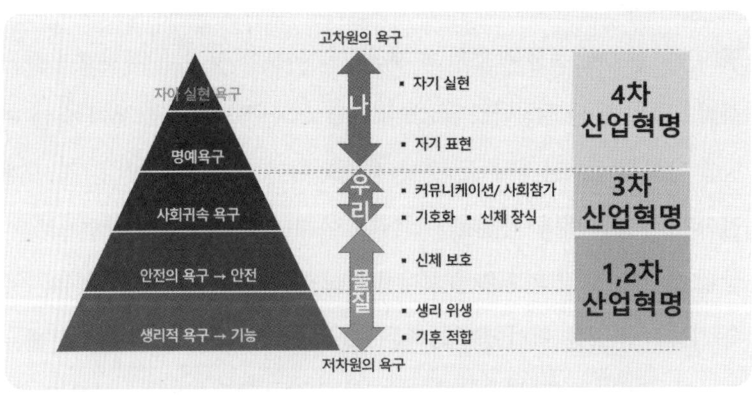

〈그림 2〉 1, 2, 3, 4차 혁명과 인간의 욕구

4차 산업혁명과 O2O(과학기술-thing)

새로운 4차 산업혁명의 모델은 가상과 현실이 융합하여 더 나은 세상을 만든다는 O2O(online to offline) 융합의 개념을 바탕으로 한다. 독일, 미국 등의 제조 중심의 CPS 개념을 넘어 과학기술 전체의 융합이라는 개념으로 O2O 융합을 사용하고자 한다.

이제 현실 세계와 1:1 대응이 되는 가상 세계에서 시공간을 재조합하여 현실을 최적화하는 O2O 융합의 세상이 열리고 있다. 내비게이터와 자율주행차가 대표적인 사례다. 현실의 교통 체계와 1:1 대응되는 가상 교통망에서 최적의 맞춤 길을 예측하여 알려주고 있다. 이러한 O2O 최적화는 병원, 공장, 여행 등 인간의 삶의 모든 분야로 확산되는 중이다. GE의 공장, 캐터필러의 중장비, 아마존의 배송, 핏빗의 건강관리 등이 모두 같은 원리로 구성되어 있다.

이러한 O2O 평행 모델이 만들어지는 과정은 다음과 같다. 만물인터넷이 오프라인 세상의 정보를 온라인의 클라우드로 끌어올려 빅 데이터를 만든다. 인공지능이 이를 처리하여 예측과 맞춤으로 다시 오프라인 세상의 최적화를 제안한다. 즉 오프라인에서 온라인으로 데이터를 모으는 융합 과정과 온라인에서 오프라인을 최적화하는 최적화 과정으로 O2O 평행 모델은 구성된다. 이러한 O2O의 선순환 구조가 새롭게 제시하는 4차 산업혁명의 과학기술 융합을 정리한 개념이다.

공간을 대응하는 기술인 IoT 및 LBS(위치 기반 기술)와 인간을 대응하는 기술인 IoB(웨어러블)와 SNS(연결망)를 통하여 발생한 오프라인의 데이터가 온라인의 클라우드에서 빅데이터가 되어 현실과 가상이 1:1 대응되는 평행 모델을 만들게 된다. 이 과정에 필요한 6개의 기술을 디지털화 기술이라 명명한다.

한편 온라인의 평행우주 모델에서 오프라인의 최적화 과정은 6대 아날로그화 기술로 구성된다. O2O 서비스 디자인은 기존의 서비스 디자인 개념을 O2O 평행우주 모델로 확장한 것으로 O2O 평행 모델 설계가 핵심이 된다. 여기에 필요한 적정기술을 통하여 상황 최적화를 목표로 한다. 플랫폼 기술은 최적화 기술의 중심 역할을 한다. 핀테크/블록체인은 사회적 신뢰를 제공한다. O2O 세상에서의 인간의 동기부여 대안으로서 게임화를 제시한다. O2O 세상에서는 몰입을 통한 선순환의 동기부여가 필요한 것이다. O2O의 궁극적인 지향점은 가상/증강 현실이다. 온라인과 오프라인 자체가 융합하는 것이다. 인공지능과 지능형 로봇은 이를 융합하는 미래의 기술이다.

O2O 평행모델과 6대 디지털화 기술, 6대 아날로그화 기술을 이해하는 것이 4차 산업혁명의 첫 번째 비밀의 문을 여는 열쇠가 아닌가 한다.

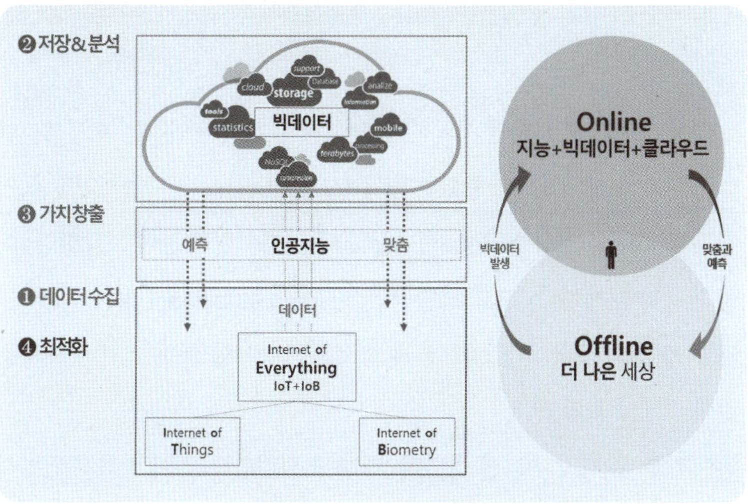

〈그림 3〉 O2O 평행모델

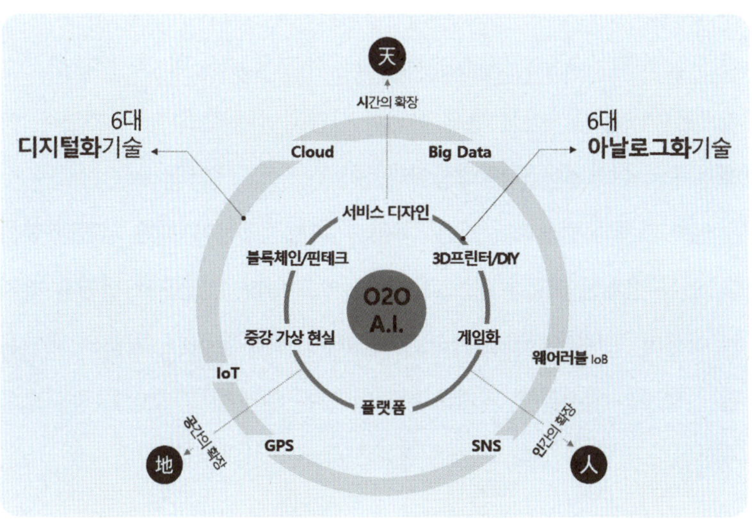

〈그림 4〉 O2O 최적화의 12대 기술

4차 산업혁명과 호모 모빌리언스(인문-me)

인류가 새롭게 진화를 시작한다. 인류사 관점에서 인간은 호모사피엔스(Homo Sapiens)에서 호모루덴스(Homo Ludens)라는 놀이인간을 거친 다음, 호모디지쿠스(Homo Digicus)라는 디지털 인간에 도달했다. 이런 인류가 이제부터 '호모 모빌리언스(Homo Mobilians)' 라는 '슈퍼 초인류' 로 진화한다. 즉 스마트폰과 소셜 네트워크를 통해 인간은 새로운 진화 단계에 돌입했다.

이러한 두 가지 진화를 통합해 '호모 모빌리언스' 라 명명하고 인류사적인 거대 변화의 본질을 파헤쳐 보고자 한다. 호모 모빌리언스는 슈퍼맨과 초생명이라는 2가지 중요한 특징을 가진다. 하나는 개개의 인간이 스마트폰이라는 아바타(Avatar)와 결합해 슈퍼맨이 된다는 것이다. 과거 상상 속의 슈퍼맨이 가졌던 백과사전적 지식, 초능력, 초감각 등을 스마트폰이라는 아바타를 통해 평범한 사람도 소유할 수 있게 되었다. 이제 누구나 슈퍼맨이 되는 세상이다.

인류 자체가 변한다는 것은 '특이점' 혹은 '상전이' 같은 엄청난 변화다. 인류 전체를 새로운 종으로 진화시키고 있다. 집단으로 생명을 가지는 이른바 초생명(超生命)이라고 이해하면 좋을 듯하다. 미래의 개인은 집단 생명의 일부분이 되기도 하지만 모든 세계가 그 개인을 중심으로 재편된다고 볼 수 있다. 그것은 홀론(Holon)으로의 융합이다.

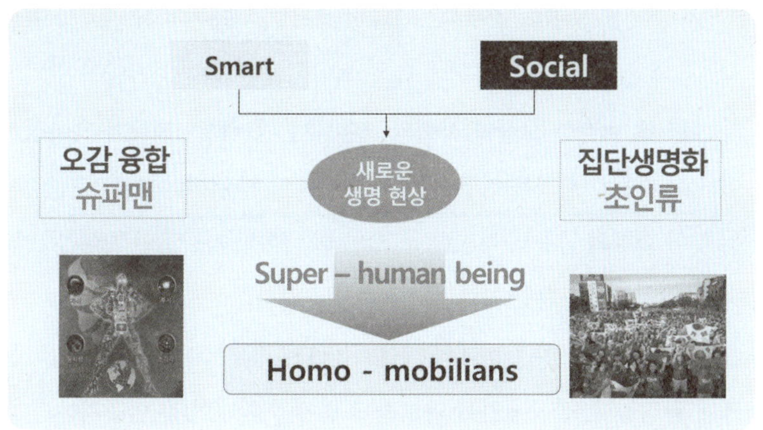

〈그림 5〉 호모 모빌리언스

4차 산업혁명과 선순환 사회(경제사회-we)

미래 사회의 우려는 생산이 아니라 분배에 있다. 초 생산성 미래사회에서 선순환 분배가 이루어지는 구조가 되어야 한다. 게임이론에 의하면 반복되는 투명한 게임에서는 배려하는 자가 승리하고, 일회성 불투명 게임에서는 배반하는 자가 승리한다고 한다. 우리는 미래사회의 양극화에 대해서 논쟁을 하고 있다. 그러나 중요한 것은 성장과 양극화를 동시 해결하기 위한 대안을 만드는 것이다.

대안은 반복되는 투명한 사회를 통한 선순환 구조를 만드는 것이다. 사회 전체의 가치창출을 위해서는 혁신에 대한 강력한 보상으로 1차 분배는 필요하나, 혁신의 성과로 획득한 부를 사회와 순환시키는 선순환 구조인 2차 분배가 요구된다.

2차 분배는 투명한 조세시스템과 경제적 가치와 사회적 가치의 교환 시스템에 있다. 전자가 사회에 대한 책임이라면 후자는 자발적인 기여다. 혁신에 비례한 보상과 사회의 재분배에 참여하는 명예와 자아실현이 지속 가능한 사회를 이끌어 가는 양대 축이 될 것이다. 이를 뒷받침하는 것이 화폐와 금융의 투명한 구조다. 더 나아가 자발적인 기여를 촉발하기 위한 사회적 자산 교환 시스템이 필요하다.

투명한 사회 구현은 화폐와 더불어 의사결정 시스템 즉, 거버넌스 문제에 달려있다. 블록체인이 다보스 포럼에서 빅데이터, 인공지능과 더불어 4차 산업혁명의 양대 승자가 된 이유다.

〈그림 6〉 선순환 경제 사회

〈월간 과학과 기술 vol. 567-KOFST〉 수록

4차 산업혁명과 일자리의 미래

인공지능 혁명의 도래

인류는 1, 2차 물질혁명과 3차 정보혁명을 거쳐 4차 산업혁명인 인공지능혁명으로 돌입하고 있다. 변화는 가속화되어, 과거 100년의 변화가 미래 10년 안에 이루어질 것이다. 인터넷이 연결(connectivity)의 혁명이었다면 인공지능(A.I.: Artificial Intelligence)은 지능의 혁명이다. 이제 인터넷과 인공지능이 결합한 초연결 지능(hyper connected intelligence) 시대로 접어들기 시작했다. 미래 디지털 사회는 아날로그 사회와 본질적으로 상충하는 구조다. 원자로 이루어진 물질세계는 자원의 한계로 인하여 한계효용이 감소하는 소유의 사회다. 그러나 비트로 이루어진 디지털 사회는 한계효용이 증가하는 공유의 사회다. 두 개의 세상에서 소유와 공유라는 가치관이 충돌하고 있다. 우버(Uber)와 에어비앤비(Airbnb)의 논쟁이 대표적인 가치관 충돌의 예일 것이다.

그런데 PC 시대까지는 분리되어 있던 디지털과 아날로그 세상이 이제는 O2O(Online 2 Offline)로 융합하고 있다. 2010년 30개에 불과했던 1조 가치가 넘는 유니콘들이 불과 5년 만에 220개를 넘어서고 있다. 두 세계의 충돌이 글로벌 거대 유니콘들을 탄생시키고 있다. 이들의 비밀코드는 디지털과 아날로그의 융합인 디지로그(digilog)이고, 사이버와 현실의 융합인 CPS(Cyber Physical System)이고, 제품과 서비스의 융합인 PSS(Product Service System)이다. 이들을 총칭하여 O2O라 칭하기로 한다.

이제 현실 세계와 1:1 대응이 되는 가상세계에서 시공간을 재조합하여 현실을 최적화하는 O2O 융합의 세상이 열리고 있다. 내비게이터가 대표적인 사례다. 현실의 교통체계와 1:1 대응되는 가상 교통망에서 최적의 맞춤 길을 예측하여 알려주고 있다. 이러한 O2O 최적화는 병원, 공장, 여행 등 인간 삶의 모든 분야로 확산하는 중이다. GE의 공장, 캐터필러의 중장비, 아마존의 배송, 핏빗의 건강관리 등이 모두 같은 원리로 구성되어 있다.

O2O 융합은 디지털화 기술 6개와 아날로그화 기술 6개로 구현될 수 있다. 시간, 공간, 인간을 디지털화하는 6대 기술은 빅데이터(Big Data), 클라우드(Cloud), IoT, GPS, SNS, 웨어러블로 구성된다. 디지털화된 가상세계에서 예측과 맞춤을 통하여 현실을 최적화하는 아날로그화 6대 기술은 서비스 디자인, 플랫폼, 3D 프린터와 DIY, 증강. 가상현실, 게임화, 블록체인과 핀테크이다.

아날로그와 디지털의 두 세계의 연결 고리에 인공지능이 자리하고 있다. 인공지능은 가상 세계의 빅데이터를 활용하여 현실 세계를 최적화하는 예측과 맞춤의 가치를 창출한다. 인공지능을 통하여 두 세계가 연결되면서 더 나은 세상을 향하게 될 것이다.

인공지능으로 구현되는 O2O 융합은 지구 차원의 자기 조직화를 촉발하여 지구 전체를 생명화하고 있다. 인류는 집단 생명으로 자기 조직화하는 초인류로 진화할 것이다. 이제 사물을 다루는 기술과 우리를 다루는 경제사회와 나를 다루는 인문학이 초융합하는 세상이 다가오고 있다. 인류가 한 번도 겪어보지 않은 미래가 10년 이내에 다가올 것이다. 우리가 도전해야 할 목표인 1) 기술의 대융합, 2) 선순환 경제사회 구축, 3) 초인류의 삶의 가치, 세 가지는 각각 과학기술과 경제사회와 인문학의 화두일 것이다. 그리고 이 세 과제는 독립적 발전이 아니라 다 함께 초융합되고 있다.

미래는 예상하는 것이 아니라 예측을 통하여 만들어 간다는 것이 미래학의 개념이다. 우선 기술은 초 생산성을 이룩할 것이다. 수요는 경험경제의 확산으로 물질 소비는 줄고 개인화된 정신적 소비가 증대될 것이다. 놀이와 문화가 최대 산업으로 부상할 것이다. 물질의 소유에서 정신의 삶으로 행복은 이동할 것이다. 지속 가능한 성장은 혁신에 비례하는 보상에, 지속 가능한 분배의 문제는 복지의 거버넌스에 달려 있다. 분산화된 권력을 뒷받침하는 블록체인(Block Chain) 기술이 직접민주제와 거래의 신뢰 문제를 해결할 것이다. 경제적 가치와 사회적 가치가 선순환하는 미래사회 이론에 우리의 태극 사상이 큰 기여를 하기 바란다.

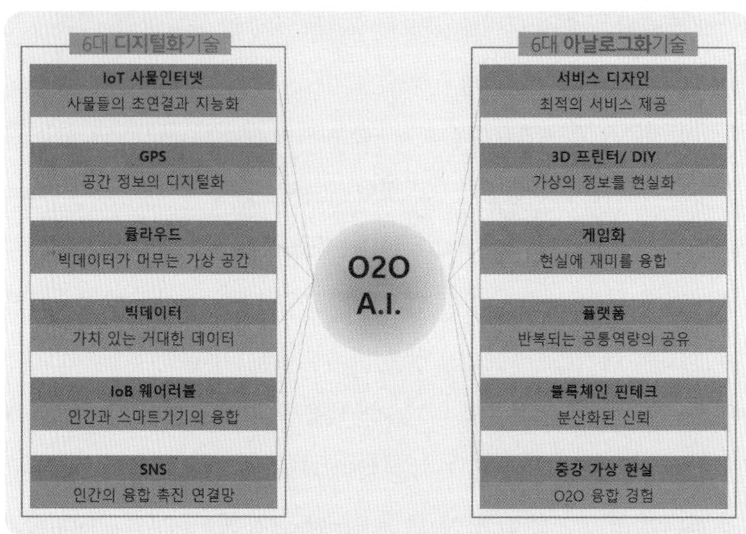

〈그림 7〉 O2O 최적화 12대 기술

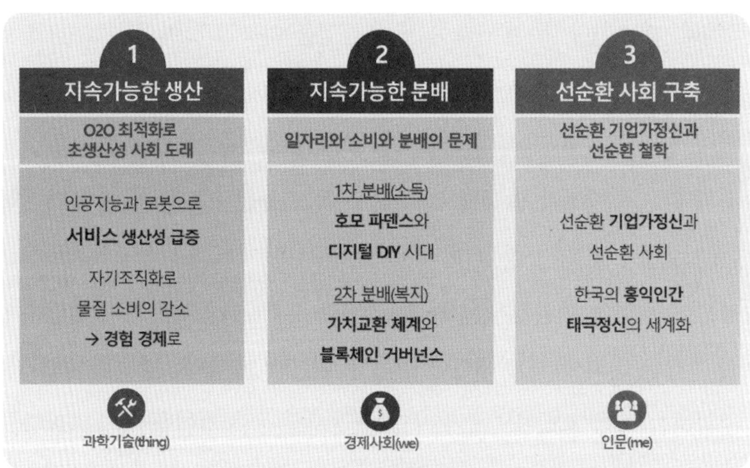

〈그림 8〉 선순환 경제 구조 구축을 위한 모델

인공지능은 과연 일자리를 없애는가

다보스 포럼, 가트너 그룹, 영국 옥스퍼드 연구소 등이 인공지능으로 일자리의 태반이 사라진다는 경고를 하고 있다. 벌써 로봇 저널리즘의 등장으로 잘나가던 언론인들이 긴장하고 있다. 과연 4차 산업혁명은 일자리를 줄이고 양극화를 심화시킬 것인가

인터넷 혁명이 초래한 초연결 사회에서 수많은 중간관리직이 사라져 갔다. 이어서 단일 기업은 해체되고 기업 생태계로 진화했다. 이제 인공지능 혁명이 가져올 초연결 지능사회에서는 수많은 전문직이 사라져 갈 것이다. 바로 2016년 다보스 포럼에서 710만 개의 일자리가 선진국에서 사라질 것이라 예측한 핵심 이유다. 옥스퍼드 대학은 더 나아가 미국 일자리의 47%가 20년 내 사라질 것이라 예측하고 있다(Frey & Osborne, 2013). 과연 인공지능은 일자리를 없앨 것인가.

스스로 자의식을 가진 강한 인공지능은 옥스퍼드의 닉 보스트롬의 연구 등에서 2040년과 50년 사이 등장을 예상한다. 물론 정확한 예측은 불가능한 복잡계의 영역이다. 스티븐 호킹 박사가 우려하는 강한 인공지능의 등장과 관련 규제는 미래학의 관점에서 기술 선도국가들이 치열하게 다룰 문제임은 틀림없으나, 적어도 대한민국의 당장 전략적 고민 사항은 아닐 것이다.

인공지능은 기계 학습을 통하여 전문가의 영역을 혁신하고 있다. 선망의 직업들인 변호사, 법무사, 회계사, 의사, 기자, 금융인 등 전문직이 사라진다는 것이 옥스퍼드 대학의 예측이다. 오히려 행동이 수반되는

로봇의 상용화는 더 많은 시간이 필요하여 육체노동의 대체는 전문직보다 늦어질 것이라 한다.

"컴퓨터는 놀랍게 빠르고, 정확하지만 대단히 멍청하다. 사람은 놀랍게 느리고, 부정확하지만 대단히 똑똑하다. 이 둘이 힘을 합치면 상상할 수 없는 힘을 가지게 된다." 아인슈타인의 말이다. 사람에게 고양이를 인지하는 것은 쉬우나, 체스는 어렵다. 반대로 인공지능에게 체스는 너무나 쉽지만 고양이를 인지하는 것은 대단히 어렵다. 걷는 것은 인공지능에게 매우 어려운 과제이나, 사람은 누구나 쉽게 한다. 이러한 모라벡의 패러독스가 의미하는 것은 인공지능과 사람은 상호배척이 아니라 상호협력이 바람직하다는 것이다. 가장 훌륭한 미래 예측은 미래를 만드는 것이라는 점에서 인공지능과 인간의 협력을 통한 더 나은 세상의 일자리 시나리오를 제시하고자 한다.

기자라는 전문업무 대부분은 사실상 삽질 형태의 반복작업이다. 신문과 방송 편집과정에는 과거 자료를 찾는 재미없는 일들이 널려 있다. 인공지능은 기존의 전문가 업무에서 삽질을 분담하여 업무의 질을 높여준다.

우려되는 문제는 전문직의 생산성이 증가하면서 기자들의 퇴출이 이루어질 것이라는 점이다. 그런데 전체 언론의 수요가 증가한다면 전체 일자리는 줄지 않을 것이라는 점이 간과되고 있다. 초연결 지능사회는 필연적으로 개인화 서비스가 폭증하게 된다. 매스미디어에서 MCN(Multi Channel Network)을 거쳐 개인 미디어로 다양화되면서 폭증하는 언론의 수요를 인공지능 도우미와 협력하는 언론인들이 공급하게 될 것이다. 어쩌면 언론인들의 일자리는 더 늘어날지도 모른다.

개인화는 언론만의 문제가 아니다. 금융, 법률, 교육, 자문, 의료 등 모든 분야에서 인공지능이 생산성을 올리는 이상으로 개인화된 새로운 시장이 등장할 것이다. 의료와 결합한 인공지능은 전 세계에 첨단 의료 서비스를 제공한다. 양극화가 아니라 양극화가 해소되는 효과가 크다.

만약 시장의 확대보다 생산성이 더욱 증가해도 분배를 위한 거버넌스만 확보되면 양극화는 해소된다. 사회적 가치는 일에서 놀이로 이전하게 될 것이다. 이제 새롭게 만들어질 4차 혁명의 4차 일자리를 살펴보기로 하자.

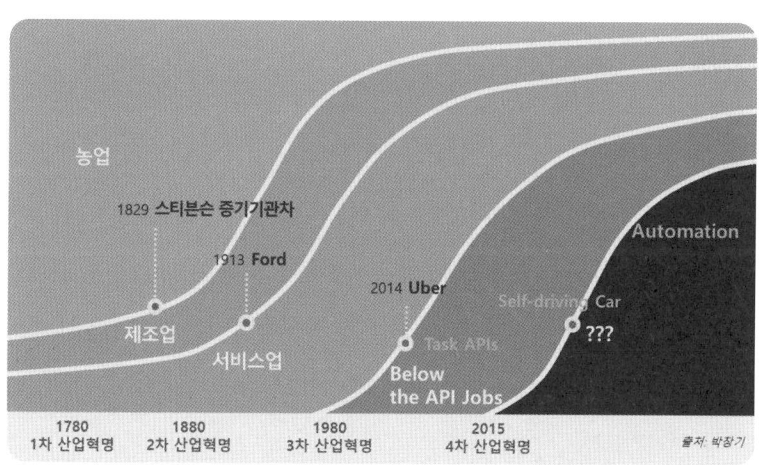

〈그림 9〉 4차 산업혁명과 산업의 변화(출처: 박창기, 2016)

4차 산업혁명과 4차 일자리

인공지능 기반의 4차 산업혁명으로 초 생산성 사회가 도래하고 있다. 지난 50년간 내구재에 비하여 의료, 법률 등 고급 서비스의 생산성 향상은 크게 밑돌았다. 서비스 생산성의 한계는 이제 인공지능 혁명으로 돌파되어 초 생산성 사회의 도래를 예고하고 있다. 그런데 인공지능은 생산은 증가시키나 소비를 만들지는 않으므로 결국 소비시장 붕괴로 대공황의 재도래를 예상하는 사람도 있다. 즉 미래사회에서는 공급이 아니라 수요 문제의 해결이 사회적 관건이 될 것이라는 문제 제기다. 그래서 미래사회의 일자리 문제에 대한 본격적 질문을 던져 보기로 하자.

인류 역사상 기술혁신이 일자리를 줄인 증거는 없다. 성장의 시기에 양극화는 축소되었고 정체와 위기의 시기에 양극화는 확대되었다. 1, 2, 3차 산업혁명 역사의 교훈은 기술혁신이 산업 형태를 바꾸나, 전체 일자리를 줄이지 않았다는 점이다. 기계의 등장과 IT의 등장으로 생산성은 증가하나, 시장의 수요가 더 빨리 증가했다. 결과적으로 기술의 진보와 대항하는 일자리는 사라지고, 기술의 진보가 창출하는 신시장에서 새로운 일자리가 만들어졌다. 그렇다면 4차 산업혁명에서도 같은 역사가 반복될 것인가.

1차 산업혁명 시기인 19세기 초 벌어진 기계 파괴 운동, '러다이트' 운동을 상기해 보자. 결 과적으로 공장의 생산성 증가가 농업의 생산성 혁명을 촉진했고 저가의 의 · 식 · 주라는 물질을 제공했다. 80%를 넘었던 농업 인구의 대부분이 도시로 이동했다. 지금 미국의 농업 인구는 2%

이고 이 중 유통이 1%다. 즉 1, 2차 산업혁명은 80%의 인구가 하던 일을 기술혁신으로 1%로 대체하고 79%에게는 다른 일자리를 제공한 것이다. 3차 산업혁명인 정보혁명으로 타이피스트(typist)와 공장의 일자리가 사라졌으나, 이 기간에 정보서비스업들이 대거 등장하여 이들을 흡수했다. 미국의 통계를 보면, 1960년부터 50년간 제조업 일자리의 3분의 2가 서비스 업종으로 이동했고, 노동시간당 생산성은 108%, 급여는 85%가 증가하였으나 노동 시간은 감소했다. 즉 지금까지의 산업혁명은 일자리를 축소하는 것이 아니라, 생산성의 증가로 삶의 질을 끌어올려 새로운 수요를 창출해 왔다.

1960년부터 50년간 미국의 기술혁신과 고용의 상관 관계 통계에 의하면, 기술혁신 시기에 생산성과 고용이 비례하여 성장했음이 입증되고 있다. 반대로 금융위기와 같이 기술혁신이 더디고 생산성이 저하된 시기에 양극화가 확대되는 현상이 나타나고 있다. 양극화는 항상 생산성이 저하된 국가에서 더욱 심화한다. 역사적 사실은 '기술혁신은 생산성 증가를 통하여 일자리를 늘리고, 양극화를 축소시킨다' 라는 것이다. 결론은 기술혁신을 선도하여 생산성을 향상하고 이를 통해 양극화를 함께 해결해야 한다는 것이다.

그러나 기술혁신이 일자리를 없애고 양극화를 심화시킬 것이라는 우려는 1, 2, 3차 산업혁명의 전 과정에서 항상 등장해왔다. 예컨대 1961년 2월자 타임지에도 "자동화는 기존의 직업을 없앨 뿐 아니라 이를 대체할 새로운 직업을 충분히 창출하지 않을 것이다. 예전에는 제조업에서 없어진 일자리가 서비스업의 일자리로 대체되었으나, 오늘날에는 중간 기술의 직업을 없앨 것이다"라고 주장하고 있었다.

산업혁명기마다 많은 전문가가 '이번은 다르다' 고 주장했지만, 결과적으로 일자리 수는 줄지 않고 일의 형태만 바뀌었다. 생산성 증대는 소득 증대로 이어져 새로운 소비 수요를 창출했다. 소비가 증대되지 않으면 공황으로 치닫게 되어 양극화는 부자들에게도 도움이 되지 않는다는 것은 상식이 되었다.

그러나 새로운 4차 산업혁명은 다르다는 주장도 강하게 대두되고 있다. 지금까지는 물질의 혁명이었으나, 이번에는 정신의 혁명이라는 이유다. 그러나 소비에는 물질 소비만이 아니라 정신 소비도 존재하고 있다. 1, 2차 혁명이 생존 욕구를 위한 물질혁명이고, 3차 혁명이 관계 욕구를 위한 인터넷 연결 혁명이라면 4차 혁명은 경험 욕구를 위한 정신 소비 혁명이 될 것이다.

매슬로의 욕구 5단계 설과 4차례 산업혁명을 연결해 보자. 1, 2차 산업혁명은 생존과 안정의 욕구를 충족하는 물질혁명이었다. 이어서 나타난 3차 산업혁명은 사회적 욕구를 충족하는 연결의 사회 혁명이었다. 사회라는 의미의 소셜(Social) 현상이 인터넷 기반의 3차 혁명의 대표적인 상징이 된 이유일 것이다. 이제 4차 산업혁명은 자아표현과 자아실현의 '나' 의 욕구를 충족시키는 인문의 혁명이다. 이는 물질이 아니라 정신의 혁명인 것이다. 이제 새로운 4차 산업혁명의 새로운 일자리는 바로 정신 소비에서 비롯될 것이다. 정신의 소비가 정체성을 결정하는 '경험경제' 가 도래하고 있고 시간이 가장 중요한 자원이 되는 것이다.

개개인의 맞춤 경험을 제공하는 정신의 생산-소비가 새로운 일자리의 주역이 될 것이다. 놀이와 자아실현의 4차 일자리에 주목해야 할 이유다. 이러한 4차 일자리를 호모 루덴스와 호모 파베르의 결합인 호모 파덴스에서 찾아보고자 한다.

호모 루덴스와 호모 파베르, 그리고 호모 파덴스

호모 파베르(Homo Faber)는 도구의 인간을 뜻한다. 개미와 베짱이의 우화는 개미라는 근면의 인간을 바람직한 인간상으로 제시하고 있다. 호모 사피엔스가 데카르트의 생각하는 인간을 의미한다면, 호모 파베르는 마르크스의 노동의 인간을 의미한다. 프로테스탄트의 노동 윤리가 19세기 이후 인류사회의 규범으로 세속화되면서 생각보다는 실행하는 사람이 대접받게 되었다.

앙리 베르그송은 그의 저서 『창조적 진화』에서 지성을 인공적 대상들을 제작하는 능력이라고 정의하며 인간의 본성은 호모 사피엔스보다는 호모 파베르에 가깝다는 주장을 하고 있다. 호모 파베르로서 인간은 IoT, 빅데이터, 인공지능, 지능형 로봇을 통하여 생산성의 극한을 향하여 치닫기 시작했다. 드디어 인공지능인 IBM의 왓슨이 인간과의 퀴즈 게임에서 압도적인 승리를 거두게 된다. 이제 호모 파베르는 대부분의 생산을 위한 노동을 기계로 대체하는 초 생산성 사회로 진입시키고 있다.

호모 루덴스(Homo Ludens)는 놀이 인간을 의미한다. 역사학자인 요한 하위징아는 인간 만의 특징을 놀이로 파악한다. 그는 종교, 법률, 경기, 전쟁, 철학, 예술 등 인류의 모든 문화가 놀이에 기원을 두고 있으며, 놀이는 그러한 문화들 속에 스며들어 가 있다는 것을 역사학자 답게 역사적 관점에서 논증한다. 호모 파베르가 지성으로 물질을 만드는 것이라면, 호모 루덴스는 물질적 이해와는 상관없이 놀이에 몰두한다는 것이다. 호모 루덴스가 재미라면, 호모 파베르는 의미가 된다.

우리는 재미를 위하여 사는가 의미를 위하여 사는가. 재미가 나를 위한 내적 가치라면, 의미는 세상을 향한 외적 가치일 것이다. 그렇다면 재미와 의미가 선순환되는 기업가적 삶을 살펴보자.

의미는 없이 재미만 탐닉하면 사회와는 유리된다. 재미는 없이 의미만 추구하면 개인은 탈진한다. 재미와 의미가 융합된 목표는 우리를 설레게 해야 한다. 성공적인 삶과 그렇지 않은 삶의 차이는 일터로 나갈 때의 설렘의 차이이다. 너무 어려운 과제는 우리에게 스트레스와 중압감을 준다. 등산가들도 거대한 산의 무게에 중압감을 느낀다. 한편 가치 없는 일상적인 일은 우리를 설레게 하지 않는다. 설렌다는 것은 의미 있는 목표의 예측이 불확실하다는 뜻이다. 모든 것이 확실하면 설레지 않는다. 불확실한 가치에 도전할 때 사람들은 열정을 불태운다. 재미있고 의미 있는 목표는 사회에는 가치 있는 성과를 개인에게는 자아성취를 제공한다.

그렇다고 '재미' 라는 가치에 고통과 시련, 스트레스가 배제되는 것은 아니다. 힘든 운동을 통해 근육이 강화되는 것과 마찬가지로 마음의 시련을 통해 마음의 근육이 강화된다. 운동 과정에 아픔이 없다는 것은 새로운 근육이 생기지 않는다는 뜻이다. 목표를 이루는 과정에 정신적 스트레스가 없다면 새로운 마음의 근육이 생기지 않는다. 의미 있는 목표에 재미있게 도전할 때 소위 멘탈이라는 마음의 근육이 강화된다. 충분한 훈련을 거친 선수들은 무거운 역기를 가볍게 들어 올린다. 창조적 도전을 통하여 마음의 근육을 강화하면 더 큰 목표 달성이 가능해진다. '혁신의 리더십' 이라는 기업가정신이 시대정신으로 부상하게 될 것이다. 가장 일을 잘하는 자세는 일 자체를 즐기는 것이다. 호모 루덴스와 호모 파베르의 융합인 호모 파덴스이다.

"미래 인류는 생산 업무의 질은 향상되고 개인화된 시장수요는 충족되어 사회 전체의 만족도가 증가하게 되고, 인류는 생산의 호모 파베르와 놀이의 호모 루덴스가 융합하는 호모 파덴스로 진화할 것이다."

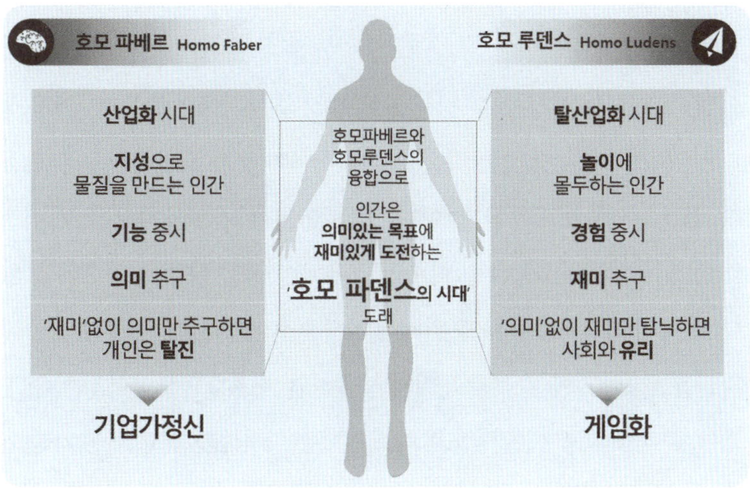

〈그림 10〉 일자리 혁명의 주역, 호모 파덴스

디지털 DIY와 공유경제 일자리

인류는 농업경제의 가내수공업형 소량 맞춤 시대에서 산업혁명의 대량생산 시대를 거쳐 이제 디지털 사회에서는 대량 맞춤 시대에 진입하고 있다. 이제 디지털화 DIY(Do It Yourself)라는 새로운 사회는 과거의 자급자족 경제시대에 스스로 만들어 쓰는 사회로 돌아가는 것이 아니다. 공유경제에서 지식과 자원을 공유하면서 자신의 것을 만드는 홀론(Holon)적 현상이다.

농업경제 시대에 물건을 만드는 자급자족에서 자신의 감성을 담는 DIY로 진화하고 있다. 이러한 DIY는 메타 기술이라는 기술을 만드는 기술과 공유경제라는 지식과 자원을 공유하는 새로운 경제의 결합으로 탄생하였다. 우선 메타 기술은 3D 프린터, 오픈소스 하드웨어 그리고 원격 지능으로 구현되고 있다.

3D 프린터는 상상할 수 있는 모든 형상을 눈앞에서 만든다. 과거 생각은 있어도 만들 수 있는 기술이 없어 이루지 못한 물건을 누구든 만들 수 있는 시대가 도래한 것이다. 심지어는 디자인조차도 싱기버스(Thingiverse.com)와 같은 디자인 공유 플랫폼을 통해서 공유되고 있다. 전체의 집단지능이 나를 위해서 지식을 모아준다. 내가 만든 멋진 디자인을 싱기버스에 올려 누군가가 사용하면 나에게도 보상이 돌아온다. 과거에 비하여 1% 미만의 노력으로 원하는 디자인을 얻고 오랜 기술 연마 없이도 실제 물건을 만들 수 있게 된 것이다.

3D 프린터가 형상을 제공한다면 오픈소스 하드웨어는 지능을 제공한다. 마이크로컴퓨터를 설계하여 내장 프로그램을 만드는 것은 일반인들의 영역이 아니었다. 그러나 아두이노(aduino.com)와 같은 표준화된 오픈소스 하드웨어가 등장하면서 공유 플랫폼에 올라가 있는 수많은 앱을 다운받아 그대로 혹은 취향에 맞게 약간 수정하면 3D 프린터가 만든 형

상에 지능을 불어넣을 수 있다. 가장 극적인 것은 메이커봇(makerbot.com)이 전개한 RepRap 프로젝트다. 3D 프린터를 3D 프린터로 만드는 것이다. 3D 프린터의 모든 부품이 싱기버스에 올라가 있고 이를 다운받아 3D 프린터에 걸면 부품들이 인쇄되어 나온다. 여기에 오픈소스 아두이노의 프로그램을 다운받아 올리면 3D 프린터가 만들어진다. 이 과정에서 자신이 원하는 기능을 추가하고 자신이 원하는 디자인으로 변경도 가능하고 그 결과를 다시 공유사이트에 올려놓을 수도 있다. 집단공유 지능이 모두를 제조의 전문가로 승격시키고 있다.

소프트뱅크의 로봇 페퍼(Pepper)는 인간을 이긴 왓슨 컴퓨터의 지능을 원격으로 연결하여 일본어로 노인들과 대화를 하고 있다. 서비스가 개인별 맞춤으로 제공되는 것이다. 3D 프린터가 형상을, 오픈소스 하드웨어가 내재 지능을, 인터넷 원격 지능이 서비스를 맞춤화하는 것이다.

이러한 메타 기술과 더불어 공유경제는 모든 지식과 자원을 공유함으로써 인간 개개인의 능력을 증폭시킨다. 자신만의 차별화된 모듈만 설계하면 나머지는 공유 플랫폼에서 조달된다. 로컬모터스 닷컴(localmotors.com)은 맞춤 차량을 제작하는 공유 플랫폼이다. 숱한 차량의 부품들과 제작방법이 공유된다. 거대한 공유 플랫폼을 활용하여 나만의 차량을 맞춤 제작할 수 있다. 물론 맞춤 제작한 작품을 팔 수도 있고 부분 모듈을 다시 공유 사이트에 올릴 수도 있다.

디지털 DIY는 과거의 자급자족 경제가 아니다. 디지털 DIY는 부분이면서 전체인 홀론 현상의 일부이다. 개방 생태계에서 지식과 자원을 공유하여 나의 작품을 만들고 그 결과를 다시 모두와 공유한다. 부분의 혁신이 전체로 전파되고 전체의 지식과 자원이 부분에서 구현된다. 바로 부분이 전체를 반영하는 생명체의 홀론 현상이 극적으로 디지털 DIY에서 발현되고 있다.

이렇게 만들어진 디지털 DIY 제품들은 공유 사이트를 통해서 거래된다. 대량생산이 아니고 대량 맞춤의 제품들이 거래되는 에트시닷컴(Etsy.com)과 같은 사이트들이 날로 늘어나고 있다. 오직 하나뿐인 제품이 아닌 작품을 거래하는 장터인 것이다. 한강 변에는 이처럼 제품이 아닌 자신의 작품을 거래하는 주말 장터도 열리고 있다. 디지털 DIY는 대량생산의 제품이 아닌 개별 맞춤의 작품 시장을 열어가고 있다. 이들이 개최하는 페스티벌인 메이크 페어는 전 세계적으로 불붙고 있다.

메이크 운동은 생산자와 소비자가 결합하는 프로슈머(Prosumer) 현상이다. 이들은 부분이 전체가 되고 전체가 부분이 된다. 협력하는 개인이 작품을 만들고 작품이 다시 거래된다. 이제 DIY 사회는 이제 가상현실과 결합된다. 가정에 가구에 디지털 DIY의 진동기를 붙이고 나만의 가상현실로 들어갈 수 있다. 가상현실 속에서 남들과 만날 수도 있다. 모두가 다르면서도 서로가 다시 융합되는 홀론의 세상이다. 바로 지구 차원의 생명화가 진행되는 미래 디지털 사회의 모습이다.

인공지능으로 대표되는 4차 산업혁명은 일자리를 줄이지 않는다. 단지 과거 산업혁명과 같이 일자리의 형태를 바꿀 뿐이다. 이러한 변화를 앞서가는 국가는 혁명의 시기를 거치면서 선도국가로 부상했다. 우리는 바람직한 미래를 디자인하기 위하여 인공지능의 활용 극대화를 통하여 생산성을 올리고, 호모 파덴스와 디지털 DIY와 같은 새로운 4차 일자리를 창출하는데 국력을 모아야 할 것이다. 미래는 예측하는 것이 아니라 만들어가는 것이다.

〈국제노동브리프 2016.6월호-한국노동연구원〉 수록

미래의 일, 창조·재미·윤리가 핵심이다

육체적 영역에서는 노동은 기계가 대치하고 놀이가 인간의 영역이 될 것이다. 스포츠, 놀이, 여행 등은 미래 유망 직업으로 떠오를 전망이다.

20세기 초 80%가 넘던 농업 종사자 비율은 이제 3% 미만에 불과하다. 저명한 미래학자 토마스 프레이는 2030년 20억 개의 일자리가 사라질 것이라 예측했다. 기술변화가 가속화되면서 미래 10년은 과거 100년의 변화를 압축할 것이다.

미래 변화의 핵심은 시간, 공간, 인간이 융합하는 천지인 융합이다. 소셜 네트워크와 웨어러블은 인간을, 사물인터넷(IoT)과 3D 프린터는 공간을, 클라우드와 빅데이터는 시간을 융합시킨다. 그 결과 시간, 공간, 인간이 온라인과 오프라인에서 융합하는 O2O(Online to Offline) 세상이 열리고 있다.

가상과 현실이 융합하는 미래 세상에서 모든 것은 연결되고 전체는 집단지능화된다는 것이 '호모 모빌리언스'에서 주창한 내용이다. 이러한 세상에서 미래 직업은 과연 어떻게 변화할 것인가. 천지인 융합의 관점에서 초연결과 인공지능이라는 미래 직업 변화의 핵심 동인을 살펴보기로 하자.

산업혁명이 시작되면서 기계가 인간의 단순노동을 대체했듯, 새로운 기술들은 인간의 영역을 지속적해서 대체해 나가기 시작할 것이다. 그 변화는 우선 소셜 네트워크와 플랫폼 기술이 스마트폰과 융합하는 초연결 혁명에서 시작된다.

우버는 자동차를, 에어비앤비는 집들을 연결한다. 유통은 본질적으로 정보의 비대칭에서 이익을 얻어왔다. 연결 플랫폼은 정보의 비대칭을 개방과 공유로 극복하면서 전통 유통시장을 대체해 나갈 것이다. 예를 들어 부동산 중개업은 '직방'과 같은 플랫폼 산업으로 대체된다. 과거 정보의 비대칭을 통해 이익을 얻던 직업들은 초연결 플랫폼들에 넘겨주게 될 것이다.

미디어 산업도 이 범주에 속한다. 전통적인 미디어는 1인 미디어, 소셜 미디어 등으로 대체될 것이다. 가장 큰 연결 조직인 정부도 급격한 변화의 소용돌이에 들어갈 것이다. 정부는 개방과 공유의 플랫폼으로 전환되고 직접 민주주의가 확대되면서 공무원은 급속히 감소할 수밖에 없을 것이다. 그리고 개인화된 매시업(Mashup) 서비스가 정부를 대체할 것이다.

초연결에 이어 집단지능은 법률가, 의사, 교사 등 소위 지식 전문가의 영역을 대체하게 될 것이다. 이미 IBM의 왓슨은 가장 어렵다는 폐암을 진단하고 있다. 인공지능은 판결문과 저널리즘도 대체하는 중이다. 기계가 단순노동을 대체하듯 인공지능은 지식서비스업을 대체하게 된다.

그렇다면 이를 대체하는 미래 직업은 무엇일까? 창조와 재미, 그리고 윤리의 세 가지가 미래직업의 중심이 될 것이다. 육체적 영역에서는 노동을 기계가 대체하고 놀이가 인간의 영역이 될 것이다. 스포츠, 놀이, 여행 등은 미래 유망 직업으로 떠오를 전망이다.

정신적 영역에서는 반복되는 지식의 영역은 인공지능으로 대체되고 예술, 게임, 프로그램, 기획, 창작 등은 인간의 영역이 될 것이다. 여기에서 게임은 가상과 현실을 연결하는 대단히 중요한 역할을 하게 될 것이다. 마지막으로 가상과 현실의 서로 다른 윤리를 결합하는 미래 윤리가 소중한 사회 안전망 역할을 하게 될 것이다.

〈테크M 제28호〉 수록

4차 산업혁명과 O2O 융합

금년도 전 세계의 화두는 다보스 발 '4차 산업혁명' 이다. 세계경제포럼(WEF)은 2025년까지 710만 개의 일자리가 사라지고 210만 개의 새로운 일자리가 만들어질 것이라는 보고서를 발표했다. 노무라 연구소와 옥스퍼드 대학도 직업의 49%는 사라지리라 예측했다. 이러한 엄청난 사회 변화에 한국이라고 예외가 될 수는 없다. 4차 산업혁명을 선도하느냐, 뒤따라 가느냐, 그것이 문제다.

전 세계 경제 변화의 동인은 기술, 경제, 사회, 환경, 정치 등의 복합적인 함수이나, 그 중 장기적으로 가장 거대한 변화를 야기하는 것은 과학기술이다. 인류는 1차 농업혁명과 2차 산업혁명에 이어 3차 산업혁명인 정보혁명을 거쳐 이제 4차 산업혁명에 돌입하고 있다. 세계경제포럼에 따르면 사물인터넷, 바이오, 인공지능, 증강현실 등이 4차 산업혁명의 주된 동력이라고 한다. 즉 정보혁명에 이은 지능혁명이 4차 산업혁명의 키워드라고 할 수 있다.

이러한 4차 산업혁명을 앞서가기 위해서는 우리가 보유한 역량과 4차 혁명의 본질을 결합한 과학기술의 리더십을 확보하는 국가 전략이 필요하다. 신대륙 발견 과정에서 수많은 아메리카 인디오들의 희생이 있었고, 구대륙인 유럽에서도 화폐 혁명으로 일대 사회 변화가 촉진되었다는 역사의 교훈을 잊지 말아야 할 것이다. 앞서 갈 것인가? 따라갈 것인가?

4차 산업혁명을 앞서가기 위해서는 미래 사회 변화의 메가 트렌드의 혜안이 필요하다. 소위 '카더라' 라는 추격형 전략으로 다보스 포럼의 결과를 단순 벤치마킹해서는 창조경제의 선도전략을 성립하기 어렵다. 이러한 관점에서 4차 산업 혁명의 모델을 새롭게 제시하고, 이를 구현하는 벤처 중심의 창조경제 전략을 제안하고자 한다.

융합 기술사업화와 벤처

한국의 기술사업화의 개혁에는 근본적인 패러다임의 변화가 필요하다. 그리고 그 중심에 벤처의 기업가정신이 자리하고 있다.

1. 추격형에서 창조형으로 : 한국의 연구개발 성공률은 95%가 넘는 세계 최고 수준이다. 그러나 이는 자랑이 아니다. 불확실한 창조적 연구를 수행하지 않았다는 방증일 뿐이다. 문제가 될 수 있는 도덕적 해이는 사전 규제가 아니라 사후 평가로 해결하는 패러다임 변화가 요구된다.

경쟁 및 중복 연구를 예산 낭비로 보는 시각은 시장을 무시한 구소련의 계획 경제의 시각과 같다. 창조형 연구에서는 경쟁과 중복이 필수적이라는 패러다임의 변화가 예산 당국에 절실하게 요구된다.

2. 경쟁에서 협력으로 : 한국의 각 부처는 경쟁적으로 연구개발을 지원해 왔다. 그 결과 부처별 다양한 정책은 만들어졌으나, 부처 간의 갈등이 심화하면서 비효율이 증대되고 있다. 기업 간의 과학기술 개발도 개방협력으로 전환되어야 한다. 95%가 오픈소스인 실리콘 밸리와 95%가 자체 개발인 한국의 기술경쟁의 결과는 너무도 명확하지 않은가.

3. 제도에서 시장으로 : 기술사업화는 공공과 시장의 영역이 교차하고 있다. 그중에서도 시장이 주도하는 구조가 되는 것이 성공의 가능성을 높여 왔다. 이제는 1) 시장전문가의 영입 2) 내재적 동기부여로 시장 중심의 기술사업화 조직으로 구조 조정되어야 한다. 벤처 창업과 시장을 중심으로 과학기술이 재구성되어야 한다.

4. 분산에서 통합으로 : 결국, 기술사업화는 시장의 영역이라는 점에서 기술 시장이 필요하다. 시장은 네트워크 법칙에 따라 분산된 작은 시장보다는 통합된 시장의 효율이 높다. 부처별로 산재한 기술 데이터베이스(DB)와 시장을 통합할 필요가 있다. 즉, 개별 기술은 전문화된 기관들이 추진하되, 기술의 거래는 통합된 시장에서 이루어져야 한다는 것이다. 혁신을 중심으로 하는 창조경제는 제품과 서비스의 시장에서 혁신을 거래하는 혁신 시장으로의 경제 중심 전환을 의미하고 있다.

이러한 8가지 추진과제가 추격형 연구에서 창조형 연구로의 패러다임 전환을 이끄는 견인차가 될 것이다. 이러한 패러다임의 키워드는 바로 '실패에 대한 지원' 과 '사전통제에서 사후평가' 라고 요약할 수 있을 것이며, 이것이 바로 벤처의 기업가정신이다.

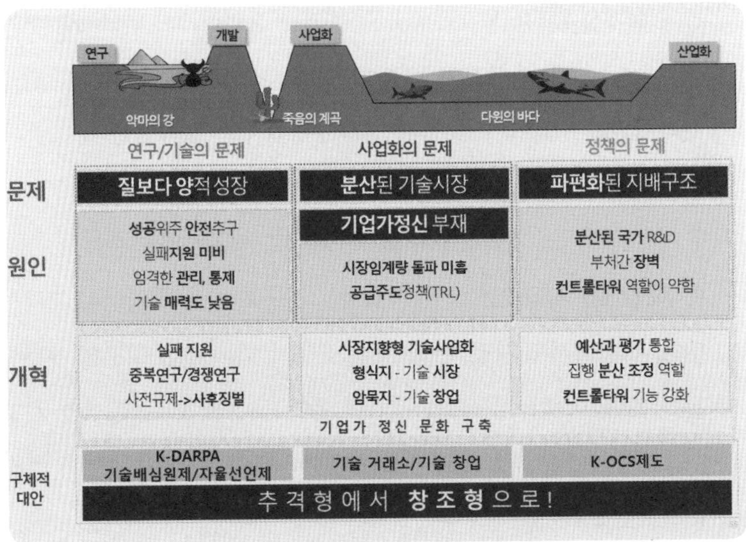

〈그림 11〉 창조적 기술사업화

〈월간 과학과 기술 vol. 567-KOFST〉 수록

4차 산업혁명과 혁신의 리더십, 기업가정신

미래의 혁신은 항상 불확실하다. 와해적 혁신은 정해진 틀이 없으므로 창조적 기업가들이 주도할 수밖에 없다.

강과 강물의 관계를 보자. 강은 구조이고 강물은 흐름이다. 강물은 강을 따라 흐르나, 강은 강물에 의해 변형된다는 것이 딜타이의 상호작용설이다. 여기서 강이 사회 구조라면 강물은 사회 흐름이다. 군대 조직, 기업 조직 등의 구조의 강으로 물류와 자금과 정보의 강물이 흘러간다. 그리고 물류와 자금과 정보의 흐름은 조직의 구조를 변형시킨다. 모든 조직은 이처럼 강의 구조(Structure)와 강물의 운영(Operation)이라는 두 가지 요소의 상호작용으로 이루어져 있다.

변화가 없는 정적인 사회에서는 운영 최적화가 조직의 목표였고 이를 효율(Efficiency)이라고 한다. 시간당 생산량을 극대화하고 영업실적을 올리는 일이 경영의 목표였다. 지금까지 경영학의 주류는 이런 운영 관점에서 발달해 왔다. 즉 반복된 일을 잘하자는 운영 관리에 치중했다. 그런데 사회의 변화는 점점 빨라지고 있다. 1960년대 포브스 100대 기업의 평균 생존율이 55년이었는데 지금은 10년으로 축소되었고, 앞으로 더욱더 축소될 것이다. 결론적으로 이제는 구조 변화가 일상화된다는 것이다. 이러한 구조 변화를 혁신(Innovation)이라고 한다. 혁신은 강의 변화이고 새로운 길을 여는 일이다. 혁신의 기본 목표는 효과성(Effectiveness)이다.

효율과 혁신은 기업이라는 한 지붕 두 가족이지만 달라도 너무 다르다. 하나의 조직이 동시에 효율과 혁신을 잘할 수 없다는 원칙을 창조성의 패러독스라 명명한 바 있다. 가장 혁신적이라고 믿고 있던 구글조차도 대부분의 혁신은 기업 외부에서 사 오고 있다. 효율은 조직 규모에 비례하나, 혁신은 반비례한다. 그래서 스타트업이 혁신을 하면, 대기업이 이를 제값에 인수해 효율을 올린다. 대기업의 효율과 벤처의 혁신이 순환하는 새로운 산업 생태계가 형성되는 것이다.

세상은 효율과 혁신이라는 두 기운이 소용돌이치면서 흐르는 강과 강물의 관계와 같다. 구조를 바꾸는 혁신이 운영을 결정하나 운영은 구조 혁신을 촉발한다. 이러한 운영과 구조는 과거부터 거대 조직에서는 분리됐다. 군대는 군령(軍令)과 군정(軍政)이라는 구조를 담당하는 조직과 운영을 담당하는 조직으로 분리된다. 검찰 총장과 법무부 장관의 역할은 각각 검찰의 운영과 구조를 책임지고 있는 것이다.

이러한 운영과 혁신의 비중을 살펴보자. 19세기 이전에는 운영이 절대적인 농업의 정체된 사회였다. 20세기만 하더라도 혁신인 R&D의 비중은 한 자리 숫자였다. 혁신이 가속화되는 4차 산업혁명으로 들어오면서 혁신의 비중은 두 자리를 넘어서기 시작하였다.

운영은 현재이고, 구조는 미래다. 혁신은 돈을 버는 것이 아니라 돈을 쓰는 것이다. 가게를 새로 고치는 혁신은 돈이 들어가는 것이지 돈을 버는 것이 아니다. 그러나 가게를 고치지 않으면 손님은 줄어들고 운영이 위축되게 된다. 가게를 잘못 고치면 오히려 손님이 더 떨어질 수 있다. 미래의 혁신은 항상 불확실하다. 와해적 혁신은 정해진 틀이 없기 때문에 창조적 기업가들이 주도할 수밖에 없다. 결국, 혁신이 일상화되는 기업가정신의 시대가 도래하게 된 것이다. 이제 생산관리, 재무관리, 영업관리 등 운영 중심의 기존의 관리 경영은 기업가정신을 중심으로 한 혁신경영으로 전환될 수밖에 없다.

앞으로 본격적인 4차 산업혁명에서 운영은 로봇과 인공지능의 영역이 된다. 로봇과 인공지능을 혁신하면 인간은 통상의 운영 활동에서는 벗어나게 된다. 4차 산업혁명에서는 혁신만이 가치 창출을 하게 되고, 전통적 조직 운영의 비중은 극도로 축소된다는 것이다. 혁신이 주도할 4차 산업혁명 시대에 혁신의 리더십인 기업가정신의 중요성을 다시 강조하는 이유이다.

이투데이 2016-07-11

4차 산업혁명은 데이터 혁명이다

현실의 제품 및 서비스와 1:1 대응되는 가상의 데이터 선순환 인프라 구축이 4차 산업혁명의 국가 전략이다.

4차 산업혁명은 데이터 혁명이다. 우버(Uber)의 차량 공유 서비스와 지멘스 스마트 공장의 공통점은 데이터를 매개로 한 새로운 산업이라는 것이다. 4차 산업은 제품이 데이터를 통하여 서비스와 융합한다고 정의해도 무방할 정도다. 그런데 우리는 과연 마윈이 강조한 데이터 혁명에 대비하고 있는가 질문해 보자.

4차 산업은 현실 세계(offline)의 제품과 서비스가 가상 세계(online)의 데이터와 O2O(online 2 offline) 융합으로 구현된다. 재미교포인 제임스 박이 창업한 웨어러블 헬스케어 기업인 핏빗(Fibit)의 사례를 보자. 핏빗의 웨어러블 제품에서 발생한 생체 데이터는 클라우드(Cloud)에 저장되어 빅데이터가 되고 인공지능이 이를 분석하여 개인별 맞춤 피트니스 서비스를 제공하여 개인의 삶이 건강해지게 도와준다. 이로써 순식간에 한국의 대기업에 견줄 수 있는 6조원의 기업가치를 창출해낸 것이다. 핏빗을 포함한 글로벌 거대 창업기업들인 유니콘들의 비밀 코드가 바로 현실 세계와 가상 세계를 융합한 O2O 사업이고 이것이 바로 4차 산업혁명의 핵심이라고 할 수 있다.

그렇다면 현실의 제품 및 서비스와 1대1 대응되는 가상의 데이터 선순환 인프라 구축이 4차 산업혁명의 국가 전략이 되는 것은 자명할 것이다. 바로 빅데이터를 획득하는 IoT, 저장하는 클라우드, 분석하고 활용하는 인공지능이 전 세계가 주목하는 4대 기술이 된 이유다. 그런데 한국은 이 4대 분야에서 중국에 현저히 뒤쳐지고 있다. 문제는 기술이 아니라 정책이라는 것은 세계경제포럼(WEF)의 국가경쟁력 순위가 대변하고 있다. 한국은 더 이상 ICT 선진국이 아니다. 데이터의 후진국인 것이다.

데이터 기반의 4차 산업혁명의 가장 확실한 지표는 인터넷상의 클라우드 트래픽 비중일 것이다. 4차 산업이 활발한 국가의 인터넷 트래픽은 50% 이상 클라우드에서 발생하나, 한국은 3% 수준에 불과하다. 이미 2010년 클라우드 우선(Cloud first) 정책을 천명한 미국에서는 공장, 병원, 금융기관의 내부 서버는 사라지고 있다. 창업 벤처들은 처음부터 클라우드를 인프라로 창업한다. 클라우드 트래픽이 높은 국가가 4차 산업혁명 선도 국가라 해도 과언이 아닐 것이다.

그런데 왜 한국에서는 클라우드 트래픽이 이토록 낮은가. 이유는 공공 데이터의 개방 부족과 개인정보의 과도한 규제 때문이다. 현실과 가상이 융합해 더 나은 세상을 구현한다는 4차 산업혁명의 영토는 현실의 국토에 제한되지 않는다. 가상의 국토를 넓히는 클라우드의 확산을 위하여 공공의 클라우드 우선 정책이 확립되어야 한다. 그러나 현실에서 공공기관들은 민간 클라우드 서비스 사용이 금지되어 있다. 방대한 공공 데이터는 정부 3.0 선언에도 불구하고 원칙적으로 비공개로 운영된다. 공무원들은 내부망과 외부망이 분리된 업무 환경하에 신음하고 있다. 민간과의 소통이 거의 단절된 것은 당연한 귀결이다.

왜 이러한 갈라파고스적인 현상이 빚어지고 있는가. 바로 국가정보원의 과도한 데이터 규제 때문이다. 망 분리로 민간과의 소통 문서 작성은 전 세계 최악의 효율을 내고 있다. 클라우드 사용 금지로 지식 공유는 강 건너 불이다. 세종시와 전국 혁신도시와 수도권 사이에서 떠도는 간부들은 스마트워크와 단절되어 있다. 무엇보다 우선한다는 안보를 위하여 국가의 생산성은 경쟁국의 절반 이하로 저하된 것이다.

과연 대안은 없는가. 망 분리 이전에 데이터 분리가 답이다. 원칙적 허용의 네거티브 규제 원칙은 데이터 분리에 우선 적용되어야 한다. 국가 안보와 개인 비밀만 제외한 원칙적 데이터 개방이 전 세계의 정부 3.0 정신이다. 데이터 분리를 통하여 국가안보와 개인 비밀만 정부의 내부망에 두면 외부망은 개방되어도 된다. 클라우드 사용과 상용 이메일 사용이 가능하다. 정책 자료는 입안 과정부터 개방하라는 것이 경제협력개발기구(OECD)의 권고다.

4차 산업혁명, 공공 데이터 분리에서 시작하자.

매일경제 2016-06-30

4차 산업혁명은 분배 혁명

혁신에 대한 보상 강화는 그 자체로 양극화의 원인이 된다. 왜냐하면, 혁신은 소수가 이룩하기 때문이다. 미래 사회의 과제는 초생산성의 혁신 사이클과 분배 사이클의 상호 연동에 있다.

4차 산업혁명은 궁극적으로 생산을 넘어 분배 혁명이 될 것이다. IoT(사물인터넷), 빅데이터 · 클라우드, 인공지능 등 O2O(Online 2 Offline) 융합 기술로 초 생산 혁명을 이룩하는 것이 4차 산업혁명의 1단계다. 초 생산 혁명을 구현한 국가는 4차 산업혁명의 승자로, 그렇지 못한 국가는 패자로 세계는 재편될 것이다.

그러나 4차 산업혁명을 향한 대한민국의 사회적 합의는 그렇게 쉬워 보이지 않는다. 4차 산업혁명이 초래할 양극화에 대한 우려 때문이다. 초 생산성은 과학기술만으로 이루어지지 않는다. 과학기술이 혁신으로 발현될 수 있는 혁신 시스템, 특히 규제 혁신이 필수적이다. 그런데 규제 개혁은 사회적 합의가 전제되어야 하는 지극히 정치적인 과제다. 양극화 해소 대안이 전제되어야 하는 이유다.

4차 산업사회의 총생산은 과거보다 획기적으로 증가할 것이다. 특히 법률, 의료, 교육과 같은 고급 서비스의 생산성 한계가 극복될 것이다. 인건비 문제로 해외로 생산기지를 이전했던 글로벌 기업들이 이제 인공지능, 3D 프린터, 지능형 로봇, 산업 인터넷의 삼지창으로 속속 복귀 중이다. 21세기 최대의 생산 국가가 미국이 될 것이라는 예측도 있을 정도다.

4차 산업혁명의 궁극적 과제는 초 생산물의 분배 문제가 될 것이다. 과거 그리스 민주제는 시민의 10배에 해당하는 노예의 생산성에 의존했다. 유토피아적 미래상은 인공지능과 로봇이 그리스 시대의 노예를 대체해주고 미래 인간은 고대 그리스인과 같은 문화적 삶을 즐기면 된다는 것이다. 획기적으로 증가한 초 생산성으로 유토피아의 필요조건은 만들어졌다. 이제 충분조건은 분배구조를 잘 만드는 것이다.

초 생산 혁명을 이룩하기 위해서는 혁신에 대한 보상을 강화해야 한다. 그러나 혁신에 대한 보상 강화는 그 자체로 양극화의 원인이 된다. 왜냐하면, 혁신은 소수가 이룩하기 때문이다. 미래 사회의 과제는 초 생산성의 혁신 사이클과 분배 사이클의 상호 연동에 있다. 혁신 사이클이 과학기술과 경제의 문제라면 분배 사이클은 정치와 사회의 문제다. 최근 스위스에서 국민투표로 부결된 300만 원 기본급 지급 제도가 나온 배경이다. 국가가 기본급 보장을 전제로 초 생산 혁명에 돌입해 가자는 것이다.

초 생산사회를 이룩하는 데 필요한 사회적 갈등을 사전에 극복해야 필요한 제도 개혁이 가능할 것이다. 이러한 지속 가능한 분배를 위해서는 새로운 국가 거버넌스 시스템이 작동해야 한다. 거버넌스는 본질적으로 의사 결정 시스템이다. 현재의 대의 민주주의는 대리인 문제라는 한계를 극복하지 못하고 있다. 국민의 대리인인 국회의원, 시의원과 행정부 관료들의 이해관계가 국민과 일치하지 않는다. 복잡한 미래 사회의 다원화된 의사결정 구조를 과거 20세기의 구조로 유지하는 것은 지속 가능하지 않다. 의사결정 비용의 한계 때문에 도입되었던 대의 민주제는 이제 그리스 시대의 직접 민주제로 돌아가야 한다.

이러한 기술을 뒷받침하는 것이 블록체인 기반의 숙의 직접 민주제다. 블록체인 기술은 스마트폰 상에서 안전한 비밀 직접투표를 공짜로 보장할 수 있다. 1회당 수천억 원이 소요되는 국민투표를 거의 제로의 비용으로 수행할 수 있게 된다면 직접 민주제의 확대는 어렵지 않을 것이다.

스마트 직접 민주제는 국가, 지방자치, 정당, 아파트 주민자치, 동문회 등 인간이 만든 모든 조직에서 활용할 수 있다. 1단계는 우선 개별 정책의 결정에서 출발하여 궁극적으로는 대표자 선발까지 확대될 수 있다. 그러나 스마트 투표 시스템만으로는 모든 것이 해결되지 않는다. 의사결정에 이르는 숙의 과정 자체가 중요하다. 이를 위해서 다양한 이해관계자들의 의견 경쟁이 필요하다. 미래의 정당이 수행할 역할은 바로 정리된 의견을 제공하는 싱크탱크와 미디어의 역할이다. 다양한 싱크탱크와 미디어들 그리고 블록체인에 기반한 스마트 직접민주제가 거버넌스 문제의 궁극적인 대안이 될 것이다. 그러나 다양한 이해관계 조정이 그렇게 단순하지 않다. 결국, 다원화된 의사결정 시스템을 실시간으로 직접 의사 결정할 수 있는 시스템이 필요한 것이다. 4차 산업혁명은 분배와 거버넌스의 문제다.

이투데이 2016-08-01

4차 산업혁명과 소비 혁명

미래의 최대 산업은 IT, BT를 넘어 HT(Happy, Human Technology)가 되고, 미래 사회의 지표는 GDP에서 GHI(gross happy index)로 대체되어야 할 것이다.

4차 산업혁명으로 생산과 분배의 문제를 해결한다면, 4차 산업사회의 다음 과제는 무엇이 될 것인가. 과학기술이 이룩한 초 생산성 혁명의 성과가 적절한 분배로 이어진다면 유토피아가 올 수 있다. 정도의 차이는 있겠으나, 4차 산업혁명에서 스위스가 시도했던 기본급은 통상적인 분배 대안 중 하나가 될 것으로 보인다. 생산과 분배 문제 해결이라는 4차 산업혁명의 1, 2단계 이후에 제기될 소비의 문제를 살펴보도록 하자.

기본급을 분배받은 시민들은 그 돈으로 무엇을 할 것인가. 마약과 같은 순간적 쾌락을 탐닉하는 사회는 결국 행복지수가 내려가고 황폐해질 것이다. 순간적인 쾌락과 탐욕은 인간을 병들게 한다. 과거 로마제국의 멸망 과정에서 빵과 서커스를 제공한 국가 제도의 역할을 무시할 수 없다. 소비가 진정한 인간의 행복으로 이어질 수 있는 사회적 대안이 필요하다. 프로이트는 사랑하고 일하고, 일하고 사랑하라고 했다. 원래 인간은 무엇인가를 추구할 때 행복이라는 보상을 받도록 진화되었다. 추구할 목표가 사라지면 인간은 순간적 쾌락을 탐닉하게 된다. 물질의 생산에서 벗어나게 된 인간의 행복을 위하여 정신적 목표가 제시되어야 하는 이유다. 돈 많은 실업자보다 박봉으로 일하는 사람이 행복하다는 주장도 있지 않은가.

보람 있는 일이 아니라 돈만 제공한 미국 등 많은 국가의 사회보장 제도는 실패로 귀결되었다. 할 일이 없는 실업자들이 실업 급여를 받아 마약상으로 달려가면 사회는 타락한다. 착한 소비를 위하여 돈의 투명성이 필요하다. 투명한 햇살이 비치는 사회에서는 곰팡이가 번성하지 못한다. 음습한 돈의 거래는 백일하에 드러나도록 하는 것이 분배에 이은 착한 소비 문제를 해결하는 열쇠가 될 것이다. 순간적 쾌락이 아니라 지속 가능한 행복을 추구하는 착한 소비를 평가하고 보상하자는 것이다.

이제 인간의 정신적 행복을 향한 새로운 패러다임이 요구된다. 매슬로 욕구 5단계 설의 1, 2단계를 충족시킨 1, 2차 산업혁명에 이어 3차 산업혁명은 사회적 연결의 욕구를 충족시켰다. 이제 4차 산업혁명은 매슬로 욕구 4단계인 '자기표현'과 5단계인 '자아실현'의 충족을 향하고 있다. 자기표현을 위한 소비가 정체성이다. 소비가 개인화되고 대량 생산의 제품보다 맞춤의 작품이 선호된다. 명예를 얻기 위한 나눔 활동도 활발해진다. 나눔은 물질과 정신 모두가 포함된다.

궁극적으로는 자아실현을 지향하는 기업가정신이 활발해질 것이다. 기업가정신은 자아실현을 넘어 매슬로의 5단계를 넘어서는 6단계의 '타아 실현'으로 진화하게 될 것이다. 4차 산업혁명에서 인간은 적극적으로 행복을 추구할 의무를 져야 한다. 꿈과 뜻을 가지고 정신적 행복을 주고받는 사람들에게 더 많은 보상이 주어지도록 하는 것이 4차 산업혁명의 소비 패러다임일 것이다.

결국, 일과 놀이가 결합하는 사회, 호모 파베르와 호모 루덴스가 융합하는 호모 파덴스의 사회가 4차 산업사회가 될 것이다. 흥과 멋이 넘치는 사회는 폴리스 시대 그리스 시민 혹은 과거 화랑도와 같이 담론과 풍류를 즐기고 국가에 봉사하는 구조로 진화할 것이다. 그렇다면 당연히 4차 산업사회의 최대 산업은 놀이와 문화산업으로 귀결된다. 인공지능과 로봇이 생산물을 만들고 인간은 소비를 통하여 행복을 추구하는 유토피아가 꿈이 아니라 현실이 되도록 모두가 노력하자는 것이다.

행복을 잘 추구하는 사람은 존중받고 보상받는 반면, 자신과 남들의 행복을 저해하는 사람은 징벌받는 행복 중심의 사회를 꿈꾸어 본다. 미래의 최대 산업은 IT, BT를 넘어 HT(Happy, Human Technology)가 되고, 미래 사회의 지표는 GDP에서 GHI(Gross Happy Index)로 대체되어야 할 것이다. 문화 융성과 개인의 적극적인 행복 추구가 바로 4차 산업사회의 생산, 분배에 이은 소비 혁명의 목표가 될 것이다.

이투데이 2016-08-08

4차 산업혁명과 혁신 생태계

스타트업 정신에 기반한 와해적 혁신 문화는 어떤 것인가? 그것은 개방과 공유, 협력과 생태계라는 용어로 정리될 수 있다.

기업 활동은 기술 혁신과 시장 효율의 결합이라고 할 수 있다. 경쟁력 있는 제품과 서비스를 개발하고 시장을 통하여 더 많은 사람에게 전파되도록 하는 것이 기업 활동이다.

그런데 기술 혁신과 시장 효율은 달라도 너무 다른 본질적 모순을 가지고 있다. 제품과 시장, 혁신과 효율의 모순을 극복하는 것이 기업가 활동이다. 상호 배타적 혁신과 효율을 순환시켜 기업에 생명을 불어넣는 혁신의 리더십을 기업가정신이라고 정의한 이유다.

4차 산업혁명은 기업 활동을 근본적으로 재편성하고 있다. 이제 혁신과 효율이 새로운 형태로 진화하기 시작했다. 혁신은 단독 혁신에서 생태계 혁신으로 진화하고, 시장은 O2O(Online 2 Offline) 시장 플랫폼으로 진화하고 있다. 4차 산업혁명에서의 기업과 기업가정신의 새로운 진화를 살펴봐야 하는 이유다.

4차 산업혁명은 기업 간의 경계를 붕괴시키고 있다. 혁신과 효율의 결합은 이제 기업의 내부 활동을 넘어서고 있다. 인스타그램의 혁신 역량이 페이스북의 시장 효율과 결합하면서 1조 원 이상의 기업가치로 평가된 것이다. 만약 인스타그램이 스스로 시장을 개척했다면 성공 여부는 불투명했을 것이다. 페이스북이 내부에서 인스타그램을 대체하는 노력을 했다면 경쟁사에 뒤질 수가 있었다. 혁신과 효율의 결합인 기업 활동이 기업 내부를 넘어서고 있다는 의미다.

이제는 혁신 전문기업과 시장 전문기업으로 분할되고 있다. 작은 벤처기업은 혁신 역량에, 거대 플랫폼 기업들은 시장 효율에 각각 주력한다. 그리고 이 둘은 혁신 시장에서 결합한다. 이것이 바로 4차 산업혁명의 혁신 구조다. 단일 기업이 제품 개발부터 생산, 마케팅, 사후관리를 단독으로 이끄는 닫힌 사슬의 성장 전략은 급속히 쇠퇴하고 있다.

창업 기업들의 성장 경로는 이원화되고 있다. 창업 기업의 혁신을 시장 기업에 매각하고 다시 혁신하는 연속 기업가의 길과 스스로 세계 시장을 개척해 세계화하는 두 가지 길이다. 대체로 새로운 시장 기회를 발굴하는 기업들은 스스로 세계화를 꾀해야 한다. 애플, 마이크로소프트, 페이스북과 아마존이 대표적 사례다. 이들은 주식 상장(IPO)을 통하여 자본을 회수한다. 그러나 이미 거대 플랫폼이 형성된 경우, 혁신을 만드는 기업들은 인수 · 합병(M&A) 전략으로 간다. 인스타그램과 위챗 등이 사례다. 이들은 M&A를 통해 투자 회수를 한다. 그래서 자본 시장에서는 소수의 거대 IPO와 다수의 M&A가 공존하는 투자 자금 회수 시장이 형성되고 있다. 그리고 상대적으로 M&A 시장이 더 급속히 증가하고 있다. 혁신의 가치가 급속히 증가하기 때문이다. 기업가정신의 새로운 정의가 필요해진다.

이제 4차 산업혁명을 맞아 한국의 기업 혁신 전략의 일대 혁신이 요구된다. 내부 역량에 의한 혁신은 점진적 혁신까지만 유효했다. 이제는 와해적 혁신 시대가 되었다. 와해적 혁신의 기업 내부 추진은 성공률이 매우 낮다. 와해적 혁신은 1) 개방 혁신 2) 개방 플랫폼 3) 사내벤처 이 세 가지의 적절한 조합만이 유일한 대응책이다. 이를 위해 기업은 효율 경쟁에서 혁신 경쟁, 특히 와해적 혁신 경쟁으로 전환하는 데 필수 불가결한 요소인 기업가정신과 기업가적 문화를 창달해야 한다. 존 체임버스 시스코 회장의 "이제는 모든 기업이 스타트업같이 생각해야 한다"는 말은 와해적 혁신의 시대 도래를 알리고 있다. 삼성이 이제 스타트업 문화를 강조하는 이유도 마찬가지다.

그렇다면 스타트업 정신에 기반한 와해적 혁신 문화는 어떤 것인가? 그것은 개방과 공유, 협력과 생태계라는 용어로 정리될 수 있다. 왜 구글이 알파고의 소스코드를 개방하는가? 실리콘밸리 소프트웨어의 95%는 오픈소스다. 개방 협력은 더 빠르게, 더 싸게 혁신을 이룩할 수 있다. 우리는 이제 개방과 공유의 사상 아래 다양한 개방혁신 운동을 실천해야 할 것이다. 혁신과 효율이 순환하는 4차 혁명, 바로 우리의 기회다.

이투데이 2016-07-18

혁신과 효율,
그리고 기업의 이익

규모 경제의 효율 차별화는 대체로 매출액의 5%를 넘기 어렵다. 에어비앤비(Airbnb), 페이스북과 같은 혁신을 통한 가치창출은 제한이 없다. 이들의 영업이익률은 대체로 30%에 육박하고 있다.

기술 혁신과 시장 효율의 융합으로 기업은 성장과 이익을 내게 된다. 기업 이익 창출의 본질은 혁신과 효율의 선순환으로 이루어진 차별화다. 남들보다 차별화된 가치를 소비자에게 제공하는 기업은 차별화된 이익을 얻을 수 있다. 그렇다면 수익이 혁신과 효율에서 어떻게 창출되는가를 살펴볼 필요가 있을 것이다.

효율을 통해서 우리는 원가절감이라는 차별화를 이룩하게 된다. 추격자 전략은 저임금, 수직적 통합, 대규모 수출 시장이라는 3대 원가절감 전략으로 구성된다. 한국은 수직적 통합으로 세계적인 제조 강국이 됐다. 스마트폰의 경우 삼성전자는 부품에서 완제품 생산까지의 수직 통합체계를 가진 반면 애플은 부품과 제품 생산을 일체화하지 않고 있다. 삼성의 전략이 수직 통합의 원가 절감에 있다면 애플의 전략은 혁신 위주의 가치 창출이다.

규모 경제의 효율 차별화는 대체로 매출액의 5%를 넘기 어렵다. 대한민국 기업의 평균 영업이익률이다. 반면에 혁신에 의한 차별화는 대단히 크다. 새로운 스마트폰 생태계, 에어비앤비(Airbnb), 페이스북과 같은 혁신을 통한 가치창출은 제한이 없다. 이들의 영업이익률은 대체로 30%에 육박하고 있다.

우리는 추격자 전략의 일등 국가로서 원가 절감과 효율의 패러다임에 익숙하다. 열심히 일사불란하게 갑을 관계하에 일을 수행해왔다. 그러나 혁신은 효율과 완전히 다른 패러다임이다. 이제 실패를 감수해야 하고 갑을 관계의 지시가 아니라 수평 관계의 협력이 필요하다. 겨울에는 겨울옷을 입고, 봄이 되면 봄옷을 입어야 한다. 이제 추격자 전략의 겨울옷을 벗고 개척자 전략의 봄옷을 입어야 하는데, 아직도 겨울옷의 무게가 우리 경제 전반을 짓누르고 있다. 1차 한강의 기적의 성공 방식이 지금 한국의 족쇄가 되어 있는 것이다.

갑을 관계, 사전 규제, 실패에 대한 징벌, 일사불란한 조직, 정답 신봉주의, 정부 후견 주의와 규제 등 이 모든 것이 바뀌어야 한다. 열심히 뛰는 효율의 차별화는 대략 5%인 데 반해, 혁신의 차별화는 무한대로도 갈 수 있다. 그러나 혁신의 열매는 달콤하나 혁신의 과정은 고난의 연속이다. 수많은 실패 속에서 혁신은 탄생한다. 실패를 용인하지 않는 문화에서 혁신의 꽃은 피지 않는다. 국가는 혁신을 요구하나 개별 혁신기업들은 신용불량자가 되고 있다. 공무원으로 갈 수밖에 없는 청년들의 숙명을 만든 것은 실패에 대한 과도한 징벌이었다.

이러한 혁신의 씨앗을 뿌리는 과정은 기다림의 미학이 필요하다. 혁신은 개방과 융합을 먹고 자라나, 우리는 폐쇄된 개별 경쟁에 치우치고 있다. 혁신의 열매를 따는 과정은 가혹하다. 열매를 지키는 과정도 쉽지 않다. 혁신의 과도한 수익은 수많은 후발업체를 유인하는 등불이 되어 죽음을 각오한 나방들이 달려드는 레드오션이 된다. 그래서 일부 기업들은 과도한 수익을 일부러 자제하기도 한다.

혁신 차별화의 시작은 지식재산권이다. 특정 산업을 제외하고는 노하우에 비밀 엄수가 어려워지고 있다. 메타 기술의 발달로 기술을 따라잡기가 너무 쉬워졌다. 지식재산권 보호 없이는 혁신이 보호받기 어렵다. 혁신 차별화의 다음 단계는 혁신의 속도다. 구글과 아마존이 핵심 알고리즘을 오픈소스화하는 것은 속도 경쟁에서 이길 자신이 있기 때문이다. 기술특허는 보유하고 소프트웨어는 오픈소스로 생태계를 이끌어 가는 플랫폼이 되려는 것이다.

시장 차별화의 본질은 규모다. 규모의 경제는 어디에서나 작용한다. 제품의 판매량이 두 배 늘 때 원가는 10% 줄어든다. 소프트웨어의 경우에는 판매량이 두 배 늘 때 원가는 10%가 아니라 50%까지 감소한다. 결국, 시장 규모가 효율 차별화의 핵심 요소다. 따라서 혁신이 만든 지식재산권과 시장이 만든 고객 관계, 이 두 가지가 순환하면서 지속 가능한 차별화를 만들어가는 것이 바로 4차 산업혁명의 미래의 모습이다.

이투데이 2016-07-25

인공지능

4차 산업혁명은 본원적으로 온라인과 오프라인이 결합한 신대륙인 O2O(Online 2 Offline) 세상의 발견에 비견할 수 있다. 기존의 산업경제와 온라인의 디지털 경제가 결합하여 더 발전된 신세계를 개척하는 것이다.

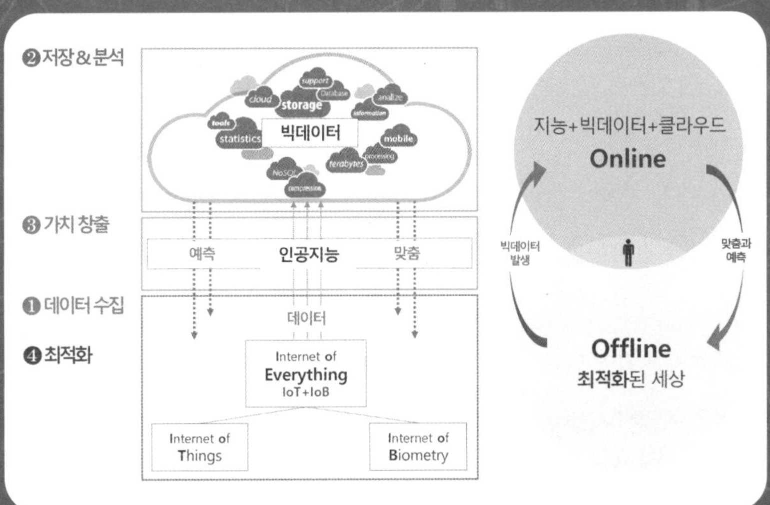

4차 산업혁명과 마케팅 혁신

3차 산업혁명이 정보혁명이라면, 4차 산업혁명은 지능혁명이다. 사물인터넷, 바이오, 인공지능, 증강현실 등이 4차 산업혁명의 주된 동력이다.

올해 전 세계의 화두는 다보스 발 '4차 산업혁명' 이다. 세계경제포럼(WEF)은 2025년까지 710만 개의 일자리가 사라지고 210만 개의 새로운 일자리가 만들어질 것이라는 보고서를 발표했다. 노무라 연구소와 옥스퍼드 대학도 직업의 49%는 사라질 것으로 예측했다. 이러한 엄청난 사회 변화에 한국이라고 예외가 될 수는 없다. 이제 4차 산업혁명의 본질을 파악하고 최적의 대처를 하는 노력이 국가적 화두일 것이다.

3차 산업혁명이 정보혁명이라면, 4차 산업혁명은 지능혁명이다. 세계경제포럼에 따르면 사물인터넷, 바이오, 인공지능, 증강현실 등이 4차 산업혁명의 주된 동력이라고 한다. 이러한 미래 사회에 대처하는 한국 벤처의 글로벌화 전략을 살펴보자.

4차 산업혁명은 본원적으로 온라인과 오프라인이 결합한 신대륙인 O2O(Online 2 Offline) 세상의 발견에 비견할 수 있다. 기존의 산업경제와 온라인의 디지털 경제가 결합하여 더 발전된 신세계를 개척하는 것이다. 만물인터넷이 오프라인 세상의 정보를 온라인의 클라우드로 끌어올려 빅 데이터를 만들고 인공지능이 이를 처리하여 예측과 맞춤으로 다시 오프라인 세상을 발전시키는 순환 구조가 필자가 새롭게 제시하는 미래 O2O의 개념이다. 그런데 신대륙 발견 과정에서 수많은 아메리카 인디오들의 희생이 있었고, 구대륙인 유럽에서도 화폐 혁명으로 일대 사회 변화가 촉진되었다는 역사의 교훈을 잊지 말아야 할 것이다. 4차 산업혁명을 선도하느냐 뒤따라가느냐, 그것이 문제다.

이제 비즈니스는 혁신과 마케팅이라는 두 가지 본질적 활동으로 수렴해 가고 있다. 벤처의 혁신을 글로벌 기업들의 마케팅과 결합하는 것이 미래 비즈니스의 기본적인 구조가 된다는 것이 필자가 제시한 창조경제의 정의이기도 하다.

이 중 글로벌화의 핵심인 마케팅을 다시 분석해 보자. 마케팅은 영업이라는 선택의 과정과 유통이라는 물류의 과정으로 구성된다. O2O 플랫폼의 등장은 물류의 혁신을 이룩하고 있다. 택배와 같은 유통 수단의 발달은 오프라인 상품의 글로벌화를 온라인 콘텐츠의 글로벌화로 수렴시키고 있다. 혁신적 제품을 만들면 글로벌 유통은 아마존과 알리바바가 대행하고 있다. 물론 쿠팡과 같은 일부 O2O 플랫폼은 택배 서비스 자체를 내부화하기도 하나, 글로벌화에서 물류의 진입 비용을 획기적으로 축소한다는 본질에는 변함이 없다.

그런데 복잡한 제품의 선택을 해야 하는 고관여 제품의 영업은 여전히 글로벌화의 진입 장벽이 존재하고 있다. 이 부분이 바로 인공지능이 혁신하는 분야다. 2011년 미국의 퀴즈 대회인 제퍼디 쇼를 석권한 IBM의 왓슨은 이제 그보다 수만 배 진화된 지능을 원격 서비스하기 시작했다. M.D.앤더슨 병원에서 왓슨의 암 진단 정확도가 의사에 필적하는 82%대라는 발표를 한 것이 이미 2년 전이다. 보험과 증권의 영업은 급속도로 인공지능이 대체하고 있다. 전 세계 최대의 비디오 서비스인 넷플릭스와 세계 최대의 여행업체인 에어비앤비의 선택 도우미는 이미 인공지능이 활약하고 있다. 시장 선택을 큐레이션화하고 있는 것이다. 즉, 반복되는 지식 서비스업은 인공지능이 대체할 것이고, 영업이 대표적 분야가 될 것이다. 그리고 이를 회피하는 기업은 경쟁에서 도태될 것이고 이를 활용하는 기업은 더욱 발전할 것이다. 벤처의 글로벌화도 이제 4차 산업혁명의 영역에서 예외가 아니다.

2015년 말 전 세계 인공지능 산업에 획기적 변화가 있었다. 11월 구글과 마이크로소프트가 자신들의 인공지능 소프트웨어를 공개했다. 이어서 12월 IBM과 페이스북도 공개했다. 이제 인공지능의 활용은 일반적 소프트웨어 서비스 활용(SaaS)의 영역으로 진입하고 있다는 것이다. O2O 플랫폼과 인공지능의 혁명으로 유통과 선택이 쉬워지면서 벤처 글로벌화의 새로운 시대가 도래하고 있다. 4차 산업혁명이다.

이투데이 2016-01-25

인공지능과 4차 산업혁명

초연결 혁명이 연결 비용을 감축시켰다면, 인공지능 혁명은 거래 비용을 축소시키고 있다. 쉽게 말해서 반복되는 일들은 인공지능과 로봇이 대체하게 된다.

다보스 포럼 이후 4차 산업혁명과 인공지능에 관한 관심이 달아오르고 있다. 가트너는 10년 안에 현재 직업의 3분의 1 이상이 사라질 것으로 예측하고 그 변화의 주역으로 인공지능을 지목하고 있다. "변화를 선도하면 미래가 열리고, 변화를 부정하면 도태된다"는 것이 역사의 교훈이었다. 이제 대한민국 기업들에 인공지능은 강 건너 미래의 불이 아니라, 발등에 떨어진 현재의 불덩이라는 인식이 절실하다.

인터넷 혁명으로 다가온 초연결 사회는 이미 세상을 완전히 바꾸고 있다. 세계 최대의 기업은 이미 GM에서 애플, 구글, 페이스북과 같은 플랫폼 기업들로 대체된 지 오래다. 연결 비용이 사라지면서 노키아와 같이 개방협력을 수용하지 못한 기업들은 도태되었다. 전통적 기업의 가치사슬이 붕괴한 자리에 개방 기업 생태계가 밀고 들어왔다. 이러한 초연결의 와해적 물결에 적응하지 못한 기업들은 사라져 갔다.

1차 인터넷 혁명인 유선 인터넷을 적극적으로 받아들인 대한민국은 1차 벤처 붐을 통하여 ICT 분야에서 세계를 이끌며 일본을 앞지르는 역사적 전환점을 만든 바 있다. 그러나 아이폰과 공인인증서 규제 등으로 유선 인터넷보다 수십 배 강력한 2차 무선 인터넷 혁명을 전 세계적으로 가장 늦게 받아들인 대한민국이 지불한 비용은 4대 강의 수십 배에 달하고 있다. 다가오는 인공지능 혁명에서 이러한 우(愚)를 또 한 번 범할 수는 없지 않겠는가.

초연결 혁명이 연결 비용을 감축시켰다면, 인공지능 혁명은 거래 비용을 축소시키고 있다. 예를 들어 보자. PC에서 초연결 검색 플랫폼이 제공한, 다수의 검색 결과에서의 최종 선택 과정에는 비싼 거래 비용이 수반된다. 사람들은 과거의 경험을 통하여 획득한 가치 기준을 총동원하여 제일 나은 선택을 하기 위하여 온갖 노력을 기울여 왔다. 그런데 모바일 기기에서는 검색과 선택이 추천이란 과정으로 대체되고 있다. 인간의 가치관을 대신하는 인공지능이 추천하고 인간은 단순히 수용 여부를 결정하는 방향으로 시장경제가 진화하기 시작한 것이다.

세계 최대의 동영상 사이트인 넷플릭스는 강력한 인공지능 기반의 맞춤 추천 기능으로 세계를 석권해 가고 있다. 아마존은 당신이 내일 주문할 것을 오늘 예측하여 배송하고 있다. 이제 인공지능은 예측과 맞춤이라는 새로운 가치를 인간 세상에 제공하기 시작한 것이다. 예측과 맞춤을 통하여 미래 세상은 최적화될 것이다.

쉽게 말해서 반복되는 일들은 인공지능과 로봇이 대체하게 된다는 것이 다보스 포럼이 5년 내 700만 개의 일자리가 사라진다고 경고한 의미다. 좀 더 엄밀하게 말하면, 단순 반복이 아니라 예측 가능한 일들을 인공지능이 대신한다는 것이다. 그리고 인공지능의 예측 능력이 계속 확대되고 있다는 것이다.

비슷한 기사를 쓰는 언론인과 동일한 강의를 하는 교수와 유사한 판결문을 작성하는 법률가와 간단한 진단을 하는 의료인들이 일차적으로 사라지는 직업군이다. 영업사원, 텔레마케터, 개인 비서, 단순 번역가, 반복되는 일의 관리 등도 역시 인공지능의 대체 영역이다.

이제 대한민국의 기업들은 4차 산업혁명의 생존전략으로 인공지능 대응에 당장 착수해야 할 것이다. 이를 위한 5대 국가 전략 방향을 제시하고자 한다.

첫째, 인공지능 활용 기업들은 애플의 시리 혹은 IBM의 왓슨 등을 활용한 비즈니스 모델 혁신에 즉각 돌입해야 한다. 둘째, 국내 인공지능 개발 업체들은 구글의 TensorFlow 등의 오픈 소스를 적극적으로 활용하는 전략에 착수해야 한다. 셋째, 국가 차원에서 인공지능의 핵심인 빅 데이터 확보 전략이 필요하다. 넷째, 규제 개혁 차원에서 개인 정보 보호의 적극적 혁신이 필요하다. 다섯째, 인공지능이 초래하는 사회적 충격을 대비할 미래 가치관과 법, 제도의 심층 논의가 필요하다.

인공지능 국가 전략은 기술을 넘어 사회와 총체적 상호작용을 통해 도출되어야 할 것이다.

이투데이 2016-02-22 10:38

인공지능 혁명의 본질

인터넷이 연결(connectivity)의 혁명이었다면 인공지능(AI: Artificial Intelligence)은 지능의 혁명이다.

인터넷이 연결(connectivity)의 혁명이었다면 인공지능(AI: Artificial Intelligence)은 지능의 혁명이다. 이제 인터넷과 인공지능이 결합한 초연결 · 지능(Hyper Connected Intelligence) 시대로 접어들었다. '앞서 갈 것인가, 도태될 것인가?' 그것이 문제다.

식물은 세포들이 연결된 유기체이나, 지능은 없다. 그런데 동물은 유기체이면서 지능이 존재한다. 그렇다면 지능의 역할은 무엇인가에 대한 일차적인 답이 나온다. 지능은 동물의 행동 예측을 위해 발달한 것이다. 뻗어 나가는 식물의 생장점에는 식물의 지능도 존재한다는 연구 결과도 참조하기 바란다. 그리고 현재의 행동 예측을 넘어 미래의 가치 예측을 하기 위해 동물 수준을 넘는 인간의 지능이 발달한 것이다. 지능은 가치 판단을 통한 예측과 상황에 따른 맞춤의 임무를 수행하는 것이다.

예측과 맞춤은 이같이 지능이 가져다주는 근본적인 가치다. 예측은 지혜이고 맞춤은 감성이다. 미래를 예측하고 개인의 맞춤 선택을 하는 것이 지능의 역할이다. 인공지능은 식물 단계의 유기체에서 동물 단계로 사회 시스템을 진화시키고 있다. 인류가 자기 조직화 단계로 접어들고 있다.

인터넷 혁명이 초래한 초연결 사회에서 수많은 중간관리직이 사라져 갔다. 이어서 단일 기업은 해체되고 기업 생태계로 진화했다. 이제 인공지능 혁명이 가져올 초연결 · 지능 사회에서는 수많은 전문직이 사라질 것이다. 2016년 다보스 포럼에서 710만 개의 일자리가 선진국에서 사라질 것으로 예측한 핵심 이유다. 옥스퍼드대학은 더 나아가 미국 일자리의 47%가 10년 내 사라질 것으로 예측하고 있다. 한국의 거국적 대응이 필요한 이유다.

그런데 인공지능의 본격 등장에 대한 우려는 두 가지다. 약한 인공지능에 의한 양극화의 확대 우려와 스티븐 호킹, 빌 게이츠 등이 제기하는 인류의 미래를 위협할 강한 인공지능의 등장이다. 일단 임계점을 넘어서면 인류보다 훨씬 빠른 속도로 진화한다는 것이 우려의 핵심이다. 인공지능은 기술만의 문제가 아니라 사회학적 문제로 접근해야 하는 이유일 것이다.

우선 양극화의 문제는 '노동 총량 불변의 법칙'에 근거하고 있다. 인공지능이 대체하는 직업들이 사라지는 만큼 새로운 일자리가 만들어지지 않을 것이라는 예측이 다보스 포럼의 발표 내용이다. 예를 들어 로봇 저널리즘이 등장하면서 기자라는 직업이 사라지고, 로봇 어드바이저가 등장하면서 투자 자문 일자리가 사라진다는 것이다. 그러나 로봇 저널리즘이 없애는 업무보다 더 많은 새로운 개인 맞춤 미디어들이 등장하면서 기자들은 새로운 저널리즘에서 숙련된 인공지능 비서를 데리고 질 높은 기사를 쓸 것이라는 시나리오도 있다. 매킨지는 800개 직업의 2,000가지 작업을 분석하여 45% 정도만 인공지능 대체가 가능할 것으로 보면서 인간과 인공지능의 협업 사회를 예상하기도 한다. 인공지능에 대한 모라벡의 패러독스는 '인간에게 쉬운 것은 로봇에 어렵고 그 반대도 마찬가지' 라는 것이다. 즉 인간과 인공지능의 공존 시대가 될 것이고 새로운 개인 맞춤 시장이 열릴 것이라는 시나리오가 가장 합리적일 것이다.

또 스스로 자의식을 가진 강한 인공지능은 옥스퍼드의 닉 보스트롬의 연구 등에서 2040년과 2050년 사이 등장을 예상한다. 물론 정확한 예측은 불가능한 복잡계의 영역이다. 스티븐 호킹 박사가 우려하는 강한 인공지능의 등장과 관련 규제는 미래학의 관점에서 기술 선도국가들이 치열하게 다룰 문제임은 틀림없으나, 적어도 대한민국의 당장 전략적 고민 사항은 아닐 것이다.

대한민국의 대응 전략은 단순해야 한다. 인공지능이 초래할 초연결 · 지능 사회에서 도태되지 않기 위하여 기술과 제도와 사람이라는 3대 요소를 중심으로 전 국가적 차원의 합의하에 강력하나, 유연한 추진 전략이 필요하다.

이투데이 2016-02-29

인공지능 산업의 국내현황

"문제는 기술이 아니라 정부의 과도한 규제다."

인공지능 분야에서 미국의 구글, 페이스북, MS, 애플과 중국의 바이두, 텐센트의 활약은 널리 소개되고 있다. 그래서 오늘은 한국의 인공지능 분야 선도 기업들을 소개하고자 한다.

2000년 창업한 솔트룩스는 세계 유수의 기술 전문지에서 세계 10대 시맨틱 기술 기업으로 선정될 만큼 기술력을 인정받고 있으며, 인공지능 '아담'을 출시한 바도 있다. 솔트룩스는 ETRI(전자통신연구소)와 함께 한국 최대의 인공지능 프로젝트인 엑소브레인 프로젝트를 이끌어 가고 있으며 직원 수 110명에 100억원대의 매출을 올리고 있다.

소셜 네트워크 분석 업체인 사이람은 세계적인 소셜 분석 도구인 Netminer를 개발 보급하고 있으며, 소셜 네트워크의 인공지능 분석 플랫폼의 전 세계 선도적인 역할을 담당하고 있다.

중견 벤처기업 디오텍은 딥러닝을 이용한 음성 · 필기 · 영상 솔루션을 개발해 금융, 교육, 헬스케어, 보안 분야에 활용하고 있으며, 자연어 처리와 빅데이터를 전문으로 다루는 다이퀘스트는 지능형 대화 서비스 '인포채터' 를 발표한 바 있다.

최근에는 딥러닝을 활용한 스타트업의 약진도 돋보이고 있다. 루닛(Lunit)은 2015년 국제 이미지 인식 기술대회(ILSVRC)의 위치 식별 분야에서 구글(7위)을 제치고 5위를 차지한 바 있다. 루닛이 디지털병원수출조합과 공동 개발한 이미지 인식 기술 'DIB'는 결핵 분야에서 정확도(AUC)가 96%로 매우 높으며, DIB는 안전성 · 유효성 검증을 거쳐 개도국을 위한 제품으로 출시될 계획이다.

또 다른 영상 분야의 딥러닝 스타트업 뷰노(Vuno)도 2015년 같은 대회의 이미지 인식 분야에서 5위를 차지한 바 있다. 뷰노는 머신러닝을 이용해 의료 데이터 분석 플랫폼 '뷰노 메드' 를 개발 중인데, 뷰노 메드는 CT, MRI 사진과 심전도, 호흡 등 생체 신호를 분석한 질병 진단 지원을 목표로 하고 있다.

인공지능 기반의 개인비서를 사업모델로 한 코노랩스는 다음의 사내벤처 출신으로, 최근 실리콘밸리 액셀러레이터 500스타트업에서 10만 달러를 투자받은 바 있다. 기계학습 기술을 금융 분야에 적용하여 리스크 관리를 해주는 솔리드웨어는 보험 분야에서 우선 사업을 시작하고 있다.

데이블은 언론사용 뉴스추천 플랫폼 등을 개발하는 업체로, 웹사이트 내 방문자의 클릭 기록을 바탕으로 읽고 싶어 할 기사를 추천해주는 기술을 언론사에 제공하는 서비스를 시작했다. 데이블은 사업을 구현하는

데, 알고리즘을 개발할 머신러닝 전문가를 별도로 고용하지 않는다고 밝히고 있다. 즉 인공지능 산업은 개방 플랫폼을 빅 데이터와 결합하여 활용하는 것이 핵심임을 입증하는 사례다. 인공지능 활용에서는 알고리즘보다 데이터와 비즈니스 모델이 중요한 것이다.

인공지능 메시징 업체 '플런티' 는 문자 메시지 서비스에 인공지능을 적용한 사례다. 플런티는 하루에도 수많은 문자 알림에 시달리고 반복적으로 짤막한 답문을 입력해야 하는 사용자의 수고를 덜어주는 서비스로, 문자 내용을 분석해 '적절한 답변'을 자동 생성, 제안해 주고 있다. 플런티의 경우 기존에 개방된 오픈소스를 활용하여 맞춤화하는 과정을 거쳐 사업화하고 있음에 주목할 필요가 있다.

이외에도 스캐터 랩, 드론 관련 스타트업 유비파이 등 다양한 분야에서 인공지능 스타트업들이 등장하고 있다

네이버는 '네이버랩스'를 주축으로 인공지능 관련 분야 연구를 진행하고 있으며, 한국어 음성인식은 95% 이상의 정확도를 달성했다고 한다. 넷마블게임즈는 '콜럼버스 프로젝트' 를 통하여 인공지능 기반으로 이용자 성향이나 행동 패턴에 대응하는 개인 맞춤형 게임 서비스 엔진을 개발 중이다. 엔씨소프트는 AI 랩(Lab)을 설치해 인공지능을 게임에 적용하는 노력을 하고 있다.

이들 한국 인공지능 기업들의 공통된 의견은 3조의 투자보다 개인정보와 클라우드 규제의 글로벌화를 우선하라는 것이다. "문제는 기술이 아니라 정부의 과도한 규제다."

이투데이 2016-03-29

인공지능의 미래와 국가정책

인공지능 기술인가? 4차 산업혁명인가?

인공지능이 주도할 4차 산업혁명은 기존의 1차, 2차, 3차 산업혁명이 촉발한 변화보다 훨씬 큰 변화를 야기할 것이다. 1, 2차 산업혁명은 대량 생산을 통하여 물질의 풍요를 이끌었으며, 3차 산업혁명은 인터넷을 통한 연결로 지식과 정보의 대중화를 이끌었다. 4차 산업혁명은 인공지능을 중심으로 개인화된 정신 소비를 이끌 것이다. 한국은 3차 산업혁명에서 유선 인터넷을 빠르게 도입하여 IT 강국으로 가는 기반을 형성하였으나, 부가가치가 훨씬 큰 무선인터넷(스마트폰)과 클라우드에서는 도입 지연의 우를 범하였다. 따라서 인공지능을 중심으로 한 4차 산업혁명에서는 지난날 역사적 교훈을 거울삼아 혁신의 시기를 놓쳐서는 안 될 것이다. 바로 인공지능 선도 전략을 위한 국가 정책을 살펴보아야 하는 이유다.

인공지능 시장은 1,000억 달러 대를 형성할 것으로 예상되고 있으나,

4차 산업혁명 관련 시장은 50조 달러로 추산된다. 즉 4차 산업혁명을 위한 인공지능의 활용이 인공지능의 기술개발보다 훨씬 더 중요하다는 것이 핵심이다. 그리고 활용의 핵심은 알고리즘이 아니라 빅 데이터의 확보이고 빅 데이터의 핵심 문제는 개인정보 패러다임이라는 것이다. 알파고 이후 우리 정부는 알고리즘과 슈퍼컴 개발에 무게 중심을 두고 있으나, 이는 사실상 본말이 전도된 접근이다. 우선 빅 데이터를 확보하고 개방된 오픈소스 알고리즘과 클라우드 컴퓨팅을 이용하여 인공지능 활용을 극대화하는 것이 최우선적인 국가 전략이 되어야 할 것이다. 이를 위하여 기술개발보다 더욱 중요한 것이 개인정보와 클라우드의 규제 개혁이다. 그리고 필요한 틈새의 알고리즘과 컴퓨팅 파워를 개발하는 것이 부수적인 접근일 것이다.

이러한 관점에서 4차 산업혁명을 주도하기 위하여 1) 인공지능의 활용 2) 인공지능 기술개발 3) 인재육성 4) 빅데이터 규제 개혁이라는 "인공지능 4대 전략"을 제시하고자 한다.

1. 인공지능의 활용

인공지능 산업에서 새로운 알고리즘 개발보다는 인공지능 관련 개방 API나 클라우드 서비스의 활용이 우선되어야 한다. 왜냐하면, 인공지능 기술 개발보다는 활용의 전략적 중요성이 훨씬 높으며, 주요한 기술은 이미 개방되어 있기 때문이다.

인공지능은 B2C 서비스로 애플의 Siri, 구글의 Now, MS의 Cortana,

페이스북의 M 등이 개발되어 있다. 이러한 인공지능 서비스들은 소비자들에게 추천 서비스를 제공하여 기존의 탐색과 선택 비용을 감소시킨다. 예를 들어 메르세데스 벤츠, 페라리, BMW 등 자동차 회사와 손을 잡고 Siri를 통한 핸즈프리 서비스를 일부 모델에 적용하였으며, MS의 코타나는 알림설정, 스케줄 추적만이 아니라 사용자가 관심 있는 뉴스 추천, MS의 검색엔진인 빙과 연계한 다양한 서비스를 제공한다. 또한, 인공지능은 B2B 서비스로 기존의 기업들이 전사적 자원관리(ERP), 영업 지원(SFA), 고객 관리(CRM) 등의 시스템을 클라우드 기반 서비스 개념으로 활용했던 것처럼, 앞으로는 인공지능도 클라우드 기반의 서비스로써 활용하게 될 것으로 전망된다. 지금도 IBM의 Watson Developer Cloud는 별도의 인프라 없이 왓슨의 분석기술을 내부 데이터와 연동하여 활용할 수 있다. Watson Developer Cloud의 사용 비용은 API를 호출한 횟수에 따라 부과되며, 현재 월간 30억 건이 호출되고 있으며, 28개의 API를 제공하고 있다.

현재 한국형 왓슨 프로젝트인 엑소브레인' 프로젝트에서 수립된 지식의 활용이 왓슨과 연계를 통하여 극대화될 것으로 보인다. 또한, 용어 대부분이 영어 기반인 의료 및 제약 분야 업계에서의 활용 또는 비정형데이터를 탐색하는 기능 등의 경우에는 활용 가치가 있을 것이다.

2. 인공지능 기술 개발

지속 가능한 차별화를 위하여 기술 개발전략도 필요하다. 현재 해외 선도적 기업들과 기술격차가 존재하지만, 산업의 초기 단계임을 고려한다면 틈새 부분에서 시장 주도권을 쥐는 것이 가능하다. 따라서 인공지능 연구 개발 전략으로 1) 오픈 소스 활용 2) 알고리즘 개발은 데이터가 확보가 가능한 분야로 진출 3) M&A 등으로 적극적인 인재영입을 제안한다.

인공지능 개발 전략의 첫 단계는 공개된 오픈소스의 활용이다. 이미 대부분의 인공지능 알고리즘들은 오픈소스로 개방되어 있고 방대한 개방 커뮤니티가 형성되어 있기 때문이다. 구글(2015년 11월 9일 Tensorflow)을 비롯하여 마이크로소프트(2015년 11월 9일 DMTK와 CNTK), IBM(2015년 11월 23일 System ML)과 같은 많은 기업이 자사의 알고리즘을 Github 등에 공개하고 있다. 이러한 인공지능의 생태계를 무시한 완전 독자 개발은 갈라파고스적 접근으로 진화의 함정에 빠질 우려가 너무나 크다. 과거 한국형 슈퍼컴과 한국형 OS 개발 실패가 타산지석이 되어야 할 것이다.

구글의 TensorFlow는 인공지능 연구에 한 획을 그었다는 평가를 받고 있고 앞으로 활용도 증가가 예상되기 때문에 구글의 TensorFlow를 오픈 프레임워크로 활용할 것을 제안한다. 그리고 MS의 DMTK는 머신러닝 클러스터를 구성할 수 있는 DMTK Framework와 마이크로소프트가 수년간 개발한 LightLDA와 Distributed Word Embedding 알고리즘을 포함하고 있으므로, 이러한 특성을 반영하여 MS의 DMTK를 Tool Kit으로 활용하는 것을 제안한다. 이외에도 뉴욕대, UC 버클리, 그리고 몬트리올 등이 형성한 커뮤니티를 활용한다면 큰 비용을 절약할 수 있을 것이다. 그리고 페이스북의 Big Sur는 많은 양의 데이터를 처리하고 분석하는 오픈소스 하드웨어로 최적화되어 있기 때문에 이를 주요 개발 하드웨어 Tool로써 활용할 것을 검토하기 바란다. 중요한 것은 이들이 구축해 가는 생태계 내로 들어가야 한다는 것이다.

인공지능 개발을 위해서는 무엇보다 중요한 역할을 하는 것이 데이터이다. 그러나 머신러닝에 필요한 양질의 빅데이터를 확보하기는 쉽지 않다. Greg Corrado 구글 선임연구원도 "머신러닝은 일종의 수학 모델로 특허로 보호받기 쉽지 않다"면서, "머신러닝에서 가장 중요한 것은 빅데이터"라고 언급하였다. 이러한 점들을 고려한다면 개발 단계에서 데이터가 확보가 용이한지 확인이 필요하다. 이러한 활용 목적에 맞는 데이터의 확보가 가능한 분야에 특화된 오픈 소스 생태계 내에서 추가적인 알고리즘의 개발이 국가 전략이 되어야 할 것이다.

그리고 결국은 구글의 Hinton 교수, 페이스북의 Lecun 교수, 바이두의 응 교수 등의 영입과 같은 M&A 등을 통한 인재 확보가 기술 경쟁의 성패를 가름할 것이다.

3. 인재육성 전략

인공지능 산업은 하드웨어 중심의 산업이 아니라 소프트웨어 중심의 산업으로 물리적인 자원보다는 다양한 프로그램을 개발할 수 있는 인적 자원이 가장 중요한 요소이다. 그러나 국내에서는 아직 인공지능 전문가를 육성하는 교육기관이 부족하므로 인공지능 산업을 이끌어갈 양대 방안으로 공개 교육 자료 활용과 교육기관 확충을 제안한다.

인공지능 산업이 활성화되면서 다양한 회사나 기관 등에서 인공지능 관련 온라인 강의(MOOC, Massive Open Online Course)를 공개하고 있다. 인공지능 관련 교육기관 확충을 위한 노력도 필요하다. 최소한 10만명이 필요한 인공지능 관련 전문가들을 육성하기 위해서는 전문적인 교육기관이 필요하나, 국내에서는 아직 인공지능 관련 교육을 전문적으로 수행할 교육 기관이 턱없이 부족하다. 국내 한 일간지에 따르면, 국내에서는 한해 배출되는 인공지능 관련 박사급 인재는 20~30명 수준이나, 중국의 경우 인공지능 관련 박사급 인재만 한해 2,000~3,000명 수준이라고 한다.

이러한 인재 공급의 격차를 해소하기 위해서는 교육기관의 확충과 민간 교육기관과 연구기관을 통한 교육 시스템의 확충이 필요하다. 구글이 유다시티를 통하여 제공하는 교육프로그램을 벤치마킹한 3개월 교육 융합 프로젝트를 벤치마킹하자. 특히 교육프로그램이 다양한 예제를 실행할 수 있도록 정부와 기업들의 빅데이터 제공 등의 지원이 있다면 훨씬 효과적인 교육이 될 수 있을 것이다. 현재 민간에서는 FAST CAMPUS가 머신러닝과 Tensorflow를 활용한 교육 프로그램을 시작하였는데, 이를 기점으로 전국에 있는 국립대 및 소프트웨어 연구기관들을 중심으로 추가적인 교육프로그램을 확대하는 것이 필요하다.

4. 빅데이터 확보와 규제개혁

인공지능은 알고리즘과 데이터로 이루어진다. 인공지능의 선도기업들이 알고리즘을 공개하면서, 향상된 컴퓨터 파워를 쉽게 획득할 수 있는 상황에서 인공지능 산업의 경쟁력은 데이터 확보가 관건이 되었다. 인공지능 관련 소스를 공개하는 기업들도 핵심 기술은 공개하지만, 데이터를 공개하지 않는 이유도 같은 맥락에서 해석된다. 결국, 인공지능 전략의 핵심은 빅 데이터 확보 전략이며, 이는 1) 공공정보 개방과 2) 개인정보의 활용으로 귀결된다. 아무리 기술을 개발해도 데이터가 없으면 연료 없는 자동차 꼴이 된다. 결국, 기술보다 규제가 인공지능의 핵심 정책이 되어야 하는 이유다.

국내에서도 정부 3.0이란 정책으로 빅데이터 센터(www.kbig.kr), 공공 데이터 포털(www.data.go.kr), 서울 열린 데이터 광장(www.data.seoul.go.kr) 등에서 공공 데이터를 공개하고 있으나 지속적으로 낮은 데이터의 품질이 지적되고 있다. 활용 공공 데이터의 70% 이상이 버스노선 및 택배에 불과하다. 가장 큰 문제는 공공 기관이 국가 안보와 개인 비밀이 아닌 모든 데이터를 원칙적으로 개방한다는 정부 3.0의 정신을 준수하지 않고 있다는 점이다. 그리고 그 핵심은 정보보안이라는 명목으로 이루어지는 공공 기관의 잘못된 망 분리 규제에 있다. 망 분리 이전에 공개 원칙하의 데이터 분리가 이루어져야 공공 정보의 빅 데이터화가 가능해질 것이다.

개인정보보호와 데이터를 기반으로 하는 혁신이 양립할 수 있다는 사실을 인지하고 개인정보의 보호와 활용의 균형이 필요하다. 빅데이터 산업을 개인정보 침해와 동일시해서는 안 되며, 개인정보의 안전한 활용을 위한 법 · 제도적 기반 마련과 동시에 개인정보 활용에 대한 과도한 규제 개선이 필요하다. 빅데이터가 가진 효익을 최대화하고 부작용을 감소시키기 위해서는 기업의 개인정보 수집과 활용을 인정하되, 개인들의 개인정보 통제권을 강화를 통하여 개인정보의 활용과 보호 사이의 균형점을 찾아야 한다. 기업들이 자유롭게 개인정보를 이용할 수 있으나, 유출과 남용은 엄격히 사후징벌하는 규제의 패러다임 전환이 필요한 것이다. 바로 사전 규제인 Opt-in에서 사후 평가인 Opt-out으로의 전환이 인공지능의 핵심 국가 정책이다.

〈SeeFutures vol. 11-KAIST 미래전략대학원〉 수록

인공지능과 개인정보

인공지능 산업 경쟁력은 기술이 아니라 개인정보 정책에 달려 있다. 그리고 그 핵심은 개인정보의 활용과 보호라는 두 마리 토끼를 잡는 전향적 사고 전환이다.

4차 산업혁명의 꽃이라는 인공지능 산업은 개인정보 보호와 손바닥의 앞뒤 관계에 있다. 스스로 학습하는 소위 딥 러닝(Deep Learning) 인공지능의 학습 도구는 빅 데이터다. 이미 1950년대 제시된 기계 학습 이론이 최근 5년간 비약적 발전을 한 이유는 방대한 빅 데이터의 등장이라는 것은 잘 알려진 사실이다.

지난 30년간 데이터 저장 비용과 컴퓨팅 비용은 1억 배 이상 저렴해졌다. 모바일 기기와 IoT 그리고 웨어러블 기술은 실시간 대용량의 빅 데이터 수집을 저비용으로 가능하게 했다. 그런데 이러한 정보의 대부분은 개인정보에 해당된다. 인공지능의 경쟁력은 빅 데이터에 달려 있고, 빅 데이터의 활용은 개인정보 정책에 달려 있다. 즉 개인정보 정책에 한국의 미래가 달려 있다는 것이다.

개인정보와 빅 데이터는 대척점에 있다. 지금까지 개인정보는 최소

수집의 원칙, 사전 목적의 원칙, 개별 동의의 원칙에 입각하고 있다. 반대로 빅 데이터는 최대 수집의 원칙, 사후 활용의 원칙, 포괄 활용 원칙으로 발전할 수 있다. 4차 산업혁명의 경쟁전략은 개인정보와 빅 데이터의 갈등을 해소하는 데 있다. 이러한 갈등 해결 능력이 1조 원 이상을 투입하는 인공지능 기술 개발 전략보다 중요한 4차 산업혁명의 국가 경쟁력이다.

개인 정보에 있어, 한국은 Opt-in, 미국은 Opt-out 패러다임에 입각하고 있다. 한국은 정보 수집과정과 원칙적 사전 개별 동의를 받아야 하나, 정보의 통제는 사업자가 담당한다. 미국은 정보 활용과 사후 관리에 중점을 두고, 통제권은 개인과 사업자가 공유한다. 즉 규제의 포지티브 정책과 활용의 네거티브 정책의 패러다임 차이이다. 우리는 정보 수집을 개별적으로 규제하고 사후 책임은 약한 반면, 미국은 수집은 열어주고 사후 활용에 대한 책임을 지는 것으로 보호와 활용의 균형을 맞추고 있다.

개인 정보의 통제권이 명확하지 않다는 것은 치명적 문제를 일으킨다. 자칫 개인정보 수집의 독점권을 강화하고, 나아가서 빅 데이터를 보유한 기업의 빅 브라더(Big Brother)화를 막기 어렵게 한다. 개인이 자신의 정보를 활용하기 위해 제3의 사업자에게 위탁할 수 있어야 독점적 빅 브라더의 출현을 방지할 수 있을 것이다.

예를 들어, 미국의 경우 개인 의료 정보의 통제권은 개인에게 있다. 실제로 개인의 동의하에 개인 정보를 중개하는 중개상들이 등장하고 있다. 그 결과 개인화된 맞춤 서비스가 다양하게 등장하고 있고, 빅 데이터

기업의 빅 브라더화도 방지하고 있다. 한국에서도 금융사의 경우 예외적으로 개인정보의 이동을 허용하고 있다. 그런데 여러 의료기관에 분산된 개인의 의료 정보는 클라우드에 기반을 둔 PHR(Personal Health Record)가 있어야 통합 운영이 가능하고, 작년의 메르스 사태같은 경우 혼란을 막을 수 있을 것이다. 미국은 클라우드 PHR이 의무지만, 한국은 아직도 규제 중이다.

의료 정보에서 개인의 식별 정보를 제외한 소위, 코호트 정보는 인공지능과 결합할 때 국민 보건 향상에 결정적 기여를 할 수 있다. 전 세계적 추세는 블록체인(Block Chain) 같은 암호화 기술로 활용과 정보 보호의 두 마리 토끼를 잡고 있다. 그런데 한국은 복원이 불가능해야 한다는 단서 조항을 붙이고 있다. 결국, 한국에서는 모든 암호화가 절대로 풀리지 않아야 한다는 전제로 규제되어 실제 활용이 불가능하다. 공인인증서, 인터넷 실명제와 같이 한국의 갈라파고스적 규제 정책이 한국의 기술 경쟁력을 끌어내렸던 것이다. 이제 개인정보 보호에서도 교각살우의 우를 범하지 않기 위한 전향적 자세가 요구된다.

인공지능 산업의 경쟁력은 기술이 아니라 개인정보 정책에 달려 있다. 그리고 그 핵심은 개인정보의 활용과 보호라는 두 마리 토끼를 잡는 전향적 사고 전환이다. 무차별적 진입 규제냐, 합리적 활용 평가냐, 그것이 문제다.

이투데이 2016-03-21

디지털 사회의 미래

인류가 새롭게 진화를 시작한다. 인류사 관점에서 인간은 호모사피엔스(Homo Sapiens)에서 호모루덴스(Homo Ludens)라는 놀이 인간을 거친 다음, 호모디지쿠스(Homo Digicus)라는 디지털 인간에 도달했다.

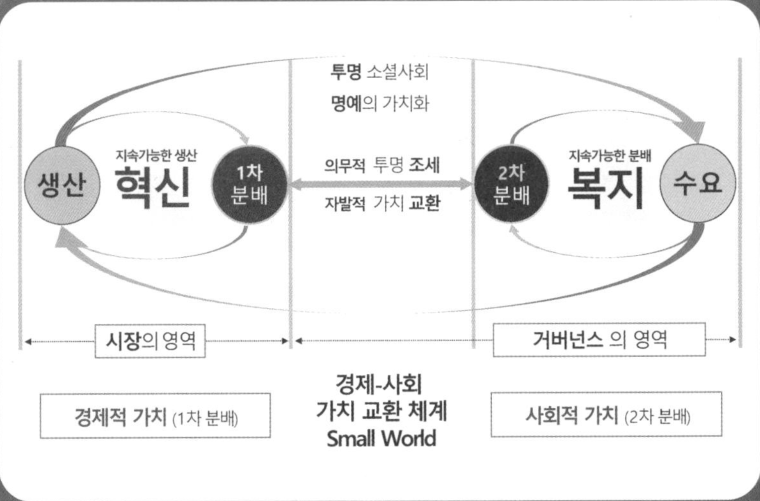

인류의 새로운 진화 호모 모빌리언스

개인은 스마트폰 아바타로 사이보그인 슈퍼맨으로 진화하고, 인류는 소셜 네트워크를 통해 집단 생명인 초인류로 진화한다

인류가 새롭게 진화를 시작한다. 인류사 관점에서 인간은 호모사피엔스(Homo Sapiens)에서 호모루덴스(Homo Ludens)라는 놀이 인간을 거친 다음, 호모디지쿠스(Homo Digicus)라는 디지털 인간에 도달했다. 이런 인류는 이제부터 '호모 모빌리언스(Homo Mobilians)' 라는 '슈퍼 초인류' 로 진화한다. 즉 스마트폰과 소셜 네트워크를 통해 인간은 새로운 진화 단계에 돌입한 것이다.

"개인은 스마트폰 아바타를 통해 사이보그인 슈퍼맨으로 진화하고, 인류는 소셜 네트워크를 통해 집단 생명인 초인류로 진화한다"

이러한 두 가지 진화를 통합해 '호모 모빌리언스' 라 명명하고 인류사적인 거대 변화의 본질을 파헤쳐 보고자 한다. 그 결과로 개인에게는 미래 설계를, 기업에는 미래 전략을, 국가에는 미래 비전을 제공할 수 있기 바란다.

호모 모빌리언스는 슈퍼맨과 초생명이라는 2가지 중요한 특징을 가진다. 하나는 개개의 인간이 스마트폰이라는 아바타(Avatar)와 결합해 슈퍼맨이 된다는 것이다. 과거 상상 속의 슈퍼맨이 가졌던 백과사전적 지식, 초능력, 초감각 등을 스마트폰이라는 아바타를 통해 평범한 사람도 소유할 수 있게 되었다. 이제 누구나 슈퍼맨이 되는 세상이다. 평범한 회사원이라 할지라도 스마트폰을 통해 600만 불의 사나이를 넘어서는 슈퍼맨이 될 수 있다. 인터넷과 연결된 스마트 폰을 통해 엄청난 지식을 즉시 검색하고 원격 투시 등의 초감각을 소유하게 된 것이다.

이제 스마트 장비는 기계의 개념을 탈피해 인류 역사상 최초로 인간과 일체화된, 생명의 일부로 여겨지고 있다. 생명의 속성은 부분이 전체를 반영한다. 우리의 손이나 귀, 눈에는 우리 신체 전체의 정보가 다 부여되어 있다고 한다. 하나의 세포에서 분화되어 생명이 되는 과정에서 이러한 부분이 전체를 반영하는 프랙털 현상은 당연한 현상이 아닌가 한다. 이런 관점에서 보면 휴대폰 등의 스마트 기기는 주인의 의지 전체를 반영할 수 있도록 인간과 더불어 진화해 나갈 것이다.

이제 미래 사회의 경쟁력은 스마트라는 단어에 달려있다. 스마트 폰을 이용한 스마트 워커가 스마트 오피스에서 스마트 비즈니스를 하는 것이다. 이미 미국의 사무실을 떠난 직장인은 30%에 육박한다. 시간과 장소의 한계를 넘어 사람으로 가치가 이동하고 있다. 사람을 중심으로 하는 사회가 바로 스마트 사회인 것이다. 이러한 시대를 스마트 월드라고 부르기로 하자. 이제는 인간의 철학적 정의도 재정립되어야 한다. 사회의 규율도 다시 만들어져야 한다. 사람 중심의 이동을 근간으로 하는 디지털 노마드, 유목민의 시대가 다시 오고 있다.

또 하나의 큰 변화는 개개인의 인간에서 집단으로서의 인류로 재탄생하는 것이다. 마치 개미 한 마리 한 마리가 생명이지만 개미집단이 거대한 생명이듯 한 명 한 명이 생명체인 인간이 집단으로서 새로운 초인류를 형성하는 것이다. 영화 '아바타(Avatar)'에서 판도라 행성의 나무들은 상호 연결되어 있다. 그 전체가 하나의 생명체라는 뜻이다. 영국의 과학자 제임스 러브록은 1972년 논문에서 '지구는 가이아(Gaia)라는 생명체'라는 가설을 세웠다. 즉, 자기 조직화를 통해 전(全) 지구적 초생명(超生命)이 탄생한다는 것이다.

인류 자체가 변한다는 것은 '특이점' 혹은 '상전이'와 같은 엄청난 변화다. 인류 전체를 새로운 종으로 진화시키고 있다. 집단으로 생명을 가지는 이른바 초생명(超生命)이라고 이해하면 좋을 듯하다. 다른 말로 하면 초인류(超人類)로 불러도 좋겠다.

프랑스의 유명 작가 베르나르 베르베르의 작품 『개미』의 모티브가 된 개미가 대표적인 사례로 꼽힐 수 있다. 개미는 말할 것도 없이 한 마리 한 마리가 다 소중한 생명체이다. 그러나 우리가 일반적으로 말할 때의 개미는 집단으로서의 개미를 의미할 때가 훨씬 더 많다. 개체가 많을 뿐 아니라 서로 간의 상호 작용이 크기 때문에 그렇다고 할 수 있다. 더구나 개미의 이 상호 작용은 같은 동물 개체 사이의 커뮤니케이션에 사용되는 체외 분비성 물질인 페르몬에 의해 자동으로 이뤄진다. 상호 작용이 일종의 선천적인 동류의식 하에 무의식적으로 이뤄진다는 얘기이다. 개미 한 마리의 지능은 매우 낮다. 그러나 개미 집단은 놀라운 지능을 보여준다. 예를 들어 개미는 무덤을 쓰레기장의 반대편에 만든다. 또한 개미는 집단 전투에서 기만, 협동의 전략을 구사하고 농경을 하고 노예를 사육한다. 누가 지시하는가? 연구의 결과는 지시자는 없다는 것이었다. 집단 내부에서 스스로 자기 조직화한 결과라고 한다.

집단 지능은 개별 지능과 차원이 다르다. 이러한 창발성의 원리를 스티브 존슨은 "이머전스"라는 명저에서 상세히 설명하고 있다. 미래와 진화의 열쇠는 바로 집단의 자기 조직화에 의한 창발적 집단 생명인 것이다. 이러한 개미 집단은 개체로서의 개미와는 전혀 다른 창발적 특성을 보여준다. 개미 개체의 수명은 1년이나, 집단 개미는 15년 정도라고 한다. 개미 개체와 관계없이 집단의 나이에 따라 개미들의 행동이 달라진다고 한다. 늙은 집단의 개미는 좀 더 조심스럽고 젊은 집단의 개미는 천방지축이라고 한다. 그러면 이러한 현상은 언제 나타나는가? 복잡계의 네트워크 이론에 따르면 많은 개체가 왕성한 상호작용을 하고 그 창발성에 대한 경쟁 조건이 갖춰지면 집단 생명이 자기 조직화한다는 것이다.

스마트폰은 인간의 아바타가 된다. 인간을 대신하여 잠들어 있는 시간에 소셜 네트워크(SNS)상의 친구들의 아바타와 대화를 할 수 있다. 깨어 있는 시간에는 인간의 비서로서 기분에 따라 적절한 음악과 화면을 제공할 수 있다. 스마트폰이라는 아바타를 통하여 인간은 다른 인간들과 집단화한다.

이제 인류가 다중(多重) 생명을 가지게 된다는 사실을 주목하자. 다중 자아는 오프라인의 자아를 제외하고도 얼마나 될까? 예로 들면 현재까지는 자신조차 얼마인지도 모를 SNS의 친구들, 각종 블로그에 등장하는 자아 등이 대표적으로 꼽힌다. 당연히 이보다 더 많은 자아를 가지고 있는 사람도 있을 수밖에 없다. 인간에 대한 새로운 철학적 정의까지 요구되는 상황이다.

시간, 공간, 인간이 융합하는 천지인(천지인) 합일의 세상이 오고 있다. IT가 융합하는 클라우드의 시대가 열리고 있다. 사물과 인간이 융합하는 IoE(Internet of Everything)가 새로운 미래다. 웨어러블 스마트 디바이스는 상황인지(Context Awareness)를 통한 스마트 맞춤 서비스를 제공한다. 구글 글래스와 스마트 워치가 대표적인 사례다. 언어가 융합하고 네트워크가 결합하고 있다. 이제 Siri와 같은 인공지능이 인간과 결합하고 있다.

스마트 기술은 사람이라는 개체 자체는 말할 것도 없고 인류라는 집단을 획기적으로 변화시키는 기폭제다. 미래는 스마트폰을 매개로 스마트 오피스에서 스마트 워크를 하고 스마트 플레이스로서의 도시에서 확장되어 스마트 월드가 되는 것이다. 인류는 새로운 진화를 시작했다. 이런 변화는 한 마디로 '모든 인간이 자신의 아바타인 스마트폰에 투영이 되고 또한 모든 세상이 나의 스마트폰에 투영된다' 는 것이다.

융합하는 세상이다. 즉, 미래의 개인은 집단 생명인 초인류의 일부분이 되기도 하지만 모든 세계가 그 개인을 중심으로 재편된다고 볼 수 있다. 그것은 홀론(Holon)으로의 융합(Convergence)이다. 원래 홀론(Holon)이란 부분이면서 전체를 뜻하는 단어가 아닌가? 미래 인간은 자신의 개성을 지키면서 과거에 가지지 못한 엄청난 능력을 갖게 되고, 그 능력은 개체의 능력뿐만 아니라 개인과 연결된 많은 사람의 역량까지 개인의 능력에 중첩되어 나타낸다. 즉, 소셜 네트워크(Social Network), 소셜미디어(Social Media), 소셜커머스(Social Commerce), 소셜 학습(Social Learning), 소셜 게임(Social Game), 소셜 혁신(Social Innovation), 소셜 검색처럼 모든 소셜 현상들이 바로 개인화인 동시에 집단화하는 홀론으로의 융합이 발현되는 미래의 일반적 현상이다.

신라 시대 원효대사는 이를 묘합(妙合)이라는 단어로 표현했다. 이런 묘합의 세상은 우리 개개인의 능력이 거의 무한대의 시간-공간으로 확장되는 스마트 월드인 것이다.

Insight 2016-07-26

디지털 사회의 미래는 '초융합'

원자로 이뤄진 물질세계는 자원의 한계로 인해 한계 효용이 감소하는 소유의 사회다. 그러나 비트로 이뤄진 디지털 사회는 한계 효용이 증가하는 공유의 사회다.

인류는 1 · 2차 물질 혁명과 3차 정보혁명을 거쳐 4차 지능혁명으로 진입하고 있다. 변화는 가속화돼 과거 100년의 변화가 미래 10년 안에 이루어질 것이다. 미래 사회를 지금 준비할 것인가, 방치할 것인가. 대한민국 역사의 결정적 선택이 될 것이다.

디지털 사회는 아날로그 사회와 본질적으로 상충하는 구조다. 원자로 이뤄진 물질세계는 자원의 한계로 인해 한계 효용이 감소하는 소유의 사회다. 그러나 비트로 이뤄진 디지털 사회는 한계 효용이 증가하는 공유의 사회다. 두 개의 세상에서 소유와 공유라는 가치관이 충돌하고 있다. 우버와 에어비앤비의 논쟁이 대표적인 가치관의 충돌 사례일 것이다.

PC 시대까지는 분리돼 있던 디지털과 아날로그 세상이 이제는 O2O(Online 2 Offline)로 융합하고 있다. 2010년 30개에 불과했던 1조 가치가 넘는 유니콘들이 불과 5년 만에 250개를 넘어서고 있다. 두 세계의 충돌이 글로벌 거대 유니콘들을 탄생시키고 있다. 이들의 비밀 코드는 디지털과 아날로그의 융합인 디지로그(digilog)이고, 사이버와 현실의 융합인 CPS(Cyber Physical System)이며, 제품과 서비스의 융합인 PSS(Product Service System)이다. 이들을 총칭해 O2O라 칭하기로 한다.

이제 현실 세계와 1:1 대응이 되는 가상 세계에서 시공간을 재조합해 현실을 최적화하는 O2O 융합의 세상이 열리고 있다. 내비게이터가 대표적인 사례다. 현실의 교통 체계와 1:1 대응되는 가상 교통망에서 최적의 맞춤 길을 예측해 알려주고 있다. O2O 최적화는 병원, 공장, 여행 등 인간 삶의 모든 분야로 퍼지고 있다. GE의 공장, 캐터필러의 중장비, 아마존의 배송, 핏빗의 건강관리 등이 모두 같은 원리로 구성돼 있다.

O2O 융합은 디지털화 기술 6개와 아날로그화 기술 6개로 구현될 수 있다. 시간, 공간, 인간을 디지털화하는 6대 기술은 빅데이터, 클라우드, 사물인터넷(IoT), 위성위치확인시스템(GPS), 사회관계망서비스(SNS), 웨어러블로 구성된다. 디지털화된 가상 세계에서 예측과 맞춤을 통해 현실을 최적화하는 아날로그화 6대 기술은 서비스 디자인, 플랫폼, 3D 프린터와 DIY, 증강 · 가상현실, 게임화, 블록체인과 핀테크다. 그리고 그 연결 고리에 인공지능이 자리하고 있다.

O2O 융합은 지구 차원의 자기 조직화를 촉발해 지구 전체를 생명화하고 있다. 인류는 집단 생명으로 자기 조직화하는 초인류로 진화할 것이다. 이제 사물을 다루는 기술, 우리를 다루는 경제사회, 나를 다루는 인문학이 초융합하는 세상이 다가오고 있다. 인류가 한 번도 겪어 보지 않은 미래가 10년 이내에 다가올 것이다. 우리가 도전해야 할 세 가지 목

표는 1) 기술의 대융합 2) 선순환 경제사회 구축 3) 초인류의 삶의 가치다. 이들은 각각 과학기술과 경제사회와 인문학의 화두일 것이다. 그리고 이 세 과제는 독립적 발전이 아니라 다 함께 초융합되고 있다.

미래학의 개념은 예상하는 것이 아니라 예측을 통해 만들어 간다는 것이다. 우선 기술은 초 생산성을 이룩할 것이다. 수요는 경험 경제의 확산으로 물질 소비는 줄고 개인화된 정신적 소비가 증대될 것이다. 놀이와 문화가 최대 산업으로 부상할 것이다. 물질의 소유에서 정신의 삶으로 행복은 이동할 것이다. 지속 가능한 성장은 혁신에 비례하는 보상에, 지속 가능한 분배의 문제는 복지의 거버넌스에 달려 있다. 분산화된 권력을 뒷받침하는 블록체인(Block Chain) 기술이 직접민주제와 거래의 신뢰 문제를 해결할 것이다. 경제적 가치와 사회적 가치가 선순환하는 미래 사회 이론에 우리의 태극 사상이 크게 기여할 것이다.

우리가 만들어 가야 할 바람직한 미래의 화두들을 던져 본다. 그리고 바람직한 미래를 만들어 가는 거대한 토론에 수많은 석학의 참여를 촉구하고자 한다.

이투데이 2016-04-11

초인류와 소셜 현상들

집단 인간은 단순한 다수의 집합이 아니라 초연결된 자기 조직화에 의한 생명 현상을 발현하고 있다. 마치 개미들이 개미집단이라는 초유기체를 발현시키듯이 집단 인간이 새로운 초인류를 발현시키는 것이다.

인터넷은 초연결 사회를 촉발했다. 집단 인간은 단순한 다수의 집합이 아니라 초연결된 자기 조직화에 의한 생명 현상을 발현하고 있다. 마치 개미들이 개미집단이라는 초유기체를 발현시키듯이 집단 인간이 새로운 초인류를 발현시키는 것이다. 이러한 초인류에 대한 이해가 미래를 이해하는 나침반이 될 것이다.

이러한 집단 생명의 탄생이 특정한 외부의 힘이 없이 스스로 자기 조직화를 통해서 발현되는 과정에서 홀론(Holon)과 창발성(Emergence)이 나타난다. 자기 조직화를 거쳐 발현된 생명체는 기계와 달리 부분 속에 전체가 있는 홀론 현상이 나타난다. 기계는 부속품 하나를 꺼내서 아무리 분석해 보아도 전체의 정보가 나오지 않는다. 부분이 전체를 반영하지 않는 것이다. 그러나 생명인 인체의 60조분 1인 세포 하나에서 인간 전체의 설계도인 DNA 구조를 볼 수 있다. 눈, 코, 귀, 입, 척추, 발바닥 모든 부분이 인체의 다른 부분을 표현하고 있다. 바로 수지침과 족침과 귀침의 기본 원리이다. 부분이 전체를 반영하는 자기 조직화는 개체의 소멸이 아니라 개체의 확장이기도 하다.

네트워크 인간의 자기 조직화를 통하여 인간의 역량이 강화된다. 과거에는 개인의 취미생활을 위해서 음악, 미술 모든 분야에 걸쳐 상당 수준의 기술을 익혀야 했다. 그러나 이제 음악의 기술, 미술의 기술, 조각의 기술, 공예 기술들의 집단지능이 앱 스토어나 개방플랫폼을 통해서 공유되어 누구나 쉽게 전문가가 되는 시대가 도래했다. 내가 필요한 기술은 과거에 비하여 1% 이내의 노력으로 습득할 수 있다.

지금 초연결 사회에 관한 많은 연구는 대부분 비관적인 우려로 결론을 맺고 있다. 초연결 사회에서 개인은 개성을 잃을 것이고 소셜 네트워크를 통해서 모든 사람은 발가벗게 되고 프라이버시는 침해될 것이고 개인은 개성을 잃고 집단은 몇 명의 여론을 호도하는 사람에 의해서 이끌어질 것이라는 얘기들이다.

그러나 과연 그러한가? 전체적으로 개방된 소셜 네트워크에서는 자기 정화기능이 분명히 작용하고 있다. 자신의 개성이 표현되는 페이스북과 같은 소셜 네트워크에서 결국 오랫동안 살아남는 의견들은 자기 정화 기능을 보여주고 있다. 프라이버시는 보호되는 동시에 활용되어야 한다. 개개인의 정보가 단순히 보호만 된다면 지식 융합은 발현되기 어렵다. 그렇다고 무조건 개방하라는 것은 아니다.

결국, 보호와 활용의 균형점을 찾아가는 노력이 필요할 것이다. 개개인의 정보가 개방되면서 만들어진 인류 전체의 정보는 구조화되어 지식과 지혜가 되면서 다시 개개인의 에너지로 승화된다. 분명한 것은 이제 모든 사람은 쉽게 과거 기준의 슈퍼맨이 되고 있다는 것이다.

부분에 전체가 반영되는 홀론 현상은 자기 조직화를 통해서 발현되는 생명체의 가장 큰 특징이다. 이제 집단 생명으로서 호모 모빌리언스는 개개인의 지능에 전체의 집단지능을 반영하는 형상을 보인다. 공간 정보인 지도는 이미 개인의 스마트폰으로 들어갔다. 시간 정보인 빅데이터는 정제되어 개인에게 제공된다. 인간과의 관계들은 이미 전체와 개인이 연결되어 있다. 시간, 공간, 인간에 걸쳐 이미 홀론 현상은 일반화되고 있는 것이다. 이를 일반화 한 용어가 소셜 현상이다.

인간간의 관계는 약한 연결고리를 중심으로 급속히 확대되고 있다. 이러한 가벼운 인간관계를 우려하는 사람들도 많다. 소위 연결된 고독이라는 현상이다. 그러나 강한 연결은 반복되는 일에 효율적이나 창조적인 생각을 만들지는 못한다. 생각은 연결이고 창조성은 낯선 연결이다. 이러한 낯선 만남은 나의 뇌가 아니고 다른 사람들의 뇌와 연결되어 더욱 증폭된다. 소셜 네트워크는 대부분 약한 연결이고, 집단 창조성을 증폭시키는 역할을 한다. 소셜 네트워크를 통해서 창조성이 만들어지고 소셜 네트워크를 통해서 창조성이 확산하는 소셜 이동(Social Shift) 현상이 발현되는 것이다. 이러한 소셜 현상은 소셜 러닝, 소셜 펀딩, 소셜 여행, 소셜 커머스, 소셜 교육 등 완전히 새로운 차원의 인간 활동을 설명하고 있다. 집단지능과 소셜 현상 이 두 가지가 초인류의 홀론과 창발성을 이해하는 비밀의 문이다.

Insight 2016-05-03

超생산 사회에서 超신뢰 사회로

과거 산업사회의 권력 집중형 신뢰 시스템은 미래에는 극도로 위험하다. 이제는 사회적 신뢰가 모든 사람에게 분산된 구조로 재편되어야 한다.

초융합의 디지털 사회는 초 생산성 사회인 동시에 초 위험 사회이기도 하다. 과학기술과 경제사회와 인문이 융합해 초생명화하는 미래의 디지털 사회에서는 빅데이터와 인공지능의 융합으로 최적화된 세상을 만들 것이다.

그러나 빅데이터에는 빅 브라더의 위험성이 상존하고 있다. 집중된 빅데이터는 만약의 경우 의도적, 비의도적으로 세상에 가치를 오도시킬 수 있다. 따라서 과거 산업사회의 권력 집중형 신뢰 시스템은 미래에는 극도로 위험하다. 이제는 사회적 신뢰가 한국은행권과 같이 한 군데 집중화된 통제하에서 만들어지는 것이 아니라 모든 사람에게 분산된 구조로 재편되어야 하는 이유다.

이러한 분산된 사회적 신뢰를 만드는 기술이 비트코인으로부터 비롯된 블록체인 기술이다. 모든 거래내용을 모든 참여자가 알 수 있게 하는 분산된 거래 시스템에서는 원천적으로 장부 조작이 불가능하다. 모든 거래 기록이 모든 참여자에게 남아 있어, 거래 기록 조작이 불가능하기 때문이다.

이러한 P2P(peer 2 peer) 방식의 분산된 신뢰는 미래 디지털 사회의 사회적 자산의 초석이 될 것이다. 원천적으로 비리를 차단할 수 있다. 지난 몇 년간 치열한 논쟁을 거쳐 이제 비트코인은 주요 국가에서 공식 화폐로 인정받기 시작했다.

인공지능이 초 생산성 사회를 만든다면 블록체인은 초신뢰 사회를 만들게 된다. 초 생산성 사회가 갖는 위험성을 분산된 신뢰가 보완하는 것이다. 이것이 바로 다보스포럼이 4차 산업 혁명의 양대 승자로 인공지능과 블록체인을 꼽은 이유다.

화폐가 블록체인 기반의 비트코인 등으로 이행되면 이 세상은 투명한 구조로 변모하게 된다. 모든 화폐의 거래 기록은 화폐 그 자체에 남아 있다. 내가 소유하고 있는 화폐가 어떤 경로로 왔는지 재현할 수 있다. 검은 돈의 흐름이 언젠가는 밝혀질 수 있는 구조다.

장막 뒤에 숨어 장난을 치는 것도 불가능하다. 아직은 블록체인의 검증 속도로 인해 신속 거래에는 한계가 있다. 이러한 문제는 다시 대표자 선발을 통한 1차 검증과 시차를 둔 전체 검증이라는 이원적 검증 제도를 통해 극복할 수 있다.

이러한 개념으로 라이트 코인 등 새로운 기술들이 등장하고 있다. 그렇지만 근본적 핵심 개념은 분산된 신뢰가 더욱 안전하다는 것이다. 블록체인 화폐는 그 자체가 은행이다. 화폐 자체가 스마트하게 프로그램화될 수 있어 시간과 조건에 따라서 자동으로 거래될 수 있다. 오랜 역사를 가진 은행이 근본적으로 해체된다는 의미다.

블록체인은 화폐에서 시작했으나 화폐에만 머무르지 않는다. 나스닥은 증권 거래 시스템을 블록체인 기반으로 구축하기 시작했다. 모든 거래 기록을 남기고 보안과 검증을 하는 복잡한 구조가 블록체인 기반으로 단순하게 구성되면 비용은 10분의 1 이하로 축소된다.

그렇다면 기업의 회계 시스템이 투명한 블록체인으로 변모하는 것은 당연한 추세일 것이다. 신뢰가 필요한 등기문서, 공문서 등 모든 문서도 마찬가지다. 이제 스마트홈, 자율 자동차 등 IoT(사물인터넷) 시스템의 안전도 블록체인으로 뒷받침할 수 있다.

더 나아가 사회적 거버넌스의 핵심인 선거제도가 블록체인으로 변모될 수 있다. 사회적 의사결정 시스템은 신뢰를 기반으로 한다. 비밀, 평등, 직접 투표 원칙의 실시간 저비용 투표 시스템을 블록체인으로 구현할 수 있다. 모바일 블록체인 투표 시스템은 대의민주주의에서 직접민주주의로의 전환을 촉진할 수 있다. 내가 속한 커뮤니티별로 의사결정 거버넌스가 만들어지고 필요하면 실시간으로 초저비용 의사결정이 가능하다. 이미 한계에 도달한 국회의원 등 대의민주주의의 대리인 문제도 해소될 수 있다. 미래 디지털 사회의 정당은 이러한 직접민주주의의 의사결정을 뒷받침하는 싱크탱크 역할로 전환하게 될 것이다.

초 생산성과 초신뢰성이 확보되는 초생명의 미래 사회, 앞서갈 것인가 뒤처질 것인가 그것이 문제다.

이투데이 2016-04-25

4차 산업혁명과 규제 패러다임 혁신

4차 산업혁명의 쓰나미가 밀려오고 있다.
제품을 넘어 데이터와 서비스가 초융합하는 새로운 O2O 산업 생태계의
한가운데 '클라우드(Cloud)' 가 있다.
데이터의 저장과 활용의 인프라인 클라우드에 대한
인식 대전환이 필요한 이유다.

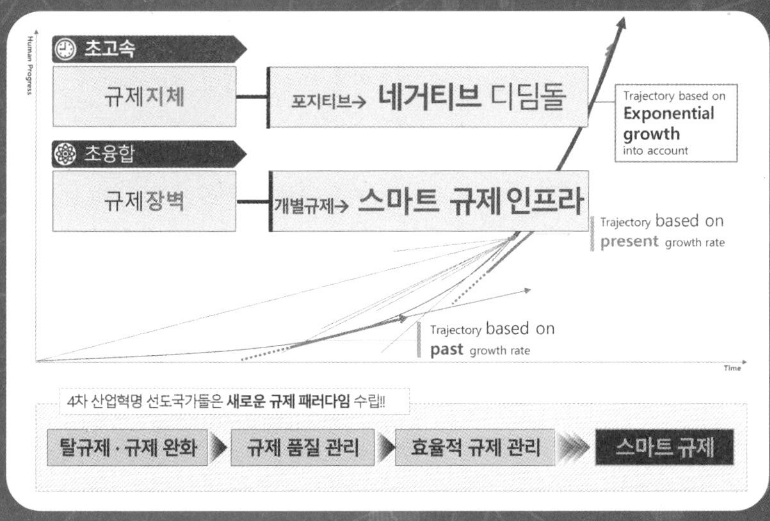

세계 1위 초고속망 불구 클라우드는 꼴찌

공공기관의 클라우드 사용규제는 여전하다. 이런 상황에서 4차 산업혁명 낙오자는 필연이다. 클라우드, 이제 공공이 앞장서야 할 때다.

4차 산업혁명의 쓰나미가 밀려오고 있다. 제품을 넘어 데이터와 서비스가 초융합하는 새로운 O2O 산업 생태계의 한가운데 '클라우드(Cloud)' 가 있다. 데이터의 저장과 활용의 인프라인 클라우드에 대한 인식 대전환이 필요한 이유다.

4차 산업혁명은 제품과 서비스가 융합하고 온라인 현실과 오프라인 가상이 융합하는 개념으로 미국과 독일 등은 받아들이고 있다. 예를 들어 삼성과 애플의 스마트시계 제품에서 발생한 생체데이터가 클라우드에 저장돼 빅데이터가 되고, 이 빅데이터를 인공지능이 분석해 개인에 최적화된 건강관리 서비스를 제공한다. 제품과 데이터와 서비스가 융합하는 신산업이 탄생한 것이다.

1조원이 넘는 기업가치의 벤처를 일컫는 유니콘(Unicorn)의 대부분은 이러한 O2O 융합영역에서 나왔다. 대표적 사례인 차량공유 서비스

우버(Uber)와 숙박공유 서비스 에어비앤비(Airbnb)의 기업가치는 각각 70조와 30조원에 달한다. 그리고 이들은 예외 없이 '클라우드 서비스' 라는 인프라를 활용해 성장하고 있다.

실리콘밸리의 평균 창업비용이 2000년 500만달러에서 2011년 5,000 달러 수준으로 급감한 비밀은 클라우드 · 오픈소스 · 오픈플랫폼이라는 '3대 공유경제 인프라' 구축에 있었다. 스타트업들은 더 이상 자체 서버와 소프트웨어를 구축할 필요가 사라졌다. 전기와 같이 데이터와 소프트웨어를 필요에 따라 사용하게 돼 가벼운 창업이 가능해진 것이다.

이에 따라 미국(2010년)과 영국(2011년)은 '클라우드 우선(Cloud First) 정책'을 통해 민간과 공공을 막론하고 내부 서버에서 클라우드 활용을 촉구하고 있다.

일례로 한국에서는 불법인 개인건강정보(PHR)의 클라우드 보관이 미국에서는 의무화됐다. 4차 산업혁명의 경쟁력은 클라우드 없이는 사상누각이라는 것을 파악했기 때문이다. 개인병원의 서버보다는 클라우드 서버의 보안성이 우월한 것은 은행 금고가 개인금고보다 안전한 것과 같은 이치다.

구글, 아마존, 애플, IBM 등 세계적 선도기업들은 매년 클라우드 부문에만 1조원이 넘게 투자하고 있다. 그리고 드랍박스, 에버노트, 링크드인, 스냅챗 등 수많은 창업 벤처들은 이들의 클라우드 서비스를 활용해 가벼운 창업을 하고 혁신을 통해 일자리를 만들어 낸다. 클라우드 인프라가 구축돼야 국가혁신이 촉진된다는 것은 이제 만유인력과 같은 불변의 법칙이다.

지금 전 세계 인터넷 트래픽의 3분의 2는 클라우드의 활용이다. 그런데 한국의 클라우드 활용은 3%대에 머물고 있다. 전 세계 1위의 초고속 인터넷망을 갖춘 국가가 막상 클라우드 서비스는 가장 후진국 수준인 이유는 바로 규제 때문이다. 금융과 의료 분야의 클라우드 규제는 5월 18일 규제개혁회의에서 비로소 숨통을 텄다. 허나 아직도 갈 길은 멀고도 멀다.

규제 돌파를 위해 만든 클라우드진흥법은 "명시적으로 클라우드를 제한하는 규정이 있는 경우를 제외하고는 클라우드를 이용할 경우 전산설비를 구비하지 않아도 되도록" 네거티브 방식을 추구하고 있다. 그러나 공공기관의 클라우드 사용규제는 여전하다. 이런 상황에서 4차 산업혁명 낙오자는 필연이다. 클라우드, 이제 공공이 앞장서야 할 때다.

헤럴드경제 2016-06-22

융합기술 시범사업을 허하라

아무리 혁신적인 기술을 개발하더라도 경직된 법과 제도 때문에 사업화가 지연된다면 경제적으로는 의미가 없지 않은가. 한국은 한 마디로 "기술이 번 것을 제도가 까먹는 구조"인 상황이다.

신성장 동력 창출을 위하여 융합 신기술의 신속 대응을 위한 「시범사업 규제개혁 특별법」 통과가 시급하다. 이미 주요 국가에서 스마트 의료, 무인 자율주행 자동차, 무인 항공기 등의 시범사업을 위한 입법적 지원 방안이 시행되고 있고, 그 결과 다양한 신산업이 성장과 고용을 이끌고 있다. 그런데, 우리는 신성장 동력을 강조하면서도 융합기술의 시범사업이 제대로 뿌리를 내릴 토양은 제공하지 못하고 있다. 그 사례들을 한 번 살펴보기로 하자.

국내에서 융합 신기술을 활용한 융합 기술 시범사업이 정부의 지원은 커녕 규제 장벽에 막혀 사업화가 저해되었던 사례는 너무나 많다. 필자가 투자했던 벤처기업이 세계 최초로 인공심장의 개발과 인체 이식에 성공했으나 규제로 문을 닫은 반면, 쏘라텍과 하트웨어 등 미국의 후발 기업의 가치는 조 단위에 이르고 있다. 역시 2000년 초 한국 의료의 미래를 개척하기 위하여 세계 최초로 출시한 당뇨폰 등 원격의료 사업은 규제로 인하여 미국에 주도권을 빼기고 말았다. 핀테크(FinTech)의 경우 공인인증서 강제화라는 갈라파고스적 규제로 ActiveX가 과도하게 사용되어 한국을 전 세계 금융 후진국으로 전락시켰다. 그나마 작년 창조경제연구회 보고서 이후 대통령의 천송이 코트 발언으로 정상화의 길에 들어서고 있다. 사실 대한민국이 알리바바보다 훨씬 먼저 핀테크 결제 기술을 개발한 나라였던 사실이 가슴 아프다.

아무리 혁신적인 기술을 개발하더라도 경직된 법과 제도 때문에 사업화가 지연된다면 경제적으로는 의미가 없지 않은가. 한국은 한 마디로 '기술이 번 것을 제도가 까먹는 구조' 인 상황이다. 한국의 경쟁력 취약 분야인 금융, 교육, 의료 등의 문제는 기술이 아니라 융합을 가로막는 심각한 규제다. 신산업 창출을 통하여 성장과 고용의 신 성장 동력을 개척해야 할 절박한 대한민국 경제 상황에서 우리 스스로 성장 기회를 무산시키는 우를 더는 지속할 수는 없다.

이러한 관점에서 시범사업에 관한 한 기존의 복잡한 규제를 유예하는 '시범사업 규제개혁 특별법' 은 매우 시의적절한 대안이라고 할 수 있다. 미국의 경우 구글이 '자율 주행 차 면허' 하에 70만 마일의 무사고 운행을 기록하며 무인 자동차 산업을 선도하는데, 한국의 도로교통법에서는 무인 도로 주행을 금지하고 있어 미래 산업 기회를 없애고 있다. 무인항공기인 드론의 경우 우리는 국토부의 운송 허가, 방통위의 전파 허가와 더불어 국방부의 사전 운항 허가 등 복잡한 규제를 가하고 있어 산업의 주도권을 중국에 완전히 빼기고 있다. 핀테크의 경우 영국은 300만 파운드 이하에는 규제를 가하지 않고 그 이상이 되면 적정 규제를 부과한다. 시범 사업 이후 안전성과 적정성이 검증되면 본안 법률 개정을 하는 것이 시간을 단축하는 합리적 대안이 아니겠는가.

시범사업 규제개혁 특별법의 제정은 빠를수록 좋다. 통상 기존 관련 법안들의 제정과 개정에 수년이 소요되는 현실에서 개별법의 개정보다는 시범사업을 우선 시작할 수 있는 시범사업 특별법이 탁월한 대안이다. 여기에서 반드시 지적할 사항은 시범사업 촉진이라는 입법 정신에 따라 심의위원회가 지나치게 인허가에 시간을 끌지 않도록 운용되어야 한다는 것이다. 그러나 입법권을 가진 국회에 시범사업의 추진 현황과 문제점은 사후 보고하는 입법권의 존중은 반드시 필요할 것이다. 동일한 맥락에서 영국의 핀테크 사례와 같이 일정 규모 이하의 창업벤처 규제는 유예하는 것이 국가 신성장 동력 창출을 위하여 절실하다. 가칭 창업 벤처 규제 유예제도다.

융합 기술 활성화를 통한 신성장 동력의 창출을 위한 시범사업 규제개혁 특별법 통과를 강력히 촉구한다.

한국경제 2016-06-14

4차 산업혁명과 규제개혁 패러다임

초고속, 초융합으로 변화하는 4차 산업혁명은 우리에게 기회이며 위기다. 거의 모든 4차 혁명의 핵심 산업에서 중국에 뒤진 것은 기술이 아니라 규제의 결과라고 단언한다.

4차 산업혁명은 인류 역사상 최대의 혁명이다. 매번의 산업혁명마다 그 시기는 더욱 짧아졌고, 그 사회적 충격은 더욱더 커졌고, 세상의 선도 국가가 바뀌었다. 4차 산업혁명은 1, 2, 3차 산업혁명보다 더욱 빠르게, 더욱 복합적으로 인류의 미래에 영향을 미치게 될 것이다. 전 세계 지도자들의 정상회의의 주된 화두가 4차 산업혁명에 대한 대비인 이유다.

4차 산업혁명의 한국 대응 전략은 기술과 규제라는 양대 축으로 구성될 것이다. 한국의 현실이 23위의 기술 경쟁력과 70위의 제도 경쟁력의 결과, 26위의 국가 경쟁력을 기록한 것은 우리에게 더욱 시급한 숙제는 기술보다 제도라는 것을 의미한다.

제도는 지원과 규제로 이루어진다. 지금까지는 지원이 한국의 주된 정책이었다. 미래 선도산업과 선도기업을 선정하고 국가 예산으로 이들을 집중적으로 지원하는 것이 한국이 빠른 추격자 전략에서 우승한 비법이었다. 지금도 한국의 주된 국가 전략은 국가 후견 주의에 기반을 둔 방대한 예산지원 정책이다.

그러나 '모방형 추격경제'에서 '선도형 창조경제'로 전환하는 데 있어 과거의 핵심 역량이 이제 핵심 장애가 되고 있다. 추격자 전략에서 유효했던 지원은 선도 전략에서 더는 유효하지 않게 되었다. 아직 다가오지 않은 미래의 선도 전략을 정부가 미리 판단해서 지원한다는 것은 원론적으로 한계가 있기 때문이다. 따라서 지원을 대폭 줄이고 규제 역시 대폭 혁신해야 할 것이다. 과거 추격자 전략에서는 선진국 사례를 모방하는 사전 규제 전략이 유효했다. 그러나 선도 전략에서는 우리 스스로 사례를 만들어야 하므로 이러한 포지티브 방식의 사전 규제는 한계를 드러내고 있다.

초고속, 초융합으로 변화하는 4차 산업혁명은 우리에게 기회이며 위기다. 4차 산업혁명에 걸맞는 규제 패러다임 혁신에 대한민국의 미래가 달려 있다고 해도 과언이 아니다. 한국이 드론, 자율차, 사물인터넷, 웨어러블, 원격의료, 인공지능 등 거의 모든 4차 혁명의 핵심 산업에서 중국에 뒤진 것은 기술이 아니라 규제의 결과라고 단언한다. 근본적 규제 혁신을 재조명해야 하는 이유다.

연간 150조원에 달하는 규제 비용 축소를 위해 현 정부는 네거티브 규제, 규제 비용 총량제, 규제 기요틴 제도 등을 추진해 왔다. 그러나 중소기업 옴부즈만실에 의하면 중소기업의 현장 만족도는 28%에 불과하다. 이는 현재의 규제 정책에 근본적 한계가 있음을 의미한다고 봐야 할 것이다.

규제는 본질적으로 공익과 사익의 충돌이다. 이를 강제로 강요하는 사전 규제는 거친 정책이 될 수밖에 없다. 초고속과 초융합의 특성을 가진 4차 산업혁명의 도래에 대응하기 위해 공익과 사익의 갈등을 이기심의 승화로 극복하는 새로운 규제 패러다임으로 1) 규제 인프라 2) 네거티브 규제 시스템 3) 규제프리존 개선을 제시하고자 한다.

현재의 개별적 규제 개혁의 한계를 규제 생태계적 접근으로 극복하기 위한 규제 인프라 구축 사업이 필요하다. 그 핵심은 인공지능을 활용한 규제의 비용 · 편익 자동평가 시스템을 구축해 규제의 객관적 평가 도구를 제공하는 것과 열린 규제 처리 시스템이다.

사전 규제에서 사후 평가로 전환하는 네거티브 규제는 '규제 지체' 현상을 극복하는 대안으로 현 정부의 핵심 규제 정책이기도 하다. 그러나 행정연구원은 현재의 개별적인 네거티브 규제 개혁의 성과는 행정 효율 향상에 지나지 않는다는 보고서를 내고 있다. 그 이유는 네거티브 규제의 제약 요인인 사후 평가와 징벌 시스템의 체계화 부족 때문이다.

규제프리존 특별법은 네거티브 규제의 확산을 위한 시범 사업으로 매우 유용한 대안이므로, 조속한 법 통과와 동시에 혁신의 중심인 수도권 포함 등 유연성이 있는 운영을 촉구한다. 이러한 규제 패러다임 혁신으로 생긴 연간 150조원 규제 비용의 3분의 1인 50조원의 규제 비용 절감이 4차 산업혁명 시대의 국가 제도 경쟁력일 것이다.

이투데이 2016-06-14

공유경제와 미래사회

공유경제는 과거부터 존재해왔다. 우리의 '두레'와 서구의 '길드' 등에서 현대의 공산주의와 지금의 협동조합에 이르기까지 다양한 형태로 공유를 추구해왔다. 그러나 물질의 세계에서는 복제의 한계로 소유가 지배적인 원칙이 되기에 공유경제는 매우 제한적일 수밖에 없었다.

	공급	시장	수요
시간 (정보)	(오픈소스) CC	온라인 플랫폼	오픈소스 (CC)
공간 (물질)	협력적 생산 (Gig Economy)	O2O 플랫폼	협력적 소비 (On-Demand)
인간 (관계)	Prosumer Social innovation	Access economy SNS	Prosumer D.I.Y.

4차 산업혁명과 공유경제

현실과 가상이 융합하는 O2O 플랫폼들이 등장하면서 공유경제는 현실 세상으로 확장되기 시작했다. 공유는 국가 전체의 경쟁력을 강화하나, 사유는 개별 기업의 경쟁력을 강화한다.

4차 산업혁명은 현실과 가상의 세계가 융합하는 'O2O(Online 2 Offline) 융합'의 모습으로 다가오고 있다. 하드웨어와 소프트웨어로 이루어진 제품의 경제에서 데이터와 서비스가 순환하는 융합 경제로 대변혁을 하고 있다. 물질로 이루어진 소유의 세상과 정보로 이루어진 공유의 세상이 융합하는 확장된 공유경제가 4차 산업혁명의 중추 역할을 하고 있다. 공유경제에 대해 심도 있는 논의가 필요한 이유다.

공유경제는 과거부터 존재해왔다. 우리의 '두레'와 서구의 '길드' 등에서 현대의 공산주의와 지금의 협동조합에 이르기까지 다양한 형태로 공유를 추구해왔다. 그러나 물질의 세계에서는 복제의 한계로 소유가 지배적인 원칙이 되기에 공유경제는 매우 제한적일 수밖에 없었다. 공유지는 비극이었다.

반면, 정보의 세계에서는 한계비용의 제로화로 공유가 지배적인 원칙으로 등장하게 되었다. 위키피디아, 지식in, 오픈소스 등 수많은 정보 공유 활동이 전개되고 있다. 2001년 로렌스 레식 교수는 오픈소스 운동을 주창하면서 지식의 공유는 혁신적 가치를 창출할 것이라 선언했다. 공유지가 비옥해진 것이다. 개방 플랫폼의 등장으로 공유 비용이 제로화되면서 제레미 리프킨은 '한계비용 제로 사회'를 주창하게 되었다. 그러나 공유경제는 오프라인 경제 규모의 5% 미만인 온라인 세상에 국한되고 있었다.

그런데 현실과 가상이 융합하는 O2O 플랫폼들이 등장하면서 공유경제는 현실 세상으로 확장되기 시작했다. 옥스퍼드대학은 미래 직업의 63%가 인공지능으로 변화하리라 예측한 바 있다. 이제 공유경제는 5% 경제 규모의 온라인 영역에서 60%가 넘는 거대 O2O 융합 경제영역으로 확대되기 시작했다. 2016년 3월 기준 미국 시가 총액 상위 10위 기업 중 6개가 공유경제와 관련을 맺고 있다. 신생 거대 벤처의 60%가 공유경제 기업이다.

국내에도 카카오, 쿠팡, 티몬, 배달의 민족, 쏘카, 코자자 등 공유경제 기업들이 대거 부상하고 있다. 그러나 제품과 데이터와 서비스가 융합하는 4차 산업혁명에서는 중국에 뒤지고 있다. 알리바바의 마윈이 선언한 '데이터의 시대'의 본질적 의미인 공유의 가치를 아직 우리 사회는 인지하지 못하고 있다. 조선과 반도체로 대표되는 과거 산업경제의 성공 전략이 이제는 우리의 장애 요인이 된 것이다.

공유경제란 무엇인가? 레이첼 보츠만은 "공유경제는 공유된 정의가 없다"고 하고 줄리엣 쇼어는 "공유경제는 정의 불가능"이라 정의하고 있다. 오픈소스와 CC(Creative Commons), 온 디맨드(On Demand), 협력적 소비, 프로슈머(Prosumer), O2O 경제, 개방혁신, 플랫폼 경제, 비영리 소셜 경제 등 다양한 주체들이 다양한 정의를 하고 있다. 그러나 모두가 무엇인가를 공유하고 있으므로 공유경제는 경제 요소를 공유하는 경제라고 포괄적인 정의를 하고자 한다. 크게 정보, 물질, 인간 생산, 소비, 시장이라는 경제 활동으로 분류하면 총 9개의 공유경제 영역이 정의될 것이고 기존의 수많은 공유경제 정의들은 모두 이 범주에 들어가게 된다.

공유는 국가 전체의 경쟁력을 강화하나, 사유는 개별 기업의 경쟁력을 강화한다. 실리콘밸리 소프트웨어의 95%는 오픈소스로 공유되므로 단독 개발에 비해 20배의 성과를 올리게 된다. 공유는 자원 소비를 줄이고 환경을 개선한다. 공유를 촉발하는 지원 정책이 필요한 이유다. 그러나 여러 국가에서 전 세계 최대 공유경제 기업인 '우버(Uber)'를 불법화하고 있다. 과다한 부의 집중 등 공유경제에 대한 부정적 시각도 팽배하고 있다. 공유경제를 활성화하되 부작용에 대처하는 규제 정책도 필요한 이유다.

다보스포럼은 2025년 공유경제 시대의 도래를 예측한다. 공유경제에 대비한 국가와 그렇지 못한 국가 중 어느 쪽을 택할 것인가, 이 시대의 질문이다.

이투데이 2016-06-20

공유경제의 본질적 의미

공유경제는 획일화가 아니라, 공유를 통한 개인화다.
반복적으로 동일한 요소는 공유해 비용을 줄이고, 적은 비용으로 나만의 차별화를 이룩하는 것이다.

4차 산업혁명은 공유경제로 진화한다. 다보스포럼은 2025년 공유경제의 시대가 열린다고 예측했다. 온라인 영역에 머물던 한계비용 제로의 공유경제가 'O2O(Online 2 Offline)' 융합에 따라 우리 삶의 전 영역으로 확산한다는 것이다. 공유경제의 본질적 속성들을 살펴보고, 공유경제의 선도 전략을 세워야 하는 이유일 것이다.

완전 공유에서 비영리 공유까지, 창작과 융합의 균형을 위한 다양한 스펙트럼의 오픈소스에 이어 온라인 플랫폼이 등장하면서 공유비용 제로의 사회로 진화하기 시작했다. 즉 온라인의 정보를 공유하는 오픈소스와 온라인 플랫폼은 사회적 가치(Value)를 증대시키는 역할을 해왔다.

그런데 오프라인의 물질을 공유하는 온 디맨드(On Demand)와 O2O 플랫폼은 물질의 소비를 줄여 원가(Cost)를 절감하는 임무를 수행하게 됐다. 에어비앤비(Airbnb)는 호텔의 건립을 줄이고, 우버(Uber)는 자동차의 생산을 줄인다. 결과적으로 원가 절감은 물론 매출(Price)이 줄어드는 결과가 초래된다. 사회적 가치가 증가해 소비자의 후생은 향상되나, 기업의 매출은 줄고 국가의 GDP도 감소하게 된다.

이에 따라 공유경제 시대에 합당한 새로운 경제지표인 '비욘드(Beyond) GDP' 등의 새로운 개념이 등장하고 있다. 산업경제 시대에 생산 역량에 최적화된 GDP를 공유경제 시대에 소비자의 후생 가치 중심적 개념으로 진화시켜야 한다는 것이다. 이제는 물질에서 정신으로 가치가 이동하고 있는 것이다.

그렇다고 공유경제가 GDP를 감소시키는 역할만 하지는 않는다. 공유경제의 인프라인 플랫폼은 반복되는 요소를 공유함으로써 혁신을 가속화시키는 역할을 한다. 개발 장비를 공유하는 팹랩(Fablab)은 장비의 매출은 줄이나, 장비 구매의 부담이 줄어든 스타트업들은 증가한다. 결과적으로 공유를 통한 장비의 매출 감소는 GDP를 줄이나, 공유를 통한 혁신의 증가는 GDP를 늘린다. 공유 자체로도 사회적 후생이 증가하나, 공유를 통한 혁신의 가속화로 GDP와 더불어 일자리도 증가한다.

공유경제는 획일화가 아니라, 공유를 통한 개인화다. 반복적이고 동일한 요소는 공유해 비용을 줄이고, 적은 비용으로 나만의 차별화를 이룩하는 것이다. 3D 프린터의 공유 사이트(Shapeway 등)에서 취향에 맞는 디자인을 다운로드하여 나만의 아이디어를 가미해 작품을 만드는 것이다. 이렇게 집단지능을 공유하는 혁신을 '소셜 혁신(Social Innovation)'이라 부른다. 공유경제는 집단지능 기반의 개인화인 소셜화인 것이다.

공유경제에서 직업(職業)은 업(業)으로 대체되고 있다. 특정 집단에 소속된 직업이 전문적 기능을 갖춘 프리랜서로 대체된다는 '긱 경제(Gig Economy)' 가 등장하고 있다. 원래 무대 공연을 뜻하는 '긱(gig)' 은 역량을 갖춘 연주자가 공연에 맞춰 단기 계약을 하는 것을 의미한다. 그런데 이제 이러한 현상은 스타트업을 넘어 공유경제 전반으로 퍼지기 시작했다. 다양한 전문가들이 특정 목적에 맞춰 단기간 협업체제에 쉽게 돌입할 수 있는 초연결 평판 사회가 열리고 있다. 쉽게 전문가를 찾을 수 있는 작은 세상(small world)이 초연결로 구현되고, 입소문에 의한 평판이 공유되기 시작한다. 신뢰와 명성이라는 사회적 공유 자산이 물적 소유 자산보다 중요해지고 있다. 인간의 연결을 공유하는 링크드인(Linkedin)이나 태스크래빗(TaskRabbit)이 이를 뒷받침하고 있다.

공유경제에서는 업무 활동들도 공유된다. 과거의 이메일과 메신저, 오피스 프로그램 등 작업 후 전달은 실시간 공유 작업으로 개념이 바뀐다. 웹하드는 드롭박스로, 메신저는 슬랙(Slack) 같은 형태로 바뀌고 있다. 기업의 조직 자체가 시간 · 공간 등 인간의 한계를 벗어나고 있다. 정보, 물질, 관계가 공급, 수요, 시장에서 결합하는 공유경제에서 우리는 모두 기업가가 된다.

이투데이 2016-06-27

공유경제의 두 얼굴

문제는 공유경제로 인한 가치 창출의 대부분이 공유경제 기업으로 가고 있다는 것이다. 문제는 공유경제 자체가 아니라 공유가치의 분배 구조에 기인하고 있다.

공유경제는 천사와 악마의 양면성을 가지고 있다. 공유를 통한 혁신의 촉진과 자원의 절약은 인류의 희망이나, 공유경제 기업의 과도한 부의 독점과 일자리의 축소에는 비난의 돌팔매가 날아들고 있다. 이러한 공유경제의 두 얼굴을 살펴보자.

공유경제의 대표 기업 우버(UBER)에는 찬사와 비난이 동시에 빗발치고 있다. 우버를 이용한 사람들은 편리성에 감탄하고 지속적 진화에 또 감탄한다. 그들은 70조 원이 넘는 우버의 기업가치가 당연하다고 여긴다. 그러나 우버를 불법화한 많은 국가가 우버가 택시 운전기사의 일자리를 빼앗아 가고 세계 최대 자동차 제조사인 GM의 기업가치를 넘는 것을 부의 약탈이라 생각하고 있다. 과연 공유경제는 천사인가 악마인가.

환경론자들은 지구 차원의 환경과 자원 보호 측면에서 우버 1대가 10대 내외의 자동차 판매를 줄이는 것은 바람직하다고 본다. 그러나 성장

론자들은 이로 인한 GDP의 감소를 우려하고 있다. 결국, GDP의 감소는 일자리의 감소를 의미하기 때문이다.

이 문제는 저작권을 주장하는 소유론자와 오픈소스를 주장하는 공유론자의 충돌에서도 동일하게 발생한다. 저작권 역시 창작 욕구를 부추기는 밝은 면과 융합에 의한 혁신을 저해하는 어두운 면을 동시에 지니고 있다. 특허권 또한 예외가 아니다. 테슬라가 보유한 전기자동차 특허를 공유한 이유를 심각하게 생각해 볼 필요가 있다. 저작권은 인정하되 융합 활용을 촉발하는 오픈소스도 활성화해야 한다. 이러한 패러독스의 해결은 창작과 융합을 선순환시키는 블록체인 기술이 해결할 수 있을 것이다.

문제의 본질로 돌아가 보자. 공유를 통한 환경의 개선과 자원의 절약은 긍정적이다. 일자리의 감소는 더욱 환경친화적인 새로운 일자리의 창출로 대체하는 것이 바람직할 것이다. 문제는 공유경제로 인한 가치 창출의 대부분이 공유경제 기업으로 가고 있다는 것이다. 과도한 우버의 수익 구조가 70조 원의 기업가치라는 숫자를 만들어낸 것이다. 문제는 공유경제 자체가 아니라 공유가치의 분배 구조에 기인하고 있다.

바람직한 미래 사회는 혁신에 의한 이익은 장려하고 지대(地代)에 의한 이익은 억제하는 정책으로 이룩될 것이다. 산업경제에서 반독점법이 탄생한 배경이다. 독점은 필연코 과도한 지대 추구로 변질하기 때문이다. 그런데 공유경제의 플랫폼 기업들에는 반독점법이 적용되지 않는다. 아직 사회 통념은 그들의 수익은 혁신에 기반을 두고 있다고 믿기 때문이다. 그러나 생각해 보라. 구글, 페이스북, 네이버와 같은 플랫폼 기업들의 수익에 지대 추구의 요소는 없는가. 더 나아가 효율의 극단을 추구한 결과 빚어지는 독점의 위험은 사회의 안정성 자체를 위협하고 있지 않은가.

이제 건전한 미래 사회를 위해 공유경제를 지원하되 합리적 공유경제 플랫폼 경쟁의 룰도 제시해야 할 때가 되었다. 임계량을 넘어선 공유경제 플랫폼 기업의 수익은 기하급수적으로 증가한다는 것이 리드(Reed)의 법칙이다. 그때부터 수익의 대부분은 혁신이 아니라 지대 수입의 성격을 가지게 된다. 이러한 지대 수익을 바탕으로 우버가 후발 리프트(Lyft)에 한 것과 같은 부당 경쟁을 할 여지를 방치하면 안 될 것이다.

이제 미래 사회의 안정성을 위하여 다음 세 가지 공유경제 플랫폼의 경쟁 대안을 제시하고자 한다. 우선 혁신이 아닌 지대 수입에 대해서는 사회 환원 혹은 높은 과세를 부과해야 한다. 글로벌 과세를 부과하는 대안을 연구할 필요도 있을 것이다. 다음으로 복수의 플랫폼 경쟁을 촉발해 사용자의 선택이 가능한 멀티 호밍(multi-homing) 경쟁 구도를 만드는 정책적 노력이 필요하다. 단기적 효율보다 장기적 사회의 안정성이 더 소중하기 때문이다. 마지막으로 독점화된 플랫폼 기업에는 기업 정보의 공개를 의무화하는 것이 필요하다. 공유경제의 문제를 해결할 것인가, 문제의 일부분이 될 것인가. 이 시대의 질문이다.

이투데이 2016-07-04

창조를 위한 개방과 공유의 패러다임

창조경제는 플랫폼 경제이다. 플랫폼은 반복되는 부분을 통합하여 서비스를 제공함으로써 창조적 아이디어가 발현되게 하는 역할을 수행하고 있는 것이다.

'창조는 연결' 이다. 스티브 잡스가 인용한 말이다. 좀 더 정확히 표현하면 '창조성은 낯선 것들의 연결' 이다. 인간의 뇌는 과거에 없던 새로운 연결이 만들어지면서 창조적 생각을 하게 된다. 우리 사회도 서로 다른 분야가 연결되면서 창조적 혁신이 일어나게 된다.

그러나 대부분의 창조적 혁신은 생명체의 돌연변이와 같이 쓸모가 없다. 극소수 돌연변이로 생명체가 진화한 것과 같이 일부 가치 있는 혁신이 세상을 발전시켜 왔다. 즉, 창조성 발현 조건은 연결을 가로막는 장애를 제거와 연결을 촉진하는 활동을 지원이라는 양대 축으로 구성된다.

연결을 저해하는 요소는 각종 규제와 조직의 막힌 칸막이들이다. 각종 규제는 진입 장벽이 되어 새로운 창조적 융합산업의 탄생을 가로막는다. 새로운 산업이 탄생할 때는 수많은 기술과 사회적 현상들이 융합되어야 한다. 모든 새로운 제품과 서비스를 사전에 허가받도록 하는 한국의 positive 규제가 창조적 산업 출현을 가로막는 것은 너무나도 당연하다.

한국이 드론, Wearable, IoT 등 수많은 신산업에서 중국에 뒤진 가장 큰 문제는 기술의 문제가 아니고, 진입규제의 문제다. 미국과 중국은 하지 말라는 것을 빼고는 모두 할 수 있는 negative 규제 국가이다. 한국은 하라고 명시된 것을 빼고는 해서는 안되는 positive 규제 국가다. 이러한 진입 규제는 개발도상국이 빠른 추격자 전략으로 선진국을 따라잡는 데에는 유효한 전략이다. 이미 선진국에서 완성된 산업을 따라잡는 과정에서는 문제도 알고 응용분야도 알려져 있다. 따라서 사전에 제품과 서비스의 사양을 정할 수 있고, 적절한 사전규제를 할 수 있다.

문제는 중진국에서 선진국으로 넘어서는 전환시대의 패러다임이다. 추격자 전략의 무기였던 사전 규제는 선도자 전략에서는 아킬레스건이 되는 것이다. 그렇다고 모든 것을 규제하지 말라는 것은 아니다. 작을 때는 규제하지 말고, 일정 규모 이상 커지면 적절한 규제를 하되 가능한 사전 규제보다는 사후 징벌로 가라는 것이다. 선진국에서는 사전규제는 하지 않되, 그 약속을 지키지 않는 행위에 대해서는 발각될 확률 이상의 징벌을 가한다. 마치도 KTX 표 검사와 같다. 확률적으로 사회적 합의를 지키는 편이 유리하도록 만들면서 사회적 비용인 창조성 억제와 검사비용 등은 최소화시키는 것이 선진사회로 가는 길이다.

연결을 가로막는 두 번째 요소는 부서 간의 칸막이다. 추격자 전략은 차별화되지 않은 제품과 서비스로 치열한 경쟁을 하는 레드오션 게임이었다. 치열한 레드오션 게임에서 경쟁자를 이기기 위해서는 남들에게 보여주지 않은 비밀주의 즉 보안이 중요했다. 평가 시스템도 추격자 전략에 맞게끔 협력평가보다는 경쟁을 위주로 평가를 해왔다. 결과적으로 우리는 조직 간의 개방과 공유가 되지 않는 구조로 발전해 왔다. 기업 간의 자료 공유와 협력이 안 되는 것은 물론이고, 국가 정부 부처 간의 자료 공유와 협력도 후진국 수준이다. 조직 간의 칸막이는 개인 차원으로도 팽배해있다. 우리는 각종 시험에서 개인별 평가를 하기 때문에 절대로 남들에게 보여주지 않고 협력하지 않는다.

그런데 선도형 전략에서는 미지의 세계를 개척하게 된다. 문제를 푸는 것보다 문제를 찾는 것이 더 중요해진다. 문제를 찾더라도 다양한 대안 중에서 선택을 해나가게 된다. 다양한 의견이 중요하다. 자연계의 종의 다양성이 갖는 의미는 환경변화가 오더라도 그 다양한 종 중에서 일부는 살아남아 새롭게 번식해 나가기 때문이다. 조류인플루엔자 바이러스가 변형되더라도 모든 기러기가 죽지 않는다. 내성을 가진 기러기가 살아남아 다시 자식을 퍼뜨려 번성해 나간다. 그런데 인간이 기르는 닭과 오리의 경우에는 종의 다양성이 없어서 조류인플루엔자에 치명적이다. 조류인플루엔자에 걸려 이겨낸 닭까지도 우리는 몰살 매장을 시키고 있다. 스스로 진화하는 능력을 부정해 버린 것이다.

선도전략이란 창조성을 바탕으로 한 혁신에 근거를 두고, 혁신은 다양성이 전제되고 그중 일부가 적자생존을 통해 합리적 혁신이라는 성공의 왕관을 쓰게 되는 것이다. 추격자 전략에서 익숙했던 100% 성공의 신화는 선도자 전략에서는 반드시 버려야 한다. 95%의 국가 연구개발 성공률은 연구개발 하지 않았다는 의미로 받아들여야 한다.

창조성을 위한 개방협력은 실리콘밸리와 한국의 소프트웨어 생산성 차이로 극명하게 드러난다. 개별 개발자의 역량은 한국이 더 우수하다고 가정해보자. 그리고 한국의 개발자들이 두 배 더 열심히 일한다고 가정해보자. 그런데 우리는 95%의 개발을 내부에서 남들과 협력하지 않고 단독으로 추진한다. 실리콘밸리에서는 95%의 소프트웨어 프로젝트가 오픈소스로 구성되고 5%만이 내부에서 개발되고 있다. 국가 전체의 경쟁력을 비교해 보면 적어도 10배의 차이가 나는 것이다.

정부에서도 이와 같은 문제를 인식하고 개인정보와 국방에 관한 데이터를 제외한 모든 국가 정보를 개방한다는 정부 3.0을 현 정부가 야심차게 선언했다. 그런데 막상 현실은 전 세계적인 개방 정부 운동과는 거리가 멀어도 너무나 멀다. 개방 API 형태로 제공되는 자료는 500건 수준이다. 그것도 원칙적 비개방이고, 요청할 때 부분적 개방을 하고 있다. 우리 정부의 업무에서 클라우드 서비스는 금지되어 있다. 한 마디로 민간과의 정보공유를 금지한 것이다. 일부 이메일도 금지되어 있다. 소통을 금지한 것이다. 연결과 소통이 금지되면 창조성이 당연히 사라질 수밖에 없다.

클라우드 서비스와 이메일을 금지한 이유는 정보보안 때문이다. 그런데 정보보안은 원칙적 개방이 되어야 한다. 데이터를 비개방 데이터만 모아 찾아내서 보안하고 나머지는 원칙적으로 개방하는 것이 정부 3.0의 지향점이었다. 심지어 공무원들은 두 대의 PC를 가지고 내부망과 외부망은 분리된 작업을 하고 있다. 데이터를 이동하려면 엄청 복잡한 절차를 거쳐야 하기에 대부분 포기하고 만다. 그렇다고 내부망의 데이터가 모두 개인정보와 국가 안보에 관계된 것들은 물론 아니다. 당연히 원칙적 개방되어야 할 데이터가 그 안에 들어있는 것이다.

정부의 망 분리 원칙이 재정립되어야 한다. 내부망에는 개인정보와 국가 안보에 관한 부분을 모으고 나머지는 모두 외부망에 가 있어야 한다. 그렇다면 클라우드 서비스를 금지할 이유가 없다. 클라우드 서비스가 안 되니 부처 간 협력도 이루어지지 않는다. 미국의 정부 2.0 프로젝트의 핵심이 공유작업센터(shared service center)라는 것에 주목하자. 정부의 클라우드 센터를 만든다고 한다. 그런데 그 이전에 데이터 개방의 정신이 선별 개방의 positive적 사고가 아니라 원칙 개방의 negative적 사고로 가야 한다.

창조성이 발현되기 위해서 연결을 가로막는 진입규제와 칸막이를 없애고 정보 개방과 공유를 통한 협력을 하게 되면 불필요한 반복되는 일들을 내가 안 해도 된다. 실리콘밸리의 창업비용이 2000년도 500만 불에서 2011년도 5,000불로 줄어들었다는 보고서를 GRP Partners에서 발표한 바 있다. 클라우드 서비스, 개방 플랫폼, 오픈소스로 인해서 창업비용이 500만 불에서 5,000불로 줄어든 것이다. 내가 서버를 가질 필요도 없고, 소프트웨어의 5%만 개발하면 되고, 고객 과금을 직접 하지 않아도 된다. 나의 창조적 아이디어만 있으면 사업을 할 수 있다. 바로 반복되는 업무들을 제공하는 다양한 플랫폼 사업자들이 있기 때문이다.

아이디어를 모아주는 수많은 아이디어 플랫폼에서 모인 아이디어들을 구체화하기 위한 개발 플랫폼으로서 테크샵이나 팹랩이 있다. 이러한 센터들이 개방 플랫폼이 자비 제공뿐만 아니라 운영까지 해주고 있다. 더 나아가서 필요한 자금은 인디고고나 킥스타터 등 크라우드 펀딩 플랫폼을 활용하면 된다. 그리고 사업은 아마존 웹서비스와 구글 클라우드, 마이크로소프트 애저 등의 같은 클라우드 서비스 플랫폼들을 활용하면 된다.

창조경제는 플랫폼 경제이다. 플랫폼은 반복되는 부분을 통합하여 서비스를 제공함으로써 창조적 아이디어가 발현되게 하는 역할을 수행하고 있는 것이다. 마지막으로 이 전체를 연결해 나가는 것이 기업가정신이다. 혁신의 리더십, 기업가정신은 도전, 실패, 학습을 통해서 새로운 창조적 혁신을 만들어 이 사회를 발전시켜 나간다. 창조성을 발현하는 개방과 공유의 패러다임이 추격자 경제에서 선도경제로 가는 대한민국의 도전 과제이다.

〈발명특허_2016_spriong –한국발명진흥회〉 수록

미래로 가는 길,
창조경제와 벤처

하드웨어 스타트업

대한민국은 절대 순위로 중국, 미국, 일본, 독일에 이어 전 세계 5위의 제조 강국이다. 대한민국의 미래 전략에서 제조업을 제외하는 것은 핵심 역량을 누락시키는 오류다. 그러나 현재의 제조업, 특히 중소제조업의 경쟁력은 한계에 도달하고 있다.

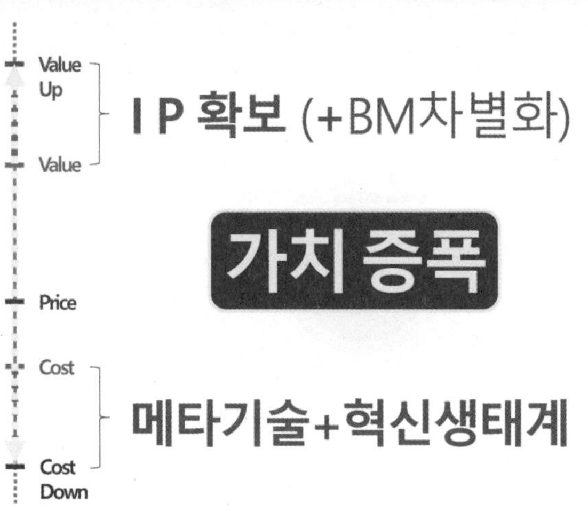

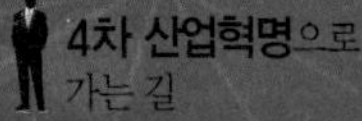

제조 3.0과 중소제조업 혁신

과거 제조 강국인 대한민국이 미래에도 제조업의 강국이 될 것이라는 보장은 전혀 없다. 제조업 변화의 흐름을 따라가지 못하기 때문이다.

대한민국은 절대 순위로 중국, 미국, 일본, 독일에 이어 전 세계 5위의 제조 강국이다. 대한민국의 미래 전략에서 제조업을 제외하는 것은 핵심 역량을 누락시키는 오류다. 그러나 현재의 제조업, 특히 중소제조업의 경쟁력은 한계에 도달하고 있다. 이미 많은 분야에서 중국에 뒤처지기 시작했다. 중소제조업의 일대 혁신 전략이 필요한 이유일 것이다.

버락 오바마 미국 대통령이 3D 프린터와 사물인터넷(IoT)에 기반을 둔 미국 제조업의 부활을 선언했다. KT 경영연구소에 따르면 미국의 제조업 투자가 2010년 이후 급증해 2013년 기준으로 소프트웨어와 같은 규모에 달하고 있다. 에인절 투자자들의 미디어인 에인절 리스트(Angellist)에 따르면 2010년 100개 미만의 하드웨어 스타트업이 2015년 3월 기준 3,000개를 넘어섰다고 한다. 전 세계적으로 샤오미의 500억달러를 필두로 고프로(Gopro), 스퀘어(Square), 네스트(Nest) 등 10억 달러가 넘는 기업가치를 지닌 하드웨어 스타트업들이 우후죽순 나타나고 있다. 그런데 한국 기업은 없다.

과거 제조 강국인 대한민국이 미래에도 제조업의 강국이 될 것이라는 보장은 전혀 없다. 제조업 변화의 흐름을 따라가지 못하기 때문이다. 과거의 제조업은 대규모 기업의 수직 계열화가 경쟁력의 요체였으나, 미래의 제조업은 수많은 중소기업 간의 개방 협력이 경쟁력의 근간으로 부상하고 있는 것이다. 그렇다면 새로운 제조업 3.0의 핵심은 무엇인가.

기업의 경쟁력은 차별화 역량에 달려 있다. 생산에서 시작된 차별화 역량은 소프트웨어와 시장 플랫폼으로 이동했다. 그런데 이제 소프트웨어와 플랫폼만으로는 차별화가 지속 가능하기 어렵게 됐다. 지식재산권에 기반을 둔 하드웨어의 차별화가 다시 필요하게 된 것이다. 즉 제조 3.0에서는 소프트웨어와 하드웨어가 결합하는 형태로 차별화가 진화하게 된 것이다.

재부상하는 제조업은 과거와는 완전히 다른 제조업으로 나타나고 있다. IoT, 웨어러블, 3D 프린터, 빅 데이터, 인공지능이 결합한 형태로 제조업은 진화하고 있는 것이다. 세계를 이끄는 새로운 기업들은 크게 보아서 하드웨어와 플랫폼의 결합이란 형태의 사업 전략을 구사하고 있다. 아이폰과 앱스토어를 결합한 사업 모델의 전형인 애플을 벤치마킹해 샤오미, 네스트, 고프로 등 대부분의 하드웨어 스타트업들은 제품과 플랫폼을 결합하고 있다.

그런데, 한국의 제조업은 아직 과거에 머물고 있다. 드론 시장의 70%를 장악한 중국 선전의 DJI에 비해 한국의 드론 산업은 너무나 척박하다. 웨어러블 제품은 선전의 방대한 제조업 생태계가 완전히 장악한 상태다. 선전의 모델이었던 한국의 용산 상가와는 비교조차 불가능하다. 이제 용산 상가의 일각에서 작은 운동이 시작되고 있는 것이 그나마 위안이다. 선전을 벤치마킹해 용산 일대를 개방과 협력의 하드웨어 스타트업의 성지로 변화시키는 것이 미래 제조 강국으로 가는 국가 전략일 것이다.

한편 제조 현장의 경쟁력은 새롭게 등장하는 메타기술의 활용에 달려 있다고 해도 과언이 아닐 것이다. 경쟁의 핵심인 빠른 신제품 개발에 필요한 양대 기술인 3D 프린터와 오픈 소스 하드웨어의 현장 인식이 너무나 부족하다. 제조 현장의 혁신은 IoT와 빅 데이터가 이끌어 간다. 불행히도 대한민국의 제조업 현장에는 용어조차 생소한 것이 불편한 진실이다. 서비스 현장은 IoT와 웨어러블이 빅 데이터와 연결돼 혁신한다. 이 분야도 현장 보급은 초기 단계에 지나지 않는다.

자랑스러운 한국의 제조업이 시대 추세에 뒤처지는 이유는 대기업 중심의 닫힌 산업 구조, 규제 일변도의 경직된 정부 제도, 세계화 추세에 미흡한 중소제조업 경영의 문제로 요약할 수 있을 것이다. 이에 따라 갑을 관계의 닫힌 대 · 중소기업 구조를 혁신하기 위해 드론의 운항, 웨어러블 헬스케어 등 신산업의 초기 규제를 유예하고 새로운 융합기술의 현장 교육을 강화해야 한다. 한국 중소제조업의 혁신이 한국의 미래 전략일 것이다.

세계일보 2015-05-31

'뉴 하드 New Hard'의 시대

작금의 하드웨어 창업은 과거의 제조업과는 근원적으로 다르다. 산업의 가치사슬이 제조에서 고객 관계로 이동해 플랫폼과 애플리케이션(앱) 경제가 도래했다.

하드웨어 창업의 시대가 재현되고 있다. 한국의 벤처는 메디슨의 초음파진단기, 휴맥스의 셋톱박스, 아이디스의 디지털 보안 등 하드웨어 산업으로 시작했다. 그리고 네이버, 카카오 등 소프트웨어와 앱과 플랫폼이 창업의 대세가 됐다. 그런데 최근 미국 실리콘밸리와 중국 선전을 중심으로 하드웨어 창업 붐이 도래하고 있다.

한국은 전통적으로 하드웨어 분야에 강점이 있다. 한강의 기적은 제조업을 중심으로 이룩됐다. 재도래 하는 하드웨어 창업을 한국의 '제2 벤처 붐'의 핵심 분야로 키워 나가는 것이 창조경제를 위한 전략적 접근이라는 점에서 하드웨어 창업 전략을 살펴보기로 하자.

우선 샤오미를 비롯한 작금의 하드웨어 창업은 과거의 제조업과는 근원적으로 다르다. 산업의 가치사슬이 제조에서 고객 관계로 이동해 플랫폼과 애플리케이션(앱) 경제가 도래했다. 그러나 규모가 지배하는 시장 플랫폼에 지식재산의 차별화를 보강한 기업들이 경쟁 우위를 점하기 시작했다. 시장 차별화에 기술 차별화를 배가해 핵심 역량을 강화하는 전략의 결과가 새로운 하드웨어, 즉 '뉴 하드(New Hard)' 산업의 형태로 출현하게 된 것이다.

그 대표적인 사례가 바로 애플이다. 애플은 앱 스토어라는 거대 플랫폼과 더불어 각종 특허로 방어벽을 구축한 아이폰이라는 하드웨어로 진입 장벽을 배가한 것이다. 결과적으로 작년 4분기 전체 휴대전화 산업의 이익 93%를 차지하는 확고한 차별화 역량을 구축하게 됐다. 애플의 '소프트+하드'의 전략을 이제 수많은 기업이 벤치마킹하고 있다. 샤오미, 고프로(Gopro), 드론의 강자 DJI 등의 전략은 하드와 소프트의 결합으로 형성돼 있는 것이다.

이제 글로벌 산업 경쟁은 단일 기술에서 전방위적 융합 기술 경쟁으로 이동했다. 스마트워치는 단순히 시계라는 액세서리 경쟁이 아니다. 하드웨어, 앱, 서비스, 클라우드, 빅 데이터, 인공지능, 통신 등 여러 기술의 융·복합으로 경쟁하는 것이다. 단일 기술을 위한 내부 혁신이 융합 기술의 개방 혁신으로 이동한 이유다. 이러한 기술들은 시간, 공간, 인간의 천지인(天地人)을 융합시킨 'O2O(Online 2 Offline)'의 새로운 스마트 세상으로 우리를 이끌어 가고 있다.

이제 새롭게 부상하는 뉴 하드 산업에서 우리는 미국은 물론 중국보다도 훨씬 뒤처져 있음을 인식해야 한다. 비록 늦었지만 한국의 창조경제 성공을 위해 뉴 하드 경쟁력 강화 대안들을 사회 전 분야에서 모색해야 할 것이다.

첫째, 기업 차원에서 단일 기술의 닫힌 혁신을 융합기술의 개방 혁신으로 활짝 열어야 한다. 융 · 복합 기술은 혼자 감당하면 진다는 것을 하루라도 빨리 인식해야 한다.

둘째, 산업 차원에서는 기술 융합을 위한 개방 혁신 시장을 활성화해야 한다. 한국 산업계의 빠진 연결 고리가 바로 인수합병(M&A)과 IP를 거래할 개방 혁신 시장이다. 그리고 이를 저해하는 사람 빼가기와 기술 도용 등의 불공정거래 행위는 공정거래 차원에서 추방해야 할 것이다. 대기업이 수직적 '갑을 문화'로 한국 경제를 이끌어 왔으나, 이제는 개방 혁신의 부작용이 너무나도 크다. 단적으로 중국 선전의 개방 협력을 한국의 기업들이 배워야 뉴 하드 경쟁에서 살아남을 수 있을 것이다.

셋째, 정부 차원에서 융 · 복합 기술의 규제를 혁신할 획기적인 대안이 모색돼야 할 것이다. 융합 기술은 여러 규제의 적용을 받는다. 예를 들어 스마트 원격 의료는 통신, 의료, 개인정보 등 다양한 규제로 인해 한국에서 시작하고도 꽃피우지 못하고 있다. 규제 혁신의 대안으로 국회에서 계류 중인 시범사업 규제 혁신 법안의 조기 통과가 절실하다. 더 나아가 창업 기업의 작은 사업의 경우에는 규제를 유예하는 제도를 도입할 필요가 있다. 작을 때는 유연하게, 일정 규모가 되면 적절히 규제하는 지혜가 반드시 필요하다.

중소기업과 대기업, 그리고 정부가 뉴 하드 플랫폼을 구축하는 데 힘을 모아야 할 때다. 모든 기업은 자신의 핵심 역량에 집중하고 공통 역량은 상호 보완해야 한다. 한국의 수직형 닫힌 생태계는 수평적 협력 생태계로 바뀌어야만 한다.

이투데이 2015-06-15

디자인 혁신의 시대

기업 활동의 중심이 제품에서 서비스로 이동하면서 서비스 디자인이 과거 공정 혁신을 대체해 가고 있다. 그런데 이제는 서비스 디자인 자체도 'O2O(Online 2 Offline)'를 융합하는 '홀론(Holon) 서비스' 디자인으로 진화할 것으로 바라본다.

혁신의 중심이 기술에서 경영을 거쳐 이제 인간으로 이동하고 있다. 기업의 혁신은 기술 혁신, 경영 혁신과 디자인 혁신이라는 3대 요소의 결합으로 이루어진다. 각 요소의 중요성은 시대마다 기업의 발전단계마다 달라진다. 그중에서 이제는 디자인이 혁신의 중심으로 부상하고 있다. 이러한 디자인 혁신에 대해 살펴보자.

첫 번째 기술 혁신은 가능성을 뒷받침한다. 달나라를 가거나, 원자폭탄을 만들 수 있는가 하는 능력은 기술 혁신을 대표한다. 그러나 핵 기술과 우주 기술 등이 발달했다고 일류 국가가 되는 것은 아니다. 핵 기술을 보유한 인도와 북한을 혁신의 선도 국가라고 말하지는 않는다. 과거 러시아의 '우주인과는 통신이 되나, 옆집과는 통신이 되지 않는다' 라는 농담이 갖는 의미일 것이다. 과거에는 '할 수 있다' 라는 것이 경쟁 차별화의 핵심이었기에 대부분의 혁신은 기술 혁신으로 이루어져 왔다. 그러나 기술 혁신은 본질적으로 사업의 가능성을 제공할 뿐 성공을 보장하는 것은 아니다.

두 번째 경영 혁신을 살펴보자. 스마트폰을 만들 기술이 있다는 것과 스마트폰을 남들보다 경쟁력 있게 만들 수 있다는 것은 차원이 다른 얘기다. 전 세계 스마트폰 업계가 중국을 주목하는 이유다. 경영 혁신은 사업의 지속 가능성을 제공한다. 기술적으로 가능하더라도 필요한 이익을 거둘 수 있도록 비용을 최소화할 때 사업은 지속 가능해진다. 기술 혁신에 더해 비즈니스 모델(BM)이라는 경영 혁신이 중요한 이유다. 동일한 기술로 경쟁하는 산업에서 승자와 패자의 차이는 바로 원가 절감 능력에 달려 있었다. 경영 혁신이 있어야 사업은 지속 가능해진다.

세 번째 요소인 디자인 혁신을 보자. 기술 혁신이 쉬워진다면 혁신의 차별화는 '할 수 있다' 에서 '왜 해야 하는가' 라는 인간의 욕구를 파악하는 것으로 이동하게 된다. 기술 혁신과 경영 혁신에 이어 이제 고객의 니즈를 파악하는 디자인 혁신에서 승부가 나게 되었다. 이제 선도 기업들은 소비자의 니즈를 파악하는 사용자 경험(UX: User Experience) 확보에 집중하고 있는 이유다.

대표적인 사례가 바로 애플이다. 스마트폰은 과거에도 있었다. 그러나 소비자가 원하는 것을 정확히 짚어 준 아이폰의 비결은 인간을 이해하는 능력이었다. 스티브 잡스가 애플은 '인문학과 기술의 교차로에 있다' 고 선언한 것은 인문학에서 인간의 욕구를 파악하고 기술로 그 가능성을 구현한다는 의미일 것이다. 디자인 혁신은 인간의 본성에 대한 이해를 의미한다. 마크 주커버그를 비롯한 많은 신 사업가들은 심리학 등 인문학을 밑바탕에 깔고 있다. 소비자 욕구 파악이 문제 해결 능력보다 중요해졌기 때문이다.

디자인 혁신은 '왜 혁신을 해야 하는가' 라는 '왜(Why)' 를 제공한다. 기술 혁신은 가능성인 '무엇(What)' 을 뒷받침한다. 도출된 문제 중 해결 가능한 대안을 제공하는 것이다. 경영 혁신은 '무엇을 할 것인가' 라는 '어떻게(How)' 를 제공한다. 더욱 효율적인 구현 방안을 모색하는 것이다.

이 세 가지 혁신의 요소들은 시대에 따라 계속해서 변화한다. 이제 많은 기술은 점점 구현이 쉬워지고 있다. 경영 관리 기법들이 발달하면서 비즈니스 자체도 쉬워지고 있다. 그 결과 '왜 해야 하느냐' 라는 디자인 혁신이 중요해지고 있다. 기술과 경영이 문제를 푸는 것이라면 디자인은 문제를 찾는 것이다. 이제 기회의 발굴이 문제의 해결보다 중요한 기업 차별화의 요소다.

'디자인적 사고(Design Thinking)' 와 '트리즈(Triz)' 라는 모순 해결 방법의 중요성이 증가하고 있다. 그리스의 비극인 안티고네와 같이 모순되는 가치들이 충돌하는 것이 인간의 욕구이기 때문이다. 복잡한 인간의 욕구를 파악하는 인문학이 기업 혁신의 바탕이 된다는 것이다. 기업 활동의 중심이 제품에서 서비스로 이동하면서 서비스 디자인이 과거 공정 혁신을 대체해 가고 있다. 그런데 이제는 서비스 디자인 자체도 'O2O(Online 2 Offline)' 를 융합하는 '홀론(Holon) 서비스' 디자인으로 진화할 것으로 바라본다.

인간을 파악하는 것이 혁신이다.

이투데이 2015-06-29

산업 패러다임이 바뀌면 품질 패러다임도 바뀌어야 한다

미래에는 품질이 어떻게 변화하게 될까? 또 어떤 방향으로 나아가야 할까? 이 주제로 이민화 창조경제연구회 이사장과 이상복 한국품질경영학회장이 한자리에서 이야기를 나누었다. 이민화 이사장은 벤처 선구자이자 IT계의 산증인이다. 또한, 4차 산업혁명에 따른 기업이 나아갈 방향을 연구하는 기업 전문가이다. 이상복 회장은 우리나라 2세대 대표 품질 교수로 학계에서 오랫동안 품질 한 길을 걸어온 국내에서 손꼽히는 품질 전문가이다. 이민화 이사장과 이상복 회장의 대담을 통해 미래 시대, 품질이 나아갈 방향을 예측해봤다.

품질의 개념을 확대하자

이상복 회장 우리나라 기업들은 그동안 품질활동으로 큰 효과를 거뒀다. 그러나 최근에는 이러한 품질활동이 위축되고 있다. 품질전문가들은 품질을 다시 살려야 한다고 목소리를 높이고 있으나 어려운 실정이다.

이민화 이사장 품질은 아무리 강조해도 지나치지 않는다. 그러나 더 중요한 것은 차별화이다. 이제는 품질도 전통적인 개념만 강조해서는 안 된다. 품질도 제품과 서비스가 융합된 PSS(Product Service System)로 변화되어야 한다.

품질이 제품에만 치우쳐서는 안 된다. 제품이 소비자까지 전달되어 활용되는 사이클 전반에 걸친 품질 전략을 세워야 한다. 이것이 PSS 환경이다. 즉 품질경영은 재탄생되어야 한다.

이상복 회장 그래도 품질분임조활동 등 품질활동을 통해 기업들은 품질경쟁력을 강화해왔다. 품질활동을 지속하고 활성화하면서 품질을 꾸준히 추진할 필요가 있다.

이민화 이사장 물론 품질분임조활동도 중요하고 필요한 활동이다. 그러나 더 중요한 것은 품질분임조활동이 기업의 궁극적 경쟁력이 되어야 한다. 이미 기업 경쟁력의 핵심은 품질분임조활동을 넘어섰다. 품질분임조활동을 그대로 끌고 갈 것이 아니라 이제는 기업 경쟁력의 핵심으로 확대, 승화시켜야 한다.

이상복 회장 품질 개념이 확대되어야 한다는 것은 공감이 간다. PSS를 사람들에게 어떻게 받아들이게 해야 한다고 생각하나?

이민화 이사장 안 해도 산다면 관심 없을 것이다. 그러나 안 해서 죽는다면 반드시 한다. PSS가 차별화의 핵심으로 기업 생존과 직결된 것이라고 알려준다면 당연히 사람들은 PSS를 추진할 것이다.

이상복 회장 이제는 품질이 낡은 단어가 된 것 같다.

이민화 이사장 그래도 품질이라는 단어는 사용할 수밖에 없다. 이만큼 좋은 단어가 어디 있는가? 단 그 개념을 확대해야 한다. 이제는 공장에서 나가는 제품상의 품질은 차이가 없다. 그러나 소비자가 느끼는 서비스 품질은 같은 품질이라도 차이가 크다.

제조 패러다임 변한다. 기업도 변해야 한다

이상복 회장 앞으로 우리나라는 제조 환경이 많이 바뀔 것이다. 인더스트리 4.0으로 인해 공장들은 스마트공장으로 변모할 것이다. 이민화 이사장이 생각하는 스마트공장은 무엇이라고 생각하는가?

이민화 이사장 현장에는 온갖 센서가 부착된다. 이 센서로 설비와 기계가 어떻게 일하고 있는지 진행 상황부터 문제 발생까지 온라인에서 확인할 수 있다. 온라인에서 오프라인의 상황을 모두 확인할 수 있는 것이다. 이는 공장 운영의 내비게이터가 된다. 공장 운영의 최적 방법을 제시한다. 에너지 절약, 인력배치, 생산성 향상, 작업 효율성 증대 등 모든 것이 제시될 수 있다. 이것이 스마트공장이다.

이상복 회장 그러나 지금 말한 내용은 경영지원팀이 관심을 가질 것이다. 품질팀에서는 관심이 없을 것 같다.

이민화 이사장 이 때문에 품질의 개념을 소비자까지 확대해야 한다. 소비자들의 불량률을 감소하기 위해서 해야 한다면 당연히 품질팀에서도 관심을 가질 것이다. 품질의 의미를 확대해야 한다. 또한, 경영자들은 성장과 발전에 관련된 일이면 사활을 건다. 그런 부서에서 품질부서가 힘이 없다는 것은 심도 있게 고민해봐야 한다. 단순히 기업경영자의 무관심으로 판단할 문제는 아니다. 품질의 의미를 확대하고 경영기획의 핵심이 될 때 품질부서는 힘을 가질 것이다.

이상복 회장 그러나 정부와 기업에서 과거처럼 품질을 강조하고 있는 것 같지 않아 안타깝다. 이런 상황에서 인더스트리 4.0 등 제조 산업의 새로운 변화가 일어나고 있다. 그러나 앞서가는 기업들은 상관없지만, 중견기업이나 중소기업은 이런 환경변화에 품질 정책이 지원되지 않으면 시장경쟁에서 불리할 수도 있다.

이민화 이사장 패러다임 변화에 따른 문제라고 생각한다. 패러다임이 변화하게 되면 앞서가는 그룹과 뒤처지는 그룹이 있기 마련이다. 그러나 그것은 각오해야 한다. 도태되는 그룹은 도태되어야 한다. 물론 성공적인 도태가 되도록 제도를 만들어야 한다.

이상복 회장 성공적인 도태란 무엇인가?

이민화 이사장 우리나라는 기업이 도태되지 않게 엄청난 지원을 하는데 그러다 도태가 되면 어마어마한 징벌을 가한다. 이 때문에 넘어져야 하는 기업들이 넘어지지 못한다. 죽을 자유가 없다. 옆에서 넘어지지 않게 계속 부추겨주니까 기업들의 자생력이 떨어진다. 넘어질 땐 넘어지도록 해 줘야 한다. 그리고 재기할 수 있도록 해 주어야 한다. 즉 자생력을 키울 수 있는 제도를 만들어 지원해야 한다.

이상복 회장 대기업은 패러다임 변화에도 문제가 없을 것이다. 변화에 대해 투자를 할 수 있는 여력이 있기 때문이다. 그러나 중견기업과 중소기업은 품질부서의 힘이 미약하고 투자 여력이 없어서 패러다임 변화에 대응이 쉽지 않다.

이민화 이사장 사실 대기업의 문제도 심각하다. 오히려 변화가 느리다. 의사결정 과정이 생각보다 느리고 선제 대응을 하려고 하지 않는다.

정부가 나서야 한다

이상복 회장 기업에서의 품질도 문제이지만 정부의 품질 관심을 증대시키는 것도 큰 과제이다. 미국이나 중국은 품질부서가 총리실 바로 밑에 있어 파워조직에 속한다. 그러나 우리나라 현실은 그렇지 못하다. 품질은 정부가 하는 것이 아니라 기업이 해야 한다는 논리이다. 큰 틀에서 정부가 품질정책을 이끌어갈 필요가 있다.

이민화 이사장 이 때문에 품질경영의 개념이 바뀌어야 한다고 생각한다. PSS로 품질경영개념을 바꾸어 정부와 기업에서도 이를 추진할 수 있도록 해야 한다. 미국은 혁신에 품질의 의미를 추가해 품질의 의미가 확대됐다. 중국은 개발도상국이라서 과거 우리나라가 그랬던 것처럼 제조품질 정책이 힘을 받는 것으로 생각된다.

이상복 회장 품질의 목소리를 학계에서 강력히 내야 하는데 그렇지 못하다. 교수들이 현장을 모르기 때문에 그렇다.

이민화 이사장 현장을 모르는 것은 정부도 마찬가지다. 청년들이 창업을 왜 안 하는가? 제도 문제가 크다. 정부에서 현장을 알고 제도를 올바르게 만드는 것이 중요하다. 품질도 그래야 한다.

〈품질그리고창의 6월호– 한국표준미디어협회〉 수록

용산, 구로, 홍합, 성수 그리고 강남

그 중심에는 창조성의 발현이 있어야 할 것이다. 그 창조성은 한국의 강점인 한류와 게임, 그리고 놀이 문화가 가세해야 할 것이다.

하드웨어 스타트업의 메카가 필요하다. 드론, 웨어러블, 가상현실 기기, 3D 프린터 등 새로운 하드웨어 산업은 열린 생태계라는 환경하에서 성장하고, 대기업 중심의 수직 계열화된 기존 제조업 생태계에서는 고사하게 된다. 하드웨어 스타트업의 메카로 등장한 중국의 선전을 살펴보자.

선전에는 화창베이에만 용산의 40배인 15만 개의 상점이 포진해 있다. 아이디어에서 제품까지 3개월 만에 완성하는 초스피드 개발 생태계를 갖추고 있다. 800개가 넘는 다국적 기업의 대규모 공장과 소규모 공장형 기업이 실리콘밸리의 창조적 벤처와 협력해 하드웨어 스타트업을 이끌고 있다. 당연히 전 세계가 선전으로 몰려들고 있다. 이러한 생태계를 기반으로 하드웨어 스타트업 전문 액셀러레이터인 '핵셀러레이터(HAXLR8R)'와 '하이웨이1(Highway1)' 등이 하드웨어 창업에 특화된 촉진제 역할을 수행하고 있다. 그 결과 선전 일대에 제2의 샤오미를 꿈꾸는 하드웨어 스타트업이 1,000개가 넘는다.

한국은 어떠한가? 용산에서 드론과 트래커를 얘기하면 이방인 취급을 받는다. 용산 상가는 신기술 경쟁이 아니라 표준화된 제품으로 피 튀기는 레드오션 게임을 하고 있다. 그런데 온라인 거래가 활성화되면서 표준화된 제품 거래는 더 이상 용산의 몫이 아니다. 용산 상가의 임대료마저 시내라는 이유로 고공행진이다. 결과적으로 용산에는 불 꺼진 상점들이 즐비하다. N15라는 한국의 하드웨어 액셀러레이터가 용산을 바꾸기 위해 노력 중이나 전망이 밝지는 않다.

용산에 구로를 합쳐도 선전 규모의 1% 수준이다. 인프라는 더욱 취약하다. 근본적인 문제는 △규모의 경제 △혁신성의 문제로 집약된다. 이 중에서 규모의 한계는 극복하기 어려우나, 혁신성을 극복하지 못하면 한국의 미래는 어려울 수밖에 없을 것이다.

한국에도 하드웨어 액셀러레이터들이 등장하고 있다. 강남의 액트너랩, 용산의 N15, 성수의 매직에코, 홍합(홍대 · 합정)의 앱포스터 등이다. 한국의 대안은 이들을 연결해 선전과는 다른 하드웨어 스타트업 생태계를 갖추는 차별화 전략이 되어야 할 것이다. 그리고 그 중심에는 창조성의 발현이 있어야 한다. 그 창조성은 한국의 강점인 한류와 게임, 그리고 놀이 문화가 가세해야 할 것이다. 이러한 생각들을 모아서 용구홍성강(용산, 구로, 홍합, 성수, 강남)이라는 한국의 하드웨어 스타트업 생태계를 기획해 보자.

창조성은 △경험 △생각하는 방식 △조직 문화의 연결 함수라는 것이

애머바일(Amabile) 교수의 주장이다. 창조성을 가로막는 대기업 중심의 닫힌 문화는 이제 척결되어야 한다. 그런데 협력을 촉진하기 위한 교육과 도구가 이 사회에는 부족하다. 학교에서 경쟁보다 협력을 가르쳐야 한다. 기업 간 경쟁보다 협력이 유리하게 국가 제도를 바꾸어야 한다. 그 핵심이 바로 주식옵션이다. 기업 간의 주식옵션 거래가 가능하면, 스타트업 생태계가 활발해질 것이다. 방을 구하려면 직방 혹은 다방이라는 소개 플랫폼을 찾듯, 개방 협력을 위한 연결 플랫폼이 필요하다. 개방 협력의 문화와 제도가 최우선 관건이 될 것이다.

다음으로 선전과는 차별화된 전략으로 용구홍성강을 연결해야 한다. 용산의 부품, 구로의 벤처, 홍합의 문화, 성수의 전통제조, 강남의 소프트웨어가 결합하는 전략이다. 그러기 위해 SWSX와 같은 하드웨어 스타트업 축제가 필요하다. 메이커스 페어가 그 촉매 역할을 할 수 있을 것이다.

한국의 메이커 운동은 너무나도 취약하다. 미국의 0.01%도 안 된다. 이를 극복하는 대안은 교육 과정에 이를 반영하는 것이다. 그러면 용산이 우선 살아날 수 있다. 여기에 홍합과 강남의 한류가 더해지면 글로벌 경쟁력이 생겨날 것이다. 강남의 플랫폼은 물론 가세하여야 한다.

하드웨어 스타트업들을 용산에 자리 잡게 해보자. 우선 공간 확보가 되어야 한다. 용산은 임대료가 만만치 않다. 공공 부지를 공간으로 대체하고 이를 창업 공간으로 활용하는 것도 가능할 것이다.

하드웨어 스타트업 육성을 위해 용구홍성강을 세계적 메카로 육성해보자.

이투데이 2015-07-20

하드웨어 스타트업으로 벤처 세계화를

한국은 제조업을 중심으로 수출로 커 온 국가다. 기존의 강점을 최대한 활용하는 것이 한국 벤처의 세계화 전략이 아니겠는가.

한국은 제조업을 중심으로 수출로 커 온 국가다. 절대 금액으로 세계 순위 5위다. 기존의 강점을 최대한 활용하는 것이 한국 벤처의 세계화 전략이 아니겠는가. 바로 하드웨어 스타트업을 검토해야 하는 이유다.

중국의 최신 하드웨어 창업 현황을 살펴보자. 거대 산업으로 성장 중인 드론의 경우 세계 시장 70%를 점유한 DJI 등 중국에 비해 한국은 몇 개 기업이 생존 경쟁 중이다. 샤오미를 비롯한 중국의 웨어러블 업계의 활약에 한국은 '대륙의 실수' 라는 감탄만 거듭하고 있다. 3D 프린터 산업에도 1,000개가 넘는 중국 기업들이 약진하고 있으나, 한국은 소수 기업이 틈새를 찾는 중이다. 사물인터넷(IoT) 분야에서도 중국은 세계 시장을 주도하고 있으나 한국의 중소기업에는 경쟁력이 있다고 인정할 업체가 드물다. 대기업의 진입이 어려운 중소기업 중심의 새로운 하드웨어 분야에서 한국은 이제 중국에 완전히 밀려나고 있다는 것이 불편한 진실이다.

기업에서 산업 생태계 차원으로 확대해 보자. 중국 선전과 용산은 아예 비교조차 불가능한 수준이다. 선전은 화창베이에만 15만 개의 매장이 있으나, 용산은 600여 개에 불과하고 그나마 불 꺼진 상점이 즐비하다. 구로 디지털단지도 선전 전체의 1% 수준이다. 전 세계 하드웨어 스타트업은 '실리콘밸리 디자인 + 선전 개발 생산'으로 개방 협력하고 있다. 알리익스프레스는 선전의 부품을 실시간으로 전 세계에 공급하는 유통망을 제공하고 있다. 선전의 경쟁력은 개별 기업의 경쟁력을 넘어 개방 협력의 산업 생태계 경쟁력으로 진화하고 있다. 올해 CES 전시회 출품 제품의 3분의 1을 차지한 선전 기업들은 부품, 디자인, 케이스, 소프트웨어를 상호 공유해 규모의 효율과 혁신의 차별성을 배가해 나가고 있다. 용산은 비슷한 제품으로 출혈 경쟁하며 버티고 있다. 높은 임대료는 용산을 더욱 힘들게 한다. 한국은 하드웨어 생태계 경쟁에서 중국에 이미 뒤진 것이다.

이제 스타트업을 보자. 한국의 스타트업 중 하드웨어 스타트업이 차지하는 비중은 대략 4%로 인식된다. 각종 창업 경진대회에 출전한 스타트업 대부분은 유통 플랫폼과 게임, 엔터테인먼트 등 비즈니스 모델(BM)을 바탕으로 하고 있다. 미국의 경우 이제 하드웨어 스타트업의 비중이 소프트웨어와 같은 수준으로 급증하고 있다. 하드웨어 스타트업의 씨앗인 메이커 운동(maker's fair)을 보면 한국은 전 세계에서 차지하는 비중이 0.001% 수준이라고 한다. 씨앗 자체가 없어도 너무 없는 것이다. 과연 하드웨어 스타트업 없이 한국 벤처의 글로벌화 전략이 가능한가하는 심각한 질문을 던지게 된다.

전 세계적으로 하드웨어 스타트업의 르네상스가 도래하는 양대 요인은 1) 특허(IP)의 경쟁력 배가 2) 하드웨어 창업 비용의 급감으로 정리할 수 있다. 우선 플랫폼 중심의 유통 BM의 경쟁력에 특허를 추가하기 위해서는 하드웨어 기반이 필요하다. 애플과 같이 하드웨어와 플랫폼을 겸비한 기업은 양면의 경쟁력을 갖는 것이다. 이어서 3D 프린터, 오픈소스 하드웨어와 같은 메타 기술과 더불어 테크숍(Tech-shop)과 같은 개발 플랫폼과 킥 스타터(Kick-starter)와 같은 크라우드펀딩 플랫폼 등 혁신 생태계가 하드웨어 창업 비용을 극적으로 감축시키고 있다. 작은 투자로 BM 경쟁력에 추가적인 IP 차별화 역량을 확보하는 전략이 바로 하드웨어 스타트업인 것이다.

이제 한국의 하드웨어 스타트업 활성화 대안을 제시해 본다 1) 메이커 운동이라는 씨앗을 공교육에 뿌리자 2) 테크숍과 크라우드펀딩 등 창업 플랫폼을 제대로 구축해 창업 비용을 최대한 줄여 주자 3) 하드웨어 특허 경진대회를 열고 특허 기반 창업을 촉진시키자 4) 용산-구로-홍대·합정-성수-역삼을 잇는 개방혁신 클러스터를 구축하자 5) 대기업 중심의 닫힌 문화를 스톡옵션 등을 활용하여 개방혁신의 열린 문화로 바꾸어 나가자 6) 초기 규제 혁신으로 융합 창업을 촉진하자 7) 경쟁보다 협력을 중요시하는 교육 혁신을 추진하자 등 7가지다.

이투데이 2015-07-13

창조경제의 연결고리, 상생형 M&A

한국의 미래는 상생형 인수합병(M&A) 활성화에 달려 있다.
한국의 성장과 고용은 벤처창업에 달려 있고, 벤처창업은 엔젤투자 활성화에 달려 있으며, 엔젤투자 활성화는 회수시장에 달려 있다는 게 그 논리적 근거다. 결국, M&A 시장 활성화가 관건이다.

창업기업에는 **시장**을!

- 대기업과 벤처의 **시장역량은 수십 배 차이**
- 창업기업 **성장 촉진**

대기업에는 **혁신**을!

- 대기업과 벤처기업의 **R&D효율 20배 차이**
- 대기업의 **혁신역량 보완**

투자가에게는 **회수** 시장을!

- **엔젤투자자/VC의 수익실현**을 위한 회수시장
- **초기 창업 투자의 활성화** 도모

4차 산업혁명으로 가는 길

기술벤처 활성화, 상생형 M&A에 달렸다

대기업과 벤처의 상생형 M&A 활성화를 위해 대기업의 벤처 인수를 긍정적으로 바라봐야 한다. 단 공정한 거래 질서만큼은 확실하게 확립해야 한다.

한국의 미래는 상생형 인수합병(M&A) 활성화에 달려 있다. 한국의 성장과 고용은 벤처창업에 달려 있고, 벤처창업은 엔젤투자 활성화에 달려 있으며, 엔젤투자 활성화는 회수시장에 달려 있다는 게 그 논리적 근거다. 결국, M&A 시장 활성화가 관건이다.

청년 창업을 저해하는 요인 1위는 '신용불량의 공포' 로 조사됐다. 엔젤 투자가 활성화되면 융자가 투자로 대체되면서 연대보증으로 인한 신용불량 문제가 사라진다. 창조경제연구회의 연구보고에 의하면 엔젤투자라는 '혁신의 안전망' 이 갖춰지면 젊은이들의 벤처창업이 6.6배 증가할 것이라고 한다. 그런데 엔젤투자 활성화는 M&A라는 회수시장 형성이 관건이다.

이번에 발표된 '7 · 9 벤처대책' 에서도 정부가 M&A 활성화를 위해 공들인 흔적이 역력하다. 그런데 M&A 활성화는 수많은 정책적 시도에도 불구하고 지지부진했고, 이번에도 획기적인 결과를 기대하기는 어려워 보인다. 그 저변에는 M&A에 대한 두 가지 결정적인 문제가 깔려 있기 때문이다.

첫째, 국민들의 인식이다. 창조경제연구회가 지난 6월 시행한 여론조사에 따르면 아직도 일반인들의 62%는 M&A를 부정적으로 보고 있다. 삼성전자가 기술벤처를 제값 주고 M&A하면 기술벤처의 창업이 활성화될 것이다. 그러나 국민은 재벌 집중화를 우려하고 있다. 삼성전자가 미국에서는 M&A를 확대하면서 국내에서는 M&A를 확대하지 못하는 본질적인 이유다. 다음카카오가 '김기사'를 인수한 것같이 시장을 가진 대기업이 기술을 가진 벤처기업을 인수하는 M&A에 대해 긍정적으로 바라볼 수 있어야 한다.

그래서 좋은 M&A와 나쁜 M&A를 나눠 생각해 봐야 한다. 두 개의 은행이 합병해 늘어나는 이익은 매출 확대보다는 비용 절감에서 비롯된다. 통합 이후 구조조정을 통해 인력을 감축하고 그 비용이 이익으로 환입되는 것이다. 이런 구조조정형 M&A는 가치창출이 아니라 인원 감축으로 이익을 내므로 사회적으로는 부정적인 이미지가 형성된다. 기술벤처와 대기업이 결합하는 상생형 M&A는 매출 확대와 일자리 창출이라는 긍정적 효과를 가져온다. 상생형 M&A를 통해 대기업은 낮은 비용으로 혁신을 얻고 벤처기업은 글로벌 시장을 얻으며 엔젤 투자가는 투자회수를 하는 '윈 · 윈 · 윈 구조'인 것이다.

둘째, 대기업의 공정거래다. 사람 빼가기, 기술유출과 같은 편법 혹은 불법이 아니라, 정당한 가격을 주고 사오는 공정거래가 절실하다. 실리콘밸리에서 직원 10명에 불과한 인스타그램사를 페이스북이 1조원이 넘는 금액으로 인수했다. 한국에서라면 10명의 직원을 예컨대 10억원씩 주고 빼오면 100억원이면 충분하다. 서울의 한 모바일 소프트웨어 회사는 애써 육성한 스마트폰 앱 개발 인력들을 대기업에 빼앗기고 사업을 접었다. 벤처기업의 14%가 핵심인력 유출의 쓰라린 경험이 있다. 그런데 왜 이런 영업비밀 유출이라는 불공정거래가 실리콘밸리에서는 발생하지 않는가. 징벌적 배상제를 포함해 엄격한 공정거래 제도가 확립돼 있기 때문이다. 미국의 공정거래위원회에 해당하는 연방거래위원회(FTC)를 해체하면 실리콘밸리가 무너진다고 하는 주장을 본보기로 삼아야 할 것이다. 한국의 공정거래위원회가 공정거래법과 하도급법의 영업비밀 침해에 대한 적용을 전향적으로 전환해야 하는 이유다.

대기업과 벤처의 상생형 M&A 활성화를 위해 대기업의 벤처 인수를 긍정적으로 바라봐야 한다. 단 공정한 거래 질서만큼은 확실하게 확립해야 한다.

한국경제 2015-07-26

벤처 M&A 혁신거래장터 필요하다

M&A는 탐색비용과 거래비용보다 효용이 클 때 활성화된다. 시장의 부재로 인한 과도한 탐색비용과 거래비용이 M&A 활성화의 최대 걸림돌이다.

'국민 내비게이션' 으로 불리는 '김기사' 가 626억원에 카카오에 인수된 뒤 인수합병(M&A)에 대한 국민의 인식 변화가 나타나고 있다. 이제 카카오택시를 타면 길을 찾아주는 김기사를 만날 수 있다.

공동창업자인 박종환 대표는 전국을 누비며 김기사 이야기를 전하고 있다. 청년들은 '제2의 김기사' 가 되겠다는 꿈을 꾸며 창업에 도전한다. 투자자들은 '제2의 김기사' 를 찾아 투자 대박을 노린다. 상생형 M&A는 구조조정형 M&A와 달리 고용을 증대하고 국가혁신을 이끈다는 인식 변화가 김기사의 최대 성과가 아닌가 한다.

세계적으로 고성장 벤처가 성장과 고용이라는 두 마리 토끼를 잡는 유일한 대안임이 입증됐다. 한국도 10년간의 벤처 빙하기를 지나 '창조경제' 정책의 첫 단추로 '창업 활성화' 를 밀고나갔다. 그 결과 창업은 질과 양에서 획기적인 혁신을 이룩했다.

그런데 창업 활성화가 만병통치약은 아니다. '죽음의 계곡'을 넘는 창업에 이어 '다윈의 바다'라는 험난한 시장 경쟁을 넘어서야 성장과 고용의 열매를 얻는다. 상생형 M&A와 글로벌화 정책이 그 대안이다. M&A가 대기업과의 상생을 통해 시장을 확보하는 것이라면, 글로벌화는 단독으로 세계화에 도전해 상장(IPO)에 이르는 것이라 할 수 있다. 두 가지 모두 필요하나, 미국의 경우 M&A가 IPO에 비해 압도적으로 큰 비중(5~10배)을 차지하고 있음에 주목하자. 그런데 한국은 2%대에 불과하다.

한국의 취약한 M&A 비율은 국가 전반의 혁신 저하로 나타난다. 창업 벤처는 시장 진입 과정에서 좌절하고 있다. '선배 벤처'의 좌절은 청년 창업의 걸림돌로 작용한다. 대기업은 와해적 혁신의 대안을 찾지 못하고 있다. 결국, 대기업들은 중국과의 경쟁에서 밀려나고 있다. 벤처 투자자들은 중간 회수 시장의 부재로 초기 창업 투자를 외면하고 있다. 평균 14년이 걸리는 코스닥은 투자자들의 회수 시장으로는 너무나 멀다. 이 세 가지 문제가 혁신국가로 가는 길의 최대 난관이다. 한국 산업생태계에서 빠진 연결고리가 '상생형 M&A'인 것이다.

정부는 벤처 창업, 대기업 혁신, 투자 활성화의 세 가지 문제를 2조원대의 창업 지원, 대기업 연구개발의 세액감면, 세계 최대 규모의 벤처투자 펀드인 모태펀드와 엔젤매칭펀드를 통해 해결하려고 노력 중이다. 성과는 미미하다. 왜냐하면 모두가 선순환 시장 생태계를 통한 본원적 해결책이 아니라, 공급과 지원 위주의 단기적 대안이기 때문이다. 이 문제는 공무원의 단기 보직 이동과 관계돼 있다. 내가 떠난 이후의 실적은 내가 평가받지 않으므로 장기간의 생태계 형성 정책보다 단기적 재정지원 정책에 치중하게 된 것이다.

상생형 M&A의 활성화는 창업 활성화와 대기업 혁신, 투자 활성화의 세 가지 목표를 동시에 달성하는 '일거양득'의 국가 정책이 될 것이다. 그래서 지금까지 정부는 M&A 활성화를 위한 정책을 꾸준히 발표했다. 세액과 지배구조의 문제 등 많은 문제를 '5 · 15 대책'에 이어 올해에도 '7 · 9 대책'을 통해 해소했다. 그 성과는 너무 미미하다. M&A 활성화는 1) 국민 인식 2) 정부 규제 3) 거래시장의 문제인데, 이 중 거래시장이 문제의 핵심임을 놓친 결과다. 국민 인식은 김기사 덕으로 개선 중이고 정부는 규제 개혁 중이다. 이제 문제는 충분한 규모의 시장 형성이다.

M&A는 탐색비용과 거래비용보다 효용이 클 때 활성화된다. 시장의 부재로 인한 과도한 탐색비용과 거래비용이 M&A 활성화의 최대 걸림돌이다. 이를 극복하기 위한 대안으로 혁신거래장터를 제안한다.

한국경제 2015-09-07

창조경제혁신센터와 대기업의 혁신

창조센터가 혁신의 한계에 부딪힌 대기업의 돌파구가 돼야 대한민국이 살아날 것이다. 대기업의 일방적 지원이 아니라 대기업과 벤처기업의 개방혁신이 목표가 돼야 한다.

대기업의 와해적 혁신이 시급하다. 대한민국의 성장동력이 꺼져가고 있다. 주력 수출 품목에 대한 중국과의 기술 격차는 급속히 줄어들고 있고, 한국경제의 세계시장 점유율은 1.9%에서 1.3%로 급속히 떨어지고 있다. 그 이유는 바로 와해적 혁신 능력 부족이다.

그런데도 이를 극복할 뚜렷한 대안이 없다는 것이 대기업의 고민이다. 대기업이 인수합병(M&A)을 해봐도 대부분 실패하고, 플랫폼 전략은 상호 신뢰 문제로 여의치 않고, 사내벤처 육성은 실적이 미미하다. 기업 간의 경쟁은 효율 극대화를 위한 관리 경쟁에서 성능 개선을 위한 점진적 혁신을 거쳐 이제는 와해적 혁신 경쟁으로 변화하고 있다. 그러나 관리와 점진적 혁신에 최적화된 대기업의 효율적 관리시스템이 와해적 혁신을 가로막고 있다. 추격경제에서의 핵심 역량이 창조경제에서는 핵심 한계로 전락한 것이다. 또 기업가정신이 발현되기 어려운 경직된 관료주의 조직 문화 때문이기도 하다.

일런 머스크의 테슬라 전기차나 래리 페이지의 구글 무인 자동차같이 미래지향적이면서 혁신적인 발상은 기업가정신 없이는 불가능한 일이다. 이러한 대기업에 혁신을 공급하기 위한 좋은 대안이 바로 창조경제혁신센터(이하 창조센터)의 역할 정립이다. 지금의 대기업 입장은 벤처창업을 지원한다는 것인데 이런 식이면 창조센터는 지속 가능성이 없다. 마음이 없는 지원은 지원하는 '척'으로 전락하게 된다는 것이 역사의 교훈 아닌가. 대기업 자신의 이익을 위한 운영이 되면서 지원을 겸해야 창조센터는 지속 발전할 수 있다.

창조센터가 혁신의 한계에 부딪힌 대기업의 돌파구가 돼야 대한민국이 살아날 것이다. 벤처기업의 혁신을 대기업의 효율과 연결하는 것이 창조경제 구현의 본질적 접근이다. 모든 기업 경영은 반복되는 일을 잘하는 효율과 새로운 가치를 창출하는 혁신, 이 두 가지로 구성된다. 필자가 정의한 '창조경제 패러독스'란 '하나의 조직이 동시에 효율과 혁신을 달성할 수 없다'는 것을 의미한다. 효율은 조직의 규모에 비례하나 혁신은 반비례하기 때문이다. 창조경제 패러독스를 극복하는 첫 번째 대안이 기술혁신 벤처기업을 시장 효율을 가진 대기업이 인수 합병하는 상생형 M&A 등 개방혁신이다.

창조센터는 대기업의 일방적 지원이 아니라 대기업과 벤처기업의 개방혁신이 목표가 돼야 한다. 일방적 지원은 대기업 내부에서도 갈등의 원인이 된다. 창조센터는 반드시 대기업의 짐이 아니라 대기업의 기회가 돼야 한다. 창조센터가 기술과 시장이 결합하는 상생형 M&A를 포함한 개방혁신의 창구가 되면 정권을 넘어 지속 가능한 역할이 가능해질 것이다.

이렇게 개방협력으로 문제를 정의하면 창조센터의 역할은 창업지원을 벗어나야 한다. 우선 대기업은 벤처창업 지원에 핵심 역량이 있다고 볼 수 없다. 대기업의 경직성으로 인해 벤처에 필수불가결한 기업가정신이 창조센터 운영에서 발현되기 어렵다. 대기업에서 파견된 혁신센터장의 벤처 육성 경쟁력이 수많은 민간 액셀러레이터보다 낫다고 볼 수 없다. 지금 벌어지는 바람직하지 않은 현상이 창업 지원 기관 간의 불필요한 경쟁이다. 창업은 창조경제의 시작에 불과하다. 창업 이후 시장으로 연결하는 과정이 더욱 중요하다. 이것이 바로 대기업의 역할이다. 각 부문의 핵심 역량을 결집하라는 것이 창조경제의 본질인데 벤처 창업 지원은 창조센터의 핵심 역량이 아님이 분명하다.

그렇다면 대안은 명확하다. 창조센터는 창업 지원은 이를 전문으로 하는 액셀러레이터 등에 맡기고 대신 자기 회사에 필요한 기술을 찾아 연결 창구가 되는 것이다. 창업보다 창업한 벤처를 시장과 결합하는 일이 더 중요하다. 그리고 비어 있는 연결 창구 영역은 대기업 역할이다. 대기업의 파견 센터장과 임직원은 자기 회사의 와해적 혁신을 위해 벤처의 기술을 찾아 M&A, 기술 라이선싱, 부품 납품, 브랜드 활용 영업 등 각종 형태의 개방혁신을 추진하는 것에 역량을 집중하도록 하자.

세계일보 2015-09-13

한국에
M&A를 許하라!

M&A는 대기업의 시장 효율과 벤처의 기술 혁신을 결합하는 가장 중요한 실천 대안이다.

창업 활성화 다음 단계로 인수합병(M&A)이 주목받고 있다. 경제 활성화를 위한 최우선 과제로 언론은 금융 개혁과 M&A를 꼽고 있다. M&A는 대기업의 시장 효율과 벤처의 기술 혁신을 결합하는 가장 중요한 실천 대안이다. 구글, 알리바바 등 전 세계 선도기업들의 혁신 전략은 모두 M&A에 바탕을 두고 있다. 그렇다면 한국의 M&A 부진의 원인은 무엇인가.

세계은행 자료에 의하면 한국의 M&A/GDP 비율은 일본은 물론 전 세계보다 높은 수준이다. 문제는 한국 M&A의 대부분은 자산인수를 위한 구조조정형 M&A라는 점이다. 기술 벤처 투자의 회수 시장에서 상생형 M&A가 차지하는 비율은 상공회의소에 따르면 2%도 안 된다는 것이 문제의 핵심이다. 미국, 유럽, 이스라엘은 90% 내외이고 중국도 50%가 넘는다. 전 세계적으로 상장보다는 M&A가 압도적으로 중요한 벤처 투자 회수 시장인 것이다. 추격형 효율 경제에서는 규모를 키우는 구조조정형 M&A가 중요했으나, 선도형 창조경제에서는 기술과 시장을 결합하는 상생형 M&A가 핵심이 된다. 한국은 이 흐름에서 갈라파고스가 되어 가고 있다.

S&P에 의하면 2014년 미국의 전략적 M&A 시장은 500조 원이 넘고, 중국도 300조 원을 돌파했다. 심지어 일본과 영국도 200조 원을 넘어서고 있다. 전 세계에서 유일하게 전략적 M&A가 부진한 OECD 국가가 대한민국이다. 그 결과가 벤처의 혁신이 대기업의 효율과 결합되지 않아 성장과 고용의 한계에 직면하게 된 작금의 현실이다. 이러한 문제의 원인으로 대기업 경제력 집중에 대한 국민의 우려, 대기업의 사람 빼가기 등 편법 우회 방안, 거래 비용을 줄일 수 있는 규모의 시장 부재와 더불어 규제를 들 수 있다. 국민의 우려는 개선되고 있고, 공정거래도 나아지고는 있다. 이제 남은 양대 과제는 혁신거래 시장과 M&A 금융 규제다.

한국의 M&A 활성화를 위해서는 대기업이 인수자로 나서야 한다. 구글이 네스트를 3조 원에 인수하듯 제값을 주고 기술 벤처를 인수하는 것은 대기업 경제력 집중보다 벤처 생태계와 국가 발전에 기여하는 바가 더욱 크다. 국민의 반(反)대기업 정서는 제값을 주지 않고 무자비하게 인수하거나, 영업비밀 침해 등 불공정한 거래의 결과로 봐야 한다. 카카오의 김기사 인수에 대해 국민 다수는 오히려 호의적이지 않은가. 삼성전자가 미국의 루프페이와 스마트싱 등을 적극적으로 M&A 했으나 한국에서는 소극적이다. 이러한 대기업의 소극적인 국내 벤처 M&A는 국익에 도움이 되지 않는다. 창조경제혁신센터를 기회로 삼아 M&A 거래 시장의 활성화가 필요한 이유다.

이제 공정거래라는 전제하에 금융 규제의 문제를 살펴보기로 한다. 한국의 벤처 투자 대부분은 재무적 투자로 분석된다. 대기업의 전략적 투자가 적은 이유는 지주회사에 대한 CVC(Corporate Venture Capital)의 규제 때문이다. 금산분리 정책으로 재벌 지주회사는 금융회사를 통해 타 기업에 투자할 수 없다. 전략적 투자가 적으니 상생형 M&A도 부진하게 된다. 한국 벤처 생태계의 가장 큰 규제는 대기업의 벤처 투자를 제한하는 지주회사에 대한 금융규제라고 할 수 있다. 구글, 마이크로 소프트, 인텔 등 주요 기업들의 혁신은 CVC를 매개로 한 개방혁신으로 이뤄지고 있다. 대한민국은 지금 한쪽 팔을 묶은 페널티를 안고 글로벌 게임에 임하는 격이다.

CVC의 역할은 외부 기술벤처에 대한 투자에 국한되지 않는다. 창조경제 혁신의 양대 주역은 창업 벤처와 사내벤처다. 이들이 대기업의 시장 효율과 결합해 일자리를 만드는 것이다. 전 세계적으로 IPO(상장)보다 M&A의 비중이 급속히 높아지는 이유다. CVC는 창업 벤처의 투자만이 아니라 사내벤처의 스핀아웃에도 결정적 역할을 담당하고 있다. 창업 활성화 이후 다음의 국가 정책은 사내벤처 활성화다. 실제 창업의 80%는 기업발 창업이므로 사내 기업가의 양성은 아무리 강조해도 지나치지 않을 것이다.

전략적 M&A와 CVC와 사내벤처, 창업 활성화에 이은 창조경제의 다음 목표들이다.

이투데이 2015-09-14

'창업투자와 M&A 활성화'는 벤처생태계의 완성

벤처생태계는 공공투자의 확대라는 공급정책보다는 회수시장의 확대라는 수요정책에 의해 좌우된다.

전 세계적으로 창업 열풍이 거세게 불어 닥치고 있다. 기업경쟁이 효율적 운영에서 점진적 혁신을 거쳐 와해적 혁신으로 변모한 결과, 기업가정신에 의한 경쟁이 시대정신이 됐다. 기업가정신이 가장 크고 아름답게 꽃 피우는 게 창업이다. 기업가정신이 단독으로 발현되면 창업벤처가 되고 기업 내에서 발현되면 사내벤처가 된다. 시스코(CISCO)의 존 체임버스 회장이 선언한 대로 "이제는 모든 기업이 스타트업처럼 생각해야" 하는 시대다.

창업이 일자리의 원천이라는 것은 부동의 명제다. 그 결과 전 세계가 창업 활성화를 위해 매진하고 있고, 한국도 예외가 아니다. 창업 활성화는 1) 창업 기회의 발굴과 역량 확보라는 개별적 요소와 2) 창업 자금의 조달이라는 공통요소로 구성된다. 이를 위해 모든 국가는 1) 기업가정신 교육 의무화와 2) 창업 투자라는 혁신의 안전망을 구축하고 있다.

창업에 투자하는 엔젤캐피탈은 천사가 결코 아니다. 투자수익이 실현될 수 있어야 엔젤은 증가한다. 7년 안에 회수할 수 있는 회수시장의 활성화가 투자확산 정책의 핵심이다. 코스닥이 보수화되면서 상장까지 걸리는 기간이 7년에서 14년으로 늘어난 결과가 엔젤투자자들이 격감한 것은 너무나 당연하다. 2000년 연간 5,000억원대에 달했던 엔젤 투자금액은 300억원 수준까지 하락했다가 이제 500억원대로 회복되고 있다.

한국과 이스라엘을 비교해 보자. 한국이 2000년 이스라엘이 부러워하는 벤처환경을 갖췄음은 당시 이스라엘에 보좌관으로 있던 이원재 요즈마 펀드 한국지사장의 증언으로 입증된다. 이스라엘에 없던 코스닥과 기술거래소라는 상장과 M&A의 양대 회수시장을 구축했고, 벤처기업특별법에 의한 실험실 창업 등의 정책을 갖추고 있었다. 당시 연간 2조원의 벤처투자와 5,000억원의 엔젤투자 그리고 5,000개에 달하는 벤처창업 등 1차 벤처 붐은 우연한 결과가 아니었다. 이후 한국에서 코스닥은 코스피에 합병돼 상장은 극도로 위축됐고 기술거래소는 산업기술진흥원에 합병된 후 역할이 상실됐다.

위축된 투자를 메우기 위해 정부는 공급을 확대했다. 그 결과 모태펀드는 몸집이 세계 최대인 2조원 규모로 늘고, 전체 벤처투자의 60% 이상을 공공이 담당하는 기형적 국가가 됐다.

회수시장인 코스닥과 M&A 시장의 활성화 보다는 당장의 공급 확대를 위한 모태펀드, 엔젤매칭펀드, 중소벤처M&A펀드, 성장사다리펀드, 미래창조펀드, 정책금융공사 등 세계 최대 규모의 공공 투자정책을 확립한 결과는 위축된 민간투자로 돌아왔다.

이스라엘은 요즈마 펀드라는 정책펀드를 지렛대로 창업투자를 활성화했다. 우리의 다산벤처가 모태펀드로 확대될 때 이스라엘은 반대로 요즈마 펀드를 민간에 이양했다. 정부 지원의 우선 매입권 등 민간의 수익회수를 극대화하는 다양한 정책을 통해 민간 투자시장을 활성화한 결과 이스라엘의 벤처투자에서 공공이 차지하는 부분은 세계 최저 수준인 9%로 축소되고 민간투자는 크게 활성화됐다.

벤처생태계는 공공투자의 확대라는 공급정책보다는 회수시장의 확대라는 수요정책에 의해 좌우된다. 2000년 대한민국이 수립했던 세계 최고 수준의 회수시장을 신속히 회복해야 하는 이유다. 다행히 창조경제연구회의 보고서와 포럼 이후 최종 회수시장인 코스닥은 코스피에서 분리한다는 원칙이 수립됐다. 정부의 신속한 실행만이 남았다. 그러나 엔젤캐피탈의 중간 회수시장인 M&A를 담당했던 기술거래소는 아직도 소식이 없다. 과거의 경험을 바탕으로 진일보한 모습으로 민간과 공공이 결합하는 M&A 시장이 본격화되기 바랄 뿐이다.

헤럴드경제 2015-09-16

창조경제의 연결고리, M&A 거래소

대기업에는 혁신을, 창업 벤처에는 시장을, 투자가에게는 자금 회수라는 세 마리 토끼를 잡는 상생형 M&A의 부진이 바로 한국 벤처 생태계에 빠진 연결 고리다.

벤처 창업과 일자리의 연결 고리는 상생형 인수·합병(M&A)이다. 창업을 통한 질적 전환이 M&A로 양적 확대를 이루어야 일자리가 확대된다. 대기업에는 혁신을, 창업 벤처에는 시장을, 투자가에게는 자금 회수라는 세 마리 토끼를 잡는 상생형 M&A의 부진이 바로 한국 벤처 생태계에 빠진 연결 고리다. 이제 일자리 정책의 최우선 순위가 바로 M&A 활성화를 위한 '기술거래소 부활'이라고 할 수 있다.

한국은 2000년에 세계 최초의 개방혁신 장터인 기술거래소를 설립한 바 있다. 미국의 체스브로 교수가 개방혁신을 주창하기 무려 3년 전이었다. 공공의 인프라와 민간의 자율성을 융합하기 위해 민관합동 구조로 벤처기업협회가 73억 원이라는 최대의 출자자로 참여했다. 설립 직후 불어닥친 전 세계적 IT 버블 붕괴 여파로 어려움을 겪었으나, 2008년에는 전년 대비 60% 성장한 400건의 거래 실적을 달성했다. 이후

2009년 유사 기관 통합 정책으로 기술진흥원에 흡수된 후 기술거래는 40% 하락하고 개방혁신 거래장터의 기능은 사라졌다. 그 결과 한국은 개방혁신 분야의 후진국으로 추락하게 된 것이다.

이제라도 다시 '창조경제의 연결고리'인 대기업의 효율과 창업 벤처의 혁신을 결합하는 기술거래소가 부활해야 한다. 여기에서는 M&A, 기술 거래, 특허 거래, 공동 개발, 공동 판매, 인력 유치 등의 다양한 혁신을 거래할 수 있어야 한다. 자본주의 시장경제는 시장을 통해 발전해 왔다. 기존의 제품과 서비스의 거래에서 다양한 혁신의 거래로 발전하는 것이 창조경제라는 영국의 존 호킨스 교수의 주장을 상기하자.

M&A 활성화에 있어 부정적 요소 중 언론의 부정적 시각 등 문화적 요소와 대기업의 사람 빼가기 등 제도적 요소는 점차 개선되어 가고 있다. 그러나 시장은 아직도 부활하지 못하고 있다. 18조 원에 달하는 국가연구비와 2조 원에 달하는 창업 지원 자금에서 M&A 거래소 설립에 투자할 비용이 없다고 보이지는 않는다. 100억 원대의 예상 투자보다 그 성과는 국가연구지원과 창업지원을 능가할 수 있다.

예를 들어 현재 2조 원대인 코스닥 상장(IPO) 규모가 벤처 활성화에 따라 2배 증가해 4조 원에 달할 것을 기대해 보자. 미국과 유럽의 경우 M&A를 통해 회수하는 자금이 상장(IPO)의 10배에 달하고 있음을 생각해 보면 한국은 40조 원의 M&A 시장을 기대할 수도 있다. 조금 보수적으로 20조 원의 벤처 자금이 M&A를 통해 순환되는 구조를 만든다면 더는 공공 자금의 벤처 투입은 필요 없게 된다. 이것이 바로 선순환 벤처 생태계 구축이고, 고용 문제 해결의 대안이다.

이제 구체적 실천 방안을 강구해 보자. 2000년의 기술거래소를 그대로 부활하는 것은 시대정신에 맞지 않는다. 별도의 기관을 만들지 말고 현재 있는 조직들을 최대한 활용하고, 필요한 제도 개선과 초기 마중물형 재정 지원을 추진하는 것이 바람직할 것이다. 지금 M&A 지원기관은 없는 것이 아니라 많아도 너무 많다. 기술보증기금, 중소기업진흥공단, 코트라, 산업은행 등 공공기관과 삼일회계법인, 벤처기업협회, 한국 M&A 거래소, 페녹스 코리아 등 민간 조직들도 있다. 그러나 어느 조직도 시장의 임계량 돌파에 미흡하다. 공공기관은 다양한 거래의 유연성이 부족하고, 민간은 국가 단위의 기술과 기업 정보 구축에 한계를 보인다. 결국, 민간과 공공의 개방 플랫폼 구조가 대안이 된다.

기술보증기금이 보유한 기업 정보와 공공 연구소의 기술 정보들은 공공의 인프라로 제공되고, 벤처기업협회의 네이버, 카카오, 넥슨과 같은 리딩 벤처와 1,000억 원 매출 벤처들이 전경련과 같이 구매자로 나서는 구조라면 성공 가능성이 높다. 여기에 민간 딜러들이 신뢰 아래 거래를 중개하는 구조를 제안한다. 물론 위임장 기반의 정보 보호와 비밀유지는 필수적으로 결혼 중매와 비슷한 구조가 될 것이다. 더 많은 참여자를 위해 기술거래, 사업 협력도 포함한 다양한 개방혁신에 창조경제혁신센터들이 주체로 참여한다면 더욱 바람직하다. 창조경제의 연결고리, M&A 거래소 설립을 촉구한다.

이투데이 2015-09-21

'상생형 M&A시대' 병신년 1월 열린다

창업에 이은 M&A 활성화만 이뤄지면 한국은 진정한 창조경제 선도국가로 세계에 부상할 것이다.

창조경제의 연결고리인 '상생형 M&A'의 부진이 한국의 아픔이다. 창조경제는 대기업과 벤처의 선순환인데, 각각은 나름대로 세계적인 수준에 도달했다. 하지만 순환고리의 단절이 치명적이다.

미국, 유럽, 이스라엘, 핀란드의 벤처 투자회수의 90% 내외가 M&A이고, 중국도 50% 이상인데 한국은 2% 선에 불과한 것이다. 그 결과 대기업은 혁신을 못하고, 벤처는 글로벌화가 부진하고, 투자가들은 회수시장을 찾지 못하게 된 것이다.

그렇다고 정부가 벤처와 엔젤자금 공급 확대로 그 간격을 메우는 것은 한계가 명확하다. 컨설팅사 매킨지도 한국의 문제로 M&A 회수시장 부재를 지적했다. 정부의 공급주도에서 민간 순환생태계 형성으로의 패러다임을 변화시키는 핵심이 상생형 M&A 시장인 것이다.

그런데 꽁꽁 얼어붙었던 한국의 M&A 시장에 봄이 오는 소리가 들리

기 시작하고 있다. 카카오가 김기사를 660억원 규모로 인수하며 대중의 인식이 개선되기 시작했다. 7월 9일 정부는 M&A에 대한 추가 규제 완화 발표를 통해 확고한 의지를 천명했다. M&A에 대한 언론의 시각도 긍정적으로 바뀌었다. 대기업들도 M&A를 통한 와해적 혁신의 필요성을 토로하고 있다. 희망의 징조들인 것이다. 그러나 막상 거래시장의 활성화는 멀기만 해 보였다.

2015년 9월 22일 창조경제연구회 주최의 '상생형M&A' 포럼을 통해 가장 중요한 민간의 주체들이 힘을 모으기 시작한 것은 아무리 강조해도 지나치지 않을 것이다. 벤처기업협회가 중심이 되고 기술보증기금의 기업 데이터 인프라가 뒷받침하는 '상생 M&A 포럼'이 태동하게 된 것이다. 페녹스캐피털, 한국 M&A 거래소, 삼일회계법인 등 독자적으로 M&A 활성화를 추진해온 조직들이 힘을 모으기로 한 것이다.

거래시장의 가치는 규모의 제곱 이상에 비례하기 때문에 파편화된 시장으로는 탐색비용과 거래비용이 효율화되기 어렵다. 과거 기술거래소의 민간 차원의 부활이 필요한 이유다. 분산되면서 집중화된 M&A 시장은 결혼 중매 시장과 매우 유사한 특성을 가진다. 비밀은 보장되는 거래시장인 것이다.

미국에서는 이미 M&A 중개시장들이 Private Market Network(사적시장망)라는 형태로 다양하게 등장하고 있다. 한국에서는 시장 집중화를 위한 거래세 혜택 부여가 정부가 제공할 가장 중요한 정책적 뒷받침일 것이다.

구체적으로 대기업 혹은 중견기업들이 원하는 기술벤처 분야를 제시하면, 기술보증기금이 1차로 해당 분야의 기술보유 기업 명단을 제공한다. 이 중 관심 있는 기업에 대해 심층 조사 검토 후 중개인에게 거래를 위탁하게 된다. 정부는 한시적으로 중개인에게 실비 지원이 가능할 것이다. 중개인의 비밀유지와 성실도는 통합 관리된다. 거래 성사 시에 일정한 수수료를 제공함으로 시장은 지속된다. 거래 형태는 M&A를 비롯해 기술이전, 판매협약 등 다양하게 이뤄질 수 있다. 바로 전국 창조경제 혁신센터의 역할이 중요해지는 영역이다.

M&A의 인식에서 대기업은 탐욕적으로 중소벤처는 망한 것으로 치부하는 경향이 아직도 많다는 것이 최대의 걸림돌일 것이다. 그러나 혁신 국가들에서 M&A는 성공의 상징이다. 창업기업은 혁신을 완성한 후 시장을 가진 기업에 혁신을 매각하는 것이 창조경제의 새로운 사업패턴인 것이다. 제품시장으로 시장경제가 완성되었다면, M&A 시장으로 창조경제가 완성되는 것이다.

창업에 이어 M&A 활성화만 이뤄지면 한국은 진정한 창조경제 선도국가로 세계에 부상할 것이다.

헤럴드경제 2015-12-30

바람직한 코스닥 복원 방향은

벤처의 지속 가능한 성장은 투자 회수의 선순환 시장인 코스닥에 달려 있다. 그리고 더욱 중요한 것은 M&A를 활성화시키는 것이다.

코스닥은 1996년 벤처기업협회가 주도해 설립한 독립된 주식회사였다. 1997년 벤처기업특별법과 함께 1차 벤처 붐의 양대 견인차로 대한민국 국제통화기금 구제금융 위기 극복에 결정적인 공을 세웠다. 그리고 일본 유럽보다 3년 먼저 설립된 코스닥은 2000년 코스피 일일 거래액을 앞서는 놀라운 성과를 이룩했다. 대한민국 금융계가 세계 2위 금융시스템을 만들어 본 유일한 사례일 것이다.

그러나 나스닥과 동반 추락한 코스닥 붕괴를 이유로 코스닥은 코스피에 합병됐다. 그리고 그 결과 다산다사의 코스닥 패러다임은 안정보수의 코스피 패러다임으로 변했다. 연간 250여 개 신규 상장은 30여 개 수준으로 하락했다. 그나마 적자 상장을 원칙적으로 금지하는 상장 기준 보수화로 고성장 벤처보다는 대기업의 협력기업들 상장이 주류를 이루었다. 결과적으로 코스닥은 벤처 투자의 회수 시장으로의 역할을 실질적으로 상실하게 된 것이다.

2000년 이후 지금까지 나스닥 지수는 두 배 상승했으나 코스닥은 4분의 1로 줄어들었다. 심지어는 모럴해저드도 통합 이후인 2008년과 2009년에 오히려 증가했다. 기업 유치를 위한 마케팅은 관료적 심사로 대치됐다. 결과적으로 코스닥은 다산다사 정체성을 상실하고 코스피의 2중대로 전락했고, 투자가들은 떠났으며 우량 기업들은 상장을 외면하게 된 것이다. 지금도 코스닥 상장 요건을 갖춘 기업이 2,000개가 넘는다. 이는 국가 성장동력 회복을 위해 이제 거래소에 통합된 코스닥을 분리해 원상 복구해야 하는 절대적인 이유다.

분리를 통해 코스닥은 다산다사 시장으로서, 코스피는 안정보수 시장으로서 정체성을 회복할 수 있다. 여기에 각각 코스닥은 K-OTC(장외주식시장)와 코스피는 코넥스와 연결해 각기의 정체성 아래 경쟁 시장으로 발전시킬 수 있을 것이다.

코스닥의 수익성 우려를 이유로 분리를 반대하는 것은 국익이 무엇인지를 착각한 것이다. 기관의 적자와는 비교할 수 없이 중요한 것이 코스닥이 미치는 국가 경제적 파급효과다. 현재 코스닥 적자는 사실상 합병 이후 거래는 활성화하지 않고 조직은 비대해진 고액 연봉 구조 때문이다. 더 나아가 현재 코스닥이 적자라면 거래소 차원에서는 분리 매각이 오히려 바람직할 것이다. 한편 분리 전후의 적자 구조가 동일하다면 국가 차원에서 볼 때 손익은 없다고 볼 수 있다. 분리는 기관의 수익보다는 국가 차원의 비용 · 편익 분석이 의사결정의 근본이 돼야 할 것이다. 적자가 증가한다는 주된 이유로 거론되는 분리 이후 IT 비용은 아웃소싱으로 비용 증가를 없앨 수 있다. 기업가정신으로 경영에 임하면 당연히 거래를 활성화해 매출을 늘리고 비용을 줄일 수 있을 것이다. 그래도 부족하다면 국익을 위해 벤처업계가 나설 수 있을 것이다.

분리 형태는 지주회사, 자회사 등 여러 가지 대안이 있다. 이 중 가장 중요한 것은 조직의 정체성 문제라는 점에서 다산다사 패러다임 하에 완전 분리가 돼야 할 것이다. 즉 초기 독립 주식회사 형태로 복원하는 것이 가장 바람직하다. 분리 이후 (주)코스닥은 △마케팅 강화를 통해 우수기업을 유치하고 △사기방지시스템(FDS) 등 IT 시스템으로 불건전 거래 징후를 초기에 파악해 거래 건전화를 꾀하고 △기업 분석 보고서의 새로운 개발로 진정한 투자자 보호인 정보 비대칭을 해소하고 △퇴출과 복귀가 순조로운 K-OTC와의 순환구조를 만드는 것에 집중해야 할 것이다.

성장과 고용을 해결할 유일한 대안인 벤처의 지속 가능한 성장은 투자 회수의 선순환 시장인 코스닥에 달려 있다. 연간 100개 기업이 상장하고 4조원의 기업공개(IPO)를 달성하는 것이 일차적인 목표일 것이다. 그리고 더욱 중요한 것은 한국 벤처 생태계의 빠진 연결고리(missing link)인 인수 · 합병(M&A)을 활성화하는 것이다. 미국은 상장보다 M&A가 5~10배 더 많다. 우리도 IPO 5배인 20조원의 M&A를 상장기업의 주식 교환을 통해 달성한다면 창조경제로 가는 길에 가장 큰 걸림돌이 해결될 것이다. 코스닥은 이제 완전히 분리된 1996년 초기 (주)코스닥으로 복원돼야 한다.

매일경제 2015-06-14

창조형 연구, 기술사업화

2014년 대한민국의 연간 R&D 투자액은 630억 달러(약 73조1745억 원)로
절대 금액으로 세계 5위이고 GDP 대비 이스라엘에 이어 2위다.
국가 R&D는 18조 원을 넘어 GDP 대비 세계 1위가 되었다.
즉 우리는 적어도 연구개발 투입에 관한 한 세계 최고 수준에 도달한 것이다.

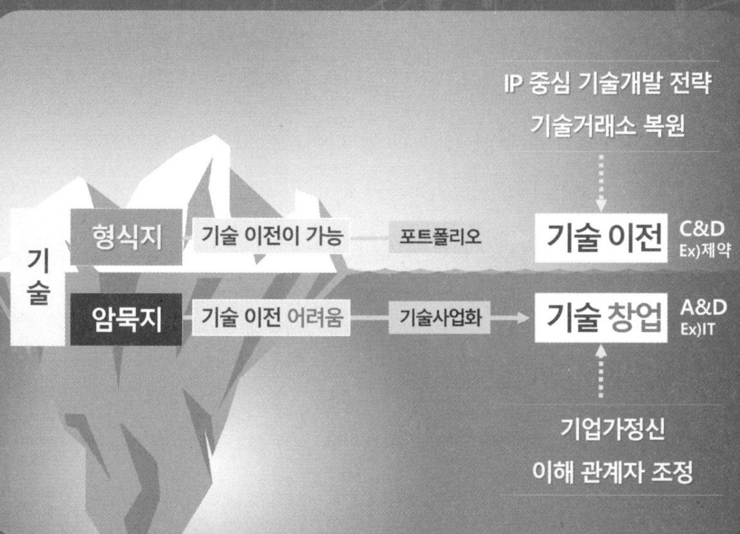

창조적 기술사업화가 시급하다

엄청난 투입 규모에 비하여 기술사업화 성과는 대단히 부진하다는 것이 우리 과학기술의 불편한 진실이다.

2014년 대한민국의 연간 R&D 투자액은 630억 달러(약 73조 1745억 원)로 절대 금액으로 세계 5위이고 GDP 대비 이스라엘에 이어 2위다. 국가 R&D는 18조 원을 넘어 GDP 대비 세계 1위가 되었다. 즉 우리는 적어도 연구개발 투입에 관한 한 세계 최고 수준에 도달한 것이다.

그런데 우리는 논문과 특허라는 지식 창출 분야에서는 세계 3위인 반면 사업화라는 지식 효과 분야에서는 세계 43위라는 초라한 실적을 보이고 있다(세계 지식재산권 기구의 글로벌 혁신지수). 즉 엄청난 투입 규모에 비하여 기술사업화 성과는 대단히 부진하다는 것이 우리 과학기술의 불편한 진실이다. 낮은 R&D 효율성을 제고할 연구 개발 패러다임의 변화가 시급한 이유다.

문제의 원인은 바로 추격 경제 시대의 물량 위주의 기술 개발 정책이다. 창조경제에서의 기술 개발의 목표는 양에서 질로 전환해야 한다. 우리의 기술 이전율은 27%로 미국의 34%에 근접하나, 건당 기술료는 미국의 10% 미만이다. 국내 대학의 기술이전 수입은 미국의 5%에 불과하다. 기술료 수입도 계속 감소하고 있다. 즉 우리의 문제는 '양의 문제가 아니라 질의 문제' 인 것이다.

그 원인은 바로 연구 성공률이 90%가 넘는 성공 위주의 평가 정책이다. 성공하지 못하면 연구 책임자가 퇴출당하는 구조에서 불확실한 미래 지향적 연구는 기대하기 어렵다. 선진국을 벤치마킹하는 추격형 연구에서는 실패는 용납하기 어려웠다. 그러나 이제는 실패를 내포하는 창조형 연구로 전환해야 한다. 실패는 나쁜 것이 아니라 혁신으로 가는 과정이라는 생각의 프레임 하에서만 진정 창조적인 기술이 등장할 것이다.

불확실한 미래 기술을 사전에 명확한 목표 사양을 만들고 이를 기준으로 성공 여부를 평가하는 것은 과거 추격형 연구의 사고다. 반면 불확실한 연구 목표를 경쟁을 통한 중복 연구와 반복 연구로 수렴해 가자는 것이 창조형 연구의 생각이다. 예산 당국에서는 과거 패러다임을 과감히 탈피해 경쟁과 반복 연구의 예산을 할당해야 할 것이다. 미 국방성의 다르파(Darpa)는 '미래 기술을 현재로' 라는 목표로 경쟁과 중복을 통하여 혁신적인 기술을 개발해 왔다. 그리고 프로젝트 매니저(PM)에게는 가상 CEO라는 전폭적인 권한을 부여했다. 그들은 예상외 성과가 있다면 애초 목표를 수정할 권한도 있다. 민간인으로 한시적 계약직이나 목표 달성에 광적으로 열성적인 PM들은 과제 종료 후 사업화 역량을 인정받아 창업, 혹은 민간 복귀를 한다. 기업가정신의 발현을 통하여 혁신을 이끌어 가는 것이다.

창조형 연구는 사전 통제라는 관료주의 사상이 아니라 자율 경쟁이라는 기업가적 사상하에 꽃피운다. 현재 대부분의 국가 과제 연구는 과도한 통제하에서 즐거움을 잃어버리고 있다. 도덕적 해이를 사전 예방하기 위하여 연구 관리 체제는 날이 갈수록 정교해지고 있다. 심지어 회식 장소가 반경 4km 내인가를 영수증으로 검증하고 있는 실정이다. 과도한 통제는 추격형 연구에서는 작동할 수도 있다. 그러나 창조는 즐거움(Fun)에서 나온다는 진실을 잊으면 안 될 것이다. 관료주의는 실패하지 않게 할 수는 있으나, 창조적 성공을 만들 수는 없다. 연구원들은 통제당한다는 생각이 드는 순간 창조성을 잃게 된다.

그렇다면 '연구비 유용 등 도덕적 해이는 어떻게 막을 것인가?' 하는 질문을 하게 될 것이다. 일류 국가는 사전 통제를 줄이는 대신 사후 징벌을 강화하는 네거티브 방식을 채택한다. 사전 통제는 도덕적 해이와 함께 창조성을 위축시킨다. 사후 징벌은 KTX 표 검사와 같이 신뢰를 깨는 행위만 골라 추가 징벌을 하는 것이다. 즉 도전적 좋은 실패는 지원하고 도덕성이 결여된 나쁜 실패는 더욱더 응징하자는 것이다.

이제는 창조형 기술사업화 패러다임으로 일대 전환이 시급하다.

이투데이 2015-10-12

기술사업화와 죽음의 계곡

기술이 사업화에 성공하기 위하여 반드시 건너야 하는 죽음의 계곡은 혼돈의 영역이다. 체계적인 방법으로 극복하기는 대단히 어렵다는 것이다.

실험실에서 4g의 신물질 합성에 성공하는 것과 대량 생산의 제품화 사이에는 거대한 죽음의 계곡이 자리하고 있다. 기술이 사업화에 성공하기 위하여 반드시 건너야 하는 죽음의 계곡은 혼돈의 영역이다. 체계적인 방법으로 극복하기는 대단히 어렵다는 것이다. 전 세계적으로 시스템에 기반을 둔 기술사업화의 성공 사례가 흔치 않은 이유다. 그런데 창조경제 구현을 위하여 대한민국은 반드시 18조의 국가 연구의 효율을 올려야 한다.

체계적인 기술사업화를 추진하기 위하여 기술 로드맵 분석이 도입되었다. 상세하게 설계된 9단계의 기술 로드맵은 단계별 사업화 전략을 친절하게 제시하고 있다. 4단계에서 6단계에 존재하는 틈새를 극복하기 위해 연구개발(R&D)의 중간에 사업을 연계하는 R&BD 정책이 수립돼 추진되고 있다. 그러나 현장에서는 이를 두고 예산 낭비라는 목소리가 높다. 결국, 시스템만으로 죽음의 계곡을 넘는 것은 고비용 · 저효율 구조가 된다는 것이 전 세계적인 정책 실험의 결론이 아닌가.

이제 죽음의 계곡이라는 역설의 영역을 극복하기 위한 대안으로 기술창업과 기술 거래 시장을 제안하고자 한다.

기술은 크게 두 가지로 나뉜다. 복합기술이라는 암묵지와 지식재산권(IP)이라는 형식지다. 숱한 복합기술로 이루어진 암묵적 기술은 이전이 어렵다. 암묵적 기술을 문서화하는 것이 거의 불가능하고 문서화하더라도 빠른 기술 발전이 이를 진부화하기 때문이다. 그래서 암묵지적 기술은 기술이전이 아니라 기술창업을 촉진하는 것이 더 유력한 정책적 대안이 된다. 과거 실험실 창업제도가 탄생한 배경이다. 한편 IP로 형식지화한 기술들은 기술이전이 활발하다. 기술이전은 시장을 통하여 촉진된다. 과거 기술거래소가 만들어진 이유다. 그렇다면 기술창업과 기술이전이라는 두 가지 기술사업화의 구체적 방안을 살펴보기로 하자.

기술창업은 혼돈으로부터 질서를 찾아가는 기업가정신에 기반을 둔다. 암묵지로 가득 찬 기술을 제3자에게 이전하는 것은 이전 실적은 올리나 실제적인 결과물을 만들기는 어렵다. 기술개발에 참여하여 복합적인 문제의 본질을 체득한 기술 창업가들이 나서야 성공 가능성이 커진다. 기업가정신은 개인의 창조적 도전과 더불어 조직 문화의 산물이다. 연구원과 학생과 교수의 도전이 원활하도록 성공의 기댓값이 실패의 위험보다 커야 한다. 대부분의 연구원이 기술 창업에 냉담한 이유는 이 계산서가 잘 나오지 않기 때문이다. 우선 연구기관의 평가에 기술창업이 높게 반영되어야 한다. 다음으로 실패를 지원하는 혁신의 안전망이 제공되어야 한다. 창업 실패 이후 연구소 복귀 시 평가의 불이익이 없어야 한다. 그사이 체득한 창업 현장의 경험이 수편의 논문보다 미래 연구에 더 큰 기여를 할 것이기 때문이다. 마지막으로 창업 성공의 수익이 연구소 전반에 선순환 분배되어야 주변의 지원이 가능하다. 창업의 성공은 순환시키고 실패는 지원하는 조직 문화가 절실하다.

기술이전은 거래비용은 줄이고 거래 효율성을 높이는 기술시장으로 촉진된다. 형식지가 중요한 바이오산업의 경우 IP 거래 형태(C&D), 암묵지가 중요한 IT산업은 인수합병(A&D) 형태의 개방 혁신이 활발하다. 이제 대부분의 기술이전은 IP를 바탕으로 이루어지고 있다. 그런데 현재의 연구개발 비용에서 IP는 기타 비용으로 제한받고 있다. 이제 연구의 주된 산물은 기술이 아니라 IP로 이동하고 있는데 우리의 제도는 과거에 머무르고 있다. 미래 유지 비용을 포함한 IP 비용이 연구개발 비용의 핵심으로 자리 잡는 제도 혁신이 필요하다. 그런데 개별적인 기술이전은 거래 상대방 탐색 비용과 평가 비용 등 과다한 거래 비용이 문제다. 이를 효율적으로 운용하는 것이 시장이다. 기술거래소 기능의 발전적 복원이 필요한 이유다.

기술창업과 기술시장을 통하여 대한민국 창조경제의 씨앗이 제공될 것이다.

이투데이 2015-10-19

기술사업화, 단독개발 집착 버리고 개방과 협력 나서라

한국의 기술개발체계는 개방과 협력보다는 '비개방과 단독개발'로 점철되고 있다. 전 세계에서 우리처럼 여러 부처에 분산된 연구개발구조를 가진 국가는 없다.

연간 55조원이 투입되는 한국 기술사업화의 발등의 불은 '개방과 협력'이다. 반복되는 자원을 공유하고 상호 장점을 결합하는 협력이 '창조적 기술사업화'를 촉진한다는 것은 너무나 명확하다. 그런데 한국의 기술개발체계는 개방과 협력보다는 '비개방과 단독개발'로 점철되고 있다. 창조경제를 구현하는 개방형 기술사업화를 위한 우리의 문제점과 해결방안을 찾아보자.

실리콘밸리의 평균 창업비용이 10년 동안에 500만달러에서 불과 5,000달러로 감축됐다. 누구나 창업을 할 수 있는 '가벼운 창업'의 시대가 열린 것이다. 창조성이 이끄는 창조경제의 세상을 연 것은 오픈소스, 클라우드, 개방 플랫폼이라는 세 가지 요소다. 이 세 가지 요소의 공통점은 바로 개방과 협력이다. 공유를 통해 반복되는 개발비를 절약할 수 있게 됐다. 이제는 단독개발은 자랑이 아니라 수치, 자원의 낭비일 뿐인 시대로 변하고 있다. 새로운 소프트웨어의 90% 이상은 오픈소스에 기반을 두고 있다. 클라우드 서비스는 협력과 유연성을 뒷받침한다. 개방 플랫폼으로 시장진입 비용은 급감하고 있다.

그런데 우리는 어떤가. GDP 대비 세계 최대라는 18조원의 국가 R&D 자금은 미래부, 산업부, 국방부, 교육부, 중기청, 특허청 등 여러 부처에서 나눠 집행하고 있다. 한국의 국가 R&D는 규모와 다양성 면에선 세계 최고 수준이다. 그런데 정부 부처 간 중복과 비협력으로 기술사업화의 성과는 OECD 바닥권이라는 게 불편한 진실이다.

예를 들어, 미래부에서 지원한 연구과제를 산업부가 후속 지원한 사례는 손꼽을 정도에 불과하다. 산학협력대학과 창업선도대학 사업은 상호 중복되는데도 불구하고 핵심 조직의 공유는 금지돼 효율성이 저하되고 있다. 3D 프린터, 빅데이터 등 미래산업은 경쟁적 중복지원으로 낭비가 초래되고 있다.

전 세계에서 우리처럼 여러 부처에 분산된 연구개발구조를 가진 국가는 없다. 대부분의 국가는 산업 분야는 민간이 담당하게 하고 정부는 보건, 환경 등의 공공분야를 담당하고 있기 때문이다. 이는 독자적인 '연구개발 조정체계'를 갖추는 게 절실한 이유가 된다.

부처별로 유연하게 대처하는 별도의 기술개발 자체는 필요하다. 그러나 예산과 총괄평가를 통해 개방과 협력을 촉진하는 조정역할도 필요하다. 과거 국가과학기술위원회가 예산 부분은 담당했다. 그런데 미래부로 기능이 통합되면서 선수와 심판 간 역할의 혼선이 발생하고 있다. 독립된 국과위를 통한 예산과 평가의 총괄 조정기능이 필요하지 않은가 한다.

우리와 유사하게 정부 R&D가 많은 이스라엘에는 'OCS(Office of Chief Scientist, 수석기술담당관실) 제도' 가 지금은 경제부 산하에 있어 기술개발의 총괄 조정역할을 한다. 이를 적극 벤치마킹할 필요가 있다. 부처마다 기술담당관을 두고 부처에 지시가 아니라 조정을 하는 한국형 OCS 제도가 불필요한 중복 낭비를 줄이고 부처 간 장벽을 깨고 개방 협력을 촉진할 수 있을 것이다.

'정부 3.0' 은 바로 이러한 부처 간 벽을 허물고 개방 · 협력을 촉진하기 위해 추진됐다. 그러나 원칙적인 정보개방은 소위 망 분리 때문에 제대로 이뤄지지 못하고, 보안 위주의 운영은 웹서비스를 차단하고 있어 상호소통의 길을 요원하다. 세종시 이전 이후 당연히 시행돼야 할 '스마트행정' 은 여전히 '대면행정' 을 고집하고 있어 소통은 더더욱 멀어지고 있다. 이는 기술사업화를 넘어 한국의 모든 행정 분야에 공통된 현안일 것이다.

보다 적극적으로 1) 기술개발의 총괄조정 2) 개방과 협력의 패러다임 3) 스마트워크 구현으로 창조적 기술사업화라는 창조경제의 거대한 숙제를 해결했으면 하는 바람이다.

헤럴드경제 2015-10-21

한국 기술사업화의 '불편한 진실'

연구 개발의 문제는 한마디로 '실패를 하지 않는 연구'로 대변된다. 90%가 넘는 세계 최고의 연구 성공률은 '쌀로 밥하는 연구'를 했다는 방증에 지나지 않는다.

연간 59억원이라는 세계 최고 수준의 민·관 연구비 투입에 비해 성과는 경제협력개발기구(OECD)에서 바닥권이라는 것이 한국 기술사업화의 불편한 진실이다. 더구나 지난 5년간 숱한 개선 노력에도 상황은 개선되지 않고 있는 것이 더욱 문제다. 한마디로 논문을 제외하고는 기술료 등 나머지 지표 모두 하락하고 있다. 최근 발표된 서울공대 백서에서는 단기 성과, 소통 부재, 선도 전략 부재 등의 자성을 하고 있다. 이를 반영해 창조적 기술사업화를 살펴보자.

우선, 연구 개발의 문제는 한마디로 '실패를 하지 않는 연구'로 대변된다. 추격형 경제 체제에서 실패는 나태하거나 무능함의 결과였다. 실패한 연구 책임자는 차기 연구에서 제외된다. 결국, 90%가 넘는 세계 최고의 연구 성공률은 '쌀로 밥하는 연구'를 했다는 방증에 지나지 않는다. 도전적인 연구, 남들이 한 번도 시도해 보지 않은 연구는 사전에 회피된다. 이는 노벨상이 나오지 않는 이유이기도 하다. 이 문제를 극복하기 위해 실패를 통해 학습하는 반복, 중복 연구가 도입돼야 한다. 바로 미국의 방위고등연구계획국(DARPA) 모델을 반영한 한국형 모델을 전면적으로 도입하는 것이다. 그리고 그 성공의 핵심은 규정이 아니라 프로젝트 책임자에게 부여하는 권한과 신뢰에 있을 것이다.

도전적 연구가 지원되지 않으면 와해적 혁신은 기대할 수 없다. 그저 그런 연구는 기업이 외면하기에 기술료는 노력해도 개선되지 않는다. 그런데 문제는 도전을 통한 실패인지 나태 혹은 도덕적 해이인지를 구분해야 한다는 점이다. 지금은 사전에 실패를 차단하기 위해 각종 규제가 연구자를 옥죄고 있다. 결과적으로 실패와 더불어 혁신이 사라지고 있다. 이제 우리가 극복할 과제는 사전 규제를 없애되 사후에 나태와 도덕적 해이를 더욱 강력히 징벌하는 구조를 갖추는 것이다. 이를 통해 연구원들에게 즐거움을 돌려줄 수 있고 이는 창조성으로 연결된다.

다음으로, 한국의 기술사업화는 시장 지향적이 아니라는 것이 문제의 본질이다. 기술사업화는 근본적으로 테크놀로지 푸시(technology push)가 아니라 마켓 풀(market pull)의 관점에서 추진돼야 한다. 통계적으로 기술사업화의 최대 실패 원인은 시장과 고객에 대한 이해의 부족이다.

미국의 국가 과학재단(NSF)이 운영하는 한국형 아이콥스(I-Corps) 프로그램은 낮은 기술이전율을 극복하기 위한 대안으로 조지 워싱턴 대학 등에서 시장과의 접점을 중심으로 시도돼 높은 성과를 보이고 있다. 그리고 이러한 과정을 통해 과학기술 연구 인력에 기업가정신을 부여한 과학 기업가 양성 프로그램은 이제 전국적으로 퍼지고 있다.

독일에서는 중소기업 기술이전을 위해 신기술 이전 클러스터인 'it's OWL'을 운영하고 있다. 2007년 기업연구소, 대학, 은행, 경제단체가 스마트 공장과 같은 새로운 혁신을 위해 기술이전 클러스터를 만들어 2년 동안 사물인터넷(IoT)에 기반을 둔 120개의 기술을 이전한 바 있다. 이 결과가 지금 독일이 자랑하는 인더스트리 4.0의 핵심으로 지정돼 독일 제조업의 지속 가능성을 담보하고 있다. 기술사업화의 방점은 사업화에 있다는 점에서 기술이전 조직은 시장을 이해하는 책임자가 이끌어야 한다. 이러한 시장 지향적 기술사업화는 기술시장과 기술창업으로 꽃피우게 될 것이다. 기술시장은 주로 지식재산권을 중심으로 거래가 형성된다. 현재 기타 예산으로 분류되는 특허 비용이 예산의 핵심이 돼야 하는 이유다.

끝으로, 정책의 문제는 총괄 조정 조직에 대한 해법이 된다. 분절화된 한국적 상황에 적합한 총괄 조정 조직은 단일화가 아니라 매트릭스 조직 형태의 조정 역할이 돼야 할 것이다. 단일화는 경직화되고 분절화는 비효율을 초래한다. 각 부처의 기술 책임자를 횡으로 연결하는 독립된 장관급 조직이 대안일 것이다.

세계일보 2015-10-25

창조형 연구와 창조경제

추격형 기술사업화는 한강의 기적을 이룩한 중요한 성공 정책이었다. 그런데 시대가 변하면 성공은 늘 실패의 어머니가 되곤 한다.

한국의 창조경제는 1) 기술의 고도화 2) 혁신형 창업의 활성화 3) 글로벌 시장의 진입이라는 3단계로 이루어진다. 창업은 활성화되고 있다. 이제는 전 단계인 기술의 고도화와 후 단계인 글로벌화와 상생형 M&A 활성화라는 문제를 풀어야 할 때가 된 것이다. 이 중 내공 있는 창업을 위한 기술고도화 문제를 정리해 보고자 한다.

추격형 기술사업화는 한강의 기적을 이룩한 중요한 성공 정책이었다. 근대 산업 불모지인 대한민국이 반도체·휴대폰·조선·자동차 산업의 세계적 국가로 부상한 것은 선진국을 신속히 따라잡는 빠른 추격자 전략의 승리였다. 그 결과 한국은 전 세계에서 산업 기술에 가장 많은 투자를 하는 국가가 된 것이다. 다른 선진국들의 정부 연구 투자는 대체로 산업 분야가 아니라 국방과 보건환경 분야가 주를 이루고 있다는 점에서 한국은 전 세계에서 최대의 산업 연구 지원을 하는 셈이다.

그런데 시대가 변하면 성공은 늘 실패의 어머니가 되곤 한다. 우리의 추격형 연구도 예외가 아니다. 실패를 최대한 배제하는 한국형 연구는 세계 최고의 정부 연구 성공률을 이룩했다. 그런데 기술무역 적자는 57억 달러(약 6조 4,296억 원)로 경제협력개발기구(OECD) 최고 수준이다. 노벨상은 말할 것도 없다. 그 이유는 바로 90%가 넘는 성공률의 함정이다. 실패하지 않는 연구는 번트만 대는 야구와 같은 결과를 초래한 것이다.

정부는 그동안 연구·개발(R&D)과 관련해 제기되었던 문제점의 대안으로 올해 5월 관계부처 합동으로 '정부 R&D 혁신방안'을 발표했다. 주요 내용은 1) 정부 R&D 지원 체계를 중소 · 중견기업 중심으로 개편 2) 수요자 중심의 R&D 생태계 조성 및 연구하기 좋은 환경 조성 3) 정부 R&D 컨트롤타워 기능 강화 방안이 포함되어 있다. 이를 통하여 많은 문제가 개선될 것을 기대하나, 아직도 근본적 패러다임 변화가 미진하다고 보이기에 다음과 같은 추가 제언을 한다.

한국의 연구와 기술사업화의 문제는 크게 1) 연구 단계에서는 질적 한계 2) 사업화 단계에서는 기술시장과 기업가정신 부족 3) 정책 단계는 파편화된 기술 조직으로 요약된다. 이를 극복하기 위한 창조형 연구개발, 기술사업화 대안을 단계마다 다음과 같이 제시하고자 한다.

우선 연구단계에서는 중복과 경쟁 연구를 허용하는 한국형 다르파 제도와 개방 평가 제도인 기술배심원·자율선언제를 제안하고 실패에 대한 지원을 통하여 창조적 도전을 허용할 것을 촉구하고자 한다. 창조형 연구는 즐거움이 필수적이나 지나친 간섭과 평가로 인해 연구원들이 스트레스를 받고 있다는 최근 창조경제연구회 조사 결과를 주목할 필요가 있다. 사전에 모든 실패를 배제하려는 불패의 관료주의가 창조형 연구의 최대 걸림돌인 된 것이다.

다음으로 사업화 단계에서는 혼돈의 영역인 기술사업화를 형식지와 암묵지로 나누어 각각 기술시장과 기술창업으로 구분해 활성화를 촉구하고자 한다. 기술창업은 기업가정신 발현을 위한 혁신의 안전망 구축과 기업가정신 교육으로 촉진된다. 기술시장은 플랫폼의 특성상 임계량을 넘는 규모가 요구된다. 전국의 창조경제혁신센터를 온·오프라인으로 연결하는 기술거래소 기능의 발전적 복원이 요구되는 이유다. 또한, 시장 지향형 기술사업화를 위하여 미국의 I-Corps 제도 벤치마킹을 촉구한다. 기술 이전은 지식재산권을 중심으로 이루어지므로 지식재산권의 기타 예산 편입을 개편할 것도 요구한다.

마지막으로 정책 단계에서는 다른 나라와는 비교할 수 없는 규모의 다양한 산업 연구를 부처별로 분산 지원하고 있는 점을 고려해 이에 걸맞은 정책 조직을 갖춰야 할 것이다. 현재 추진되는 과학기술전략본부의 강화와 더불어 스마트 행정을 뒷받침할 정부 3.0 정책의 강력한 시행을 재촉구한다. 세종시로의 정부 청사 이전 후 정부 3.0 기반의 스마트 워크의 부재로 행정 비효율이 10% 이상은 증가했을 것으로 추정한다. 금액적으로 40조 원 수준이다.

이투데이 2015-10-26

국가 R&D ‘개방형 사업화’로 성장 · 고용 연결

과연 사업화 단계의 개별과제에 대해 정부가 지원하는 게 효과적인가? 그리고 공정한가?

대한민국의 국가 GDP 대비 R&D 비율은 세계 최고다. 그러나 막상 사업화 수준은 OECD 최하위권에 불과하다. 창조경제라는 글로벌 혁신 경쟁에서 연구개발 사업화(R&BD)의 중요성은 아무리 강조해도 지나침이 없다. 실패를 지원하는 연구개발 환경이 조성돼야 사업화 가치가 있는 창조적 연구가 촉진된다. 또 연구개발 성과는 ‘개방혁신 생태계’가 조성돼야 사업화가 촉진될 수 있다.

지금까지 연구개발 사업화(R&BD)를 위해 우리 정부는 많은 예산과 인력을 투입해왔으나 현장의 결과는 기대에 못 미친다. 심지어는 이런 자금은 눈먼 돈이 되고 있다는 우려가 적지 않은 실정이다. 그렇다면 지금까지의 사업화 지원정책에 대해 근본적인 재검토를 해야 한다는 결론에 도달하게 된다.

근본적인 질문을 해보자. 과연 사업화 단계의 개별과제에 대해 정부가 지원하는 게 효과적인가? 그리고 공정한가?

혁신의 씨앗을 뿌리는 초기 단계에는 시장실패가 발생하기 쉬우므로 정부의 연구개발 지원이 필요할 수는 있다. 그러나 사업화로 연결되는 단계에 정부의 직접 지원은 소위 레몬마켓을 만들 뿐이다. 스스로 혁신하는 기업보다는 공공기관 주변에서 맴돌며 지원금을 따먹는 기업들이 번성하기 때문이다. 그렇기에 사업화 단계의 기본 정책 방향은 '기술공급(Technology Push)' 이 아니라 '시장유인(Market Pull)' 으로 전환돼야 한다. 그렇다면 필연적으로 기술시장을 포함한 개방혁신 생태계의 형성이 요구된다. 이러한 개방혁신 생태계에서 기업가정신으로 무장한 창업가들이 활약하는 실리콘밸리에서 성공적인 연구개발 사업화가 잇따르는 것은 우연이 아니다.

그동안 우리는 개별 연구개발과제를 선정하고 개별 기업을 지원해 왔다. 그 선정과정이 공정하고 효율적이라는 평가는 그다지 없다. 그리고 이 과정에서 수많은 공공 평가기관 직원들은 과도한 업무 스트레스에 시달리고 있다. 그런데 그러한 고생이 국가혁신에 도움이 되는지는 의문이라는 게 불편한 대한민국 연구개발 사업화의 진실이다.

이제 생각을 바꾸자. 개별과제를 지원해야 한다는 생각에서 '과제의 사업화가 쉬워지는 생태계를 만든다' 는 생각으로 전환해보자. 직접 지원은 많은 경우 생태계를 파괴하기도 한다는 것을 잊지 말아야 한다. 실리콘밸리에서 수많은 기술사업화가 성공하는 이유는 직접지원이 많아서가 아니라 사업화 생태계가 잘 구축돼 있기 때문이다.

2000년 500만달러에 달했던 실리콘밸리의 창업비용이 2011년 불과

5,000달러로 격감했다. 당연히 기술사업화는 쉬워지고 많아졌다. 이를 뒷받침한 것은 단일과제와 기업의 지원이 아니라 개방혁신 생태계였다. 아이디어 플랫폼은 창조성을 연결하고 증폭시켰다. 테크샵과 같은 개발 플랫폼은 시제품 제작을 쉽게 했다. 크라우드펀딩 플랫폼은 시장 진입 비용을 조달해줬다. 오픈소스와 클라우드 플랫폼은 사업화 비용을 감소시켰다. 그리고 이노센티브와 나인시그마와 같은 개방기술 플랫폼은 기술시장을 형성했다. 문제는 플랫폼과 생태계이다.

이러한 기술사업화 플랫폼과 더불어 개방협력을 촉진하는 제도의 개혁도 뒤따라야 한다. 사업화를 옥죄는 각종 사전규제를 전향적으로 풀어줘야 한다. 작을 때는 유연 규제를 하고 커지면 적정규제를 하는 것이 영국과 미국의 규제정책이다. 이런 네거티브규제가 기술사업화의 원칙이 돼야 할 것이다. 그리고 주식옵션 규제를 풀어 협력하는 기업 간 혁신의 이익을 공유케 해야 할 것이다.

한국의 방대한 국가 R&D 투자를 실제 성장과 고용으로 연결하는 사업화 패러다임의 일대 전환을 촉구한다.

헤럴드경제 2016-02-03

창조경제의 성과와 미래과제

창조경제혁신센터(창조센터)에 대한 기대와 우려가 교차하고 있다. 정부에서는 대한민국의 미래를 이끌 창조경제의 견인차로 홍보하나, 일각에서는 정권이 바뀌면 사라질 것이라는 우려를 하고 있다.

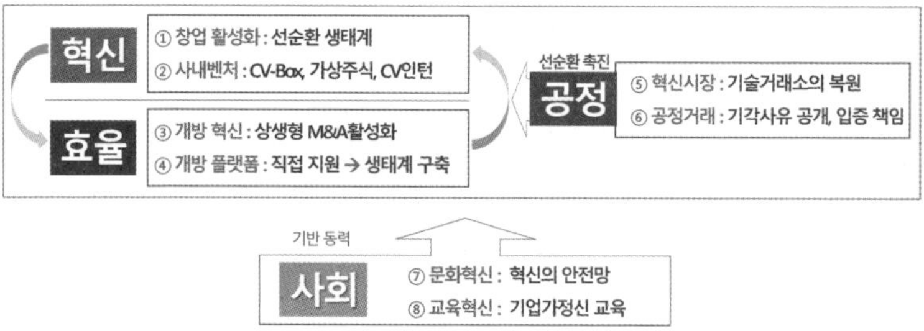

혁신
① 창업 활성화 : 선순환 생태계
② 사내벤처 : CV-Box, 가상주식, CV인턴

효율
③ 개방 혁신 : 상생형 M&A활성화
④ 개방 플랫폼 : 직접 지원 → 생태계 구축

선순환 촉진

공정
⑤ 혁신시장 : 기술거래소의 복원
⑥ 공정거래 : 기각사유 공개, 입증 책임

기반 동력

사회
⑦ 문화혁신 : 혁신의 안전망
⑧ 교육혁신 : 기업가정신 교육

창조경제혁신센터를 혁신하라

오프라인 기반의 창조센터가 대면 상담을 진행하는 개방혁신이 한국 경제가 도약하는 대안이 될 것이다. 이 과정에서 지원이라는 개념은 최소화하고 공정거래라는 개념을 극대화해야 할 것이다.

창조경제혁신센터(창조센터)에 대한 기대와 우려가 교차하고 있다. 정부에서는 대한민국의 미래를 이끌 창조경제의 견인차로 홍보하나, 일각에서는 정권이 바뀌면 사라질 것이라는 우려를 하고 있다. 성공하는 사업은 반드시 다른 의견을 수용한다. 모든 사람이 지지하는 신규 사업은 대체로 실패로 끝난다. 용비어천가식의 쏠림은 결국 사업을 망치는 원인이 돼 왔다는 역사적 교훈을 상기하자. 우려하는 의견은 한마디로 정체성과 지배구조의 문제로 지속 가능성이 없다는 것으로 요약된다.

우선, 정체성의 문제를 살펴보자. 이미 전국 18개 권역에서 테크노파크는 혁신 클러스터에 대한 총괄적인 업무를 수행한다는 명분으로 활동하고 있다. 기술혁신 관련 전문가의 대체적인 의견은 테크노파크의 역할에 대해 부정적이다. 엄청난 국가재정과 지방재정이 투입된 테크노파크의 성과와 국비가 투입되지 않은 구로 금천의 지 밸리(G Valley)의 성과는 비교조차 하기 어렵다. 그런데 지금의 창조센터는 부진한 테크노파크의 재판이라는 우려가 있다. 또한, 창조센터가 내세우는 벤처 창업 지원은 280개 가까운 창업보육센터, 무한상상실 및 수많은 민간 액셀러레이터와 역할이 중복되고 있다. 심지어 창조센터와 액셀러레이터의 센터장 간에는 서로 경쟁자로 인식하는 사례도 다수다. 이미 민간 차원에서 성공적으로 수행하는 영역에 공공의 자원이 투입되면 시장 황폐화 현상이 초래된다는 사례와 연구결과도 많지 않은가.

다음으로, 지배구조의 문제를 보자. 전 세계적으로 성공적인 혁신센터는 예외 없이 기업가정신이 발현된다는 특징을 갖고 있다. 미국에서도 지원을 하는 공공 보육센터는 부진한 반면 경쟁을 하는 민간 액셀러레이터는 번창하고 있다. 그 근본 이유가 바로 기업가정신 때문이다. 개별적으로 재단 법인화된 창조센터들은 대기업과 중앙정부와 지방정부라는 세 군데에 보고해야 한다. 무엇보다 지배구조에서 가장 중요한 점은 기업가정신이 발현될 수 있어야 한다는 것이다. 자율 운영하에 사후 평가해야 할 것이다.

창조센터 정체성의 핵심은 대기업의 참여일 것이다. 그러나 이미 기존의 테크노파크, 보육센터, 무한상상실, 액셀러레이터와 중복되는 역할에 집중하는 것은 정체성에 의문을 던지게 된다. 그렇다고 권역별로 이미 활동하고 있는 테크노파크와 중복된 역할도 창조센터의 역할은 아니라고 본다.

그래서 창조센터의 바람직한 역할로 대기업과 벤처의 개방혁신 장터를 제시하고자 한다. 즉 중복성이 높은 창업 지원은 권역의 다른 기관과 협력하고, 사업화에 성공한 벤처와 대기업 간의 다양한 협력을 중개하는 역할에 집중하는 것이다. 벤처기업은 대기업과의 거래 창구를 트는 것 자체가 거대한 진입장벽이다. 기술거래, 공동연구, 시장개척, 기업 인수 합병(M&A) 등 다양한 형태의 '개방혁신의 장' 을 만드는 데서 정체성을 구축하라는 것이다.

창조경제는 '벤처의 혁신' 과 '대기업의 효율' 의 선순환으로 성공할 수 있다. 창조경제의 1차 관문인 창업 활성화는 창업자 연대보증 해소, 공인인증서 개혁, 크라우드 펀딩, 기술 금융, 코스닥 분리와 각종 창업지원 정책으로 성공하고 있다. 또한, 대기업과 벤처의 개방협력이 도전 과제다. 대한민국 산업 생태계에 빠진 연결고리다. 두 번째 창조경제 관문 돌파의 역할에 창조센터가 집중해 달라는 주문이다.

개방혁신의 활성화를 위해 국가 전체의 혁신거래가 통합될 수 있는 온라인 개방혁신 장터가 필요하다. 온라인 기반의 전국 개방혁신 장터가 거래 상대를 탐색 연결하고 권역별 오프라인 기반의 창조센터가 대면 상담을 진행하는 개방혁신이 한국 경제가 도약하는 대안이 될 것이다. 이 과정에서 지원이라는 개념은 최소화하고 공정거래라는 개념을 극대화해야 할 것이다. 정당한 공정경쟁과 거래가 창조경제를 지속 가능하게 할 것이다. 지원에서 거래로 갈 때 대기업이 형식적 참여를 넘은 진정성을 발휘할 것이기 때문이다.

세계일보 2015-08-09

창조센터를 매트릭스 조직화하라

이미 창업 자체는 액셀러레이터 등 기존의 창업 생태계에서 담당하고, 창업기업을 대기업과 연결하는 역할을 창조센터가 담당하는 구도가 현실적인 대안이 될 것이다.

창조경제혁신센터(이하 창조센터)의 현재의 창업 지원 역할을 창업 벤처와 대기업 간의 매트릭스 조직화된 개방혁신 장터로의 전환이 시급하다. 논어 자로 편의 화이부동(和而不同)과 동이불화(同而不和)는 다르면 화합하고 같으면 불화한다는 의미인데, 바로 지금의 창조센터를 위한 구절이 아닌가 한다. 창조센터가 생태계에서 다른 조직과 역할이 다르면 정권을 넘어 발전할 것이고, 다른 조직과 역할이 같으면 지속하기 어렵다는 것은 자명한 이치가 아닌가 한다. 그런데 지금의 창조센터 역할은 테크노파크, 액셀러레이터, 인큐베이터 등과 창업기업 육성이라는 측면에서 정면으로 충돌하고 있다.

물론 지역에 따라 창업 인프라가 부족한 지역에서는 한시적으로 창업 활성화를 선도할 수는 있으나, 본원적 의미에서 창조센터를 운영하는 대기업은 전 세계적으로 창업에 취약한 조직으로 인지돼 있음을 잊지 말자. 이미 창업 자체는 액셀러레이터 등 기존의 창업 생태계에서 담당하고, 창업기업을 대기업과 연결하는 역할을 창조센터가 담당하는 구도가 현실적인 대안이 될 것이다. 물론 제한적 수준에서 시범 사업으로 창업 육성을 한시적으로 추진할 수는 있으나, 창업은 대기업의 핵심역량이 아니라는 본질은 변함이 없을 것이다.

이제, 창조센터의 역할이 상생형 인수합병(M&A)을 포함한 대기업과 창업 벤처의 개방혁신 창구로 전환된다는 가정하에 다음 지역과 업종의 한계를 극복하는 문제를 살펴보자. 지금 전국 17개 창조센터는 각각 대기업이 지역과 업종을 특화해 운영하고 있다. 예컨대 효성은 전북과 섬유를 담당하고 삼성은 대구와 전자를 담당하는 일 차원적 구조로 조직되어 있다. 그런데 현실에서의 상황은 전북에서만 섬유 창업이 나오고 대구에서만 전자 창업이 나오는 구조로 획일화될 수 없음은 자명하다. 그래서 전국의 창조센터들이 2차원적인 매트릭스 조직화하는 것이 현실적인 대안이 될 것이다.

전국 17개 창조센터는 지역과 업종이라는 17X17 매트릭스 상에서 지역과 업종의 두 가지 임무를 수행해야 전국의 다양한 창업 생태계를 연계할 수 있을 것이다. 한국은 퇴색해 가기는 하나, 아직은 정보기술(IT) 강국이다. 정부 조직은 과도한 보안 규정 등으로 스마트 워크에 제도적 취약성을 보이나, 창조센터들은 IT로 연결된 매트릭스 조직을 성공적으로 운영할 가능성이 충분해 보인다. 그러면 전국의 창업 생태계에서 육성된 창업 벤처들은 지역의 어느 창조센터를 방문하더라도 원하는 대기업과 M&A, 공동 개발, 시장 협력 등 다양한 개방혁신을 시도해 볼 수 있을 것이다. 그 결과는 창업 벤처만이 아니라 극도로 부진한 한국 대기업의 와해적 혁신을 촉발하게 될 것이다. 이미 다수의 창조센터장은 창조센터가 창업자뿐 아니라 대기업을 위한 창구가 될 것이라는 의견을 피력하고 있기도 하다.

전국 창조센터의 매트릭스 조직화는 대한민국에 각종 문제의 원인이 됐던 분절화 현상을 극복하는 계기가 될 수도 있어 보인다. 우리는 기업 간 소통과 신뢰의 부족으로 엄청난 자원을 낭비하고 있었다. 개방 플랫폼은 상호 신뢰의 부족으로 붕괴하고 기업들은 각개 약진해 왔다. 건강 플랫폼, 영상 플랫폼, 전자책 플랫폼 등 창조경제의 근간이 되는 개방 플랫폼의 형성이 이를 통해 촉진된다면 한국 경제는 새로운 성장 동력을 얻을 것이다.

대기업이 창업을 지원한다는 전 세계적으로도 특이한 한국의 창조센터들은 생각만 바꾼다면 창조경제 구현에 있어 세계적으로 새로운 대안이 될 수 있다. IT 기반의 매트릭스 조직화로 전국 전 업종의 창업벤처를 연결하는 개방혁신 장터로 창조센터 역할 변경을 요구하는 이유다.

창조경제는 대기업과 벤처의 선순환으로 완성이 된다. 1차 한강의 기적을 이룩한 대기업이 벤처와 쌍끌이로 2차 한강의 기적인 한국의 창조경제를 완성하면 이는 전 세계 개도국의 새로운 모델이 될 것이다.

세계일보 2015-11-29

창조경제혁신센터와 창업보육센터와 크라우드 펀딩

창조센터는 창업보육센터, 테크노파크, 민간 창업공간, 액셀러레이터들과 개방 협력을 발전 전략의 근간으로 해야 할 것이다. 닫으면 나만 살고, 열면 다 같이 산다.

창조경제혁신센터(이하 창조센터)에 대해 많은 이들이 걱정한다. 정체성의 위기로 지속 가능성이 우려된다는 것이다. 그런데 정부에서는 창조센터에 대한 각종 지원 정책을 연이어 발표하고, 운영을 위탁받은 대기업들은 홍보용 방안들을 추진하고 있다. 그 중심에는 창업 보육 기능이 자리 잡고 있다. 이른 시일에 많은 벤처를 창업시키려는 각종 지원 행사들이 연일 봇물 터지듯 쏟아지고 있다. 과연 지속 가능한 정책인가 생각해 보고, 아니라면 대안을 모색해야 할 시점이 아닌가 한다.

창업 보육은 이미 많은 기관이 오래전부터 추진해 오고 있는 기능이다. 전국에는 280여개의 창업보육센터가 활동하고 있다. 문제는 센터들이 각종 노력에도 활성화하지 않고 있다는 것이다. 18개 시 · 도에 자리한 테크노파크들도 창업 보육에 나름 기여하고 있다. 르호봇 등 민간 기업의 창업 공간에도 5,000여개의 기업이 자리하고 있다. 창업 붐을 타고 수도권을 중심으로 액셀러레이터들이 역시 창업을 지원하고 있다. 중기청의 Tips 정책을 바탕으로 이들 민간 액셀러레이터들은 기업가정신 아래 창업 활성화에 중요한 역할을 해내고 있다. 그런데 창조센터가 다시 창업보육에 핵심 자원을 쏟아붓고 있다. 뭔가 잘못돼 간다는 생각이 들지 않는가.

대한민국의 시대 패러다임의 전환은 닫힌 경쟁에서 열린 협력으로 이전하는 데 달려 있다. 추격 경제에서는 확고한 울타리를 친비밀주의 경쟁으로 우열이 가려졌다. 개방은 바보들이 하는 것이고, 똑똑함이란 내 것은 보여주지 않고 남의 것을 가져오는 능력을 의미했다. 그러나 이 방식으로는 선도 전략에 필요한 창조성이 발현될 수 없다. 미지의 길은 경쟁이 아니라 협력이 우열을 좌우하게 된다. 당연히 창조센터는 창업보육센터, 테크노파크, 민간 창업공간, 액셀러레이터들과 개방 협력을 발전 전략의 근간으로 해야 할 것이다. 닫으면 나만 살고, 열면 다 같이 산다.

창업기업에 투자하는 크라우드펀딩 법이 국회를 통과했다. 이제 크라우드펀딩을 활용해 창업보육센터와 창조센터의 협력 방안을 구상해 보기로 하자.

우선 280여개의 창업보육센터가 17년이 넘도록 활성화하지 못하고 있음을 인정해야 할 것이다. 문제의 핵심은 수단 위주의 평가 방식에 있었다. 창업의 성공은 보육센터의 크기에 달려 있지 않다. 복잡계 영역인 창업기업의 평가는 미국 등에서는 단순히 투자 규모로 판단한다. 복잡한 상황의 판단은 몇 가지 지표가 아니라 투자자들의 종합분석력에 따라야 한다는 것이다. 그래서 크라우드펀딩을 포함한 투자 규모로 보육센터를 평가하는 것이 본질에 입각하는 대안일 것이다.

창조센터들이 스스로 창업보육을 하는 것은 두 가지 문제를 안고 있다. 하나는 기존의 보육기관들과의 중복 경쟁 구도이고, 또 하나는 대기업들과 개방협력 수준에 도달하기까지 많은 시간이 소요된다는 것이다. 따라서 창조센터는, 창업보육은 대기업들이 생산을 아웃소싱하듯 여러 기관과 협력해 지원하고 이들의 개방 경쟁을 통해 상호발전과 대기업과의 연계를 촉진하는 것이 바람직한 역할이 될 것이다. 18개 지역 창조센터에서 분기에 한 번씩 지역별 창업보육센터 간 경진대회를 열자. 크라우드펀딩협회는 온 · 오프라인 전국적 참여로 크라우드펀딩 붐을 조성해 보자. 개인당 200만원까지는 온라인 투자가 가능토록 크라우드펀딩법이 길을 열어 놓았다. 그리고 크라우드펀딩과 엔젤펀딩 등을 통합한 펀딩 실적으로 창업보육센터를 평가하자. 보육센터는 보육기업은 펀딩으로, 졸업기업은 기업가치로 각각 평가하는 것이 진실된 실전적 평가다. 이어서 지역별 예선을 통과한 보육기업들의 전국 크라우드펀딩 경진대회를 창조센터, 보육센터, 크라우드펀딩협회가 추진해 보자.

슈퍼스타K와 같이 '크라우드와 창업'의 전국적 붐이 일어날 것이다. 창조경제혁신센터는 본질적으로 대기업과 벤처의 연결 고리가 정체성이다. 크라우드펀딩 기반의 창업 경진은 창조경제혁신센터, 창업보육센터, 크라우드펀딩이라는 세 가지 문제를 동시에 해결하는 일거양득의 획기적인 대안이 될 것이다.

이투데이 2015-08-24

평가제도를 혁신하자

이미 구글 등 많은 기업이 단순한 상호평가로 인사평가를 대체하고 있다. 사람들은 경쟁뿐 아니라 협력도 평가한다.

인사고과 철이 되면 모두가 분주하다. 복잡한 평가 기준과 공정하다는 절차에 따른 평가 결과는 엄정하게 발표된다. 그런데 인사고과 발표 이후에는 대체로 불만이 훨씬 많다. 그래서 회사 주변 술집들은 장사가 잘된다. 뭔가가 잘못돼 있다는 생각이 들지 않는가.

그런데 인사평가는 놀랍게도 사람들의 상식에 부합하면 잘 된 것으로 평가된다. 사람들은 누가 잘하고 누가 잘 못 하는가를 감으로 알고 있다는 것이다. 그런데 정교하고 복잡한 평가 시스템은 이를 반영하지 못하고 있다는 것이다. 바로 평가제도의 근본적인 패러다임이 혁신돼야 하는 이유다.

이제 세상은 복잡해지고 업무는 복합적으로 변모하고 있다. 단순한 업무들은 IT로 대체되고 상호 의존성이 높은 열린 네트워크 형태로 업무가 바뀌고 있다. 개개인의 업무들은 칼로 두부를 자르듯 나누기가 어려워지고 있다. 이제 조직의 업무를 분석해 보면 개인의 업무보다 상호 소통의 업무가 더욱 빨리 증가하고 있다는 것을 알 수 있다. 더 나아가 조직 내부보다 외부와의 소통이 급증하고 있다. 한마디로 조직은 열린 복잡계로 이동하고 있다는 것이다.

지금의 KPI(핵심평가지표)로 대표되는 평가 체계는 과거의 단순계 형태의 조직에 적합했다. 평가 항목들이 실제 업무를 제대로 반영하지 못한다. 평가 항목 간의 가중치와 관계는 한마디로 복잡하고 근거가 취약하다. 개개인의 동기부여도 '당근과 채찍'이라는 외부적 요소에 의존해 목표 대비 성과로 승진과 성과급을 산정하는 방식이다. 그 결과 조직은 '협력과 창조성'이라는 미래 조직의 핵심 요소가 위축되게 하는 결과를 초래한다. 마치 복잡계인 주가 변동을 다수의 지표로 예측할 수 있다는 주장과 흡사한 착각이다.

과거 공산주의 계획경제는 모든 국가의 경제 활동을 예측할 수 있다는 기계론적 오류에 함몰돼 복잡계로 진화한 시장경제와의 경쟁에서 도태됐다. 작금의 기업과 공공기관의 평가 체계는 공산주의 계획경제가 몰락한 과정과 유사한 길을 갈 가능성이 크다. 다중지표관리(BSC) 등 아무리 정교하게 다듬어도 급속히 변화하는 업무 환경을 기계적 평가 체계가 반영하는 것은 불가능해지고 있다. 더구나 와해적 혁신 경쟁에 절대적인 창조성과 도전은 기존의 평가에 반영하기는 어렵다. 목표 대비 실적으로 평가하는 조직의 문화는 목표 설정을 낮추려는 눈물겨운 노력의 결과 보수적으로 변모해 도전적 사내 기업가정신은 쇠퇴하게 된다.

이미 구글 등 많은 기업이 단순한 상호평가로 인사평가를 대체하고 있다. 급변하는 업무 환경에서 다양한 요소를 복합적으로 판단하는 것은 KPI가 아니라 사람들의 상식이기 때문이다. 사람들은 경쟁뿐 아니라 협력도 평가한다. 사람들은 기업 환경 변화에 따른 목표의 동적 변화도 수용한다. 사람들은 평가 항목 간의 관계와 가중치도 알아서 반영한다. 개개인의 평가는 편차가 존재할 수 있으나, 주관의 객관화라는 집단지능은 믿을 만하다. 그러면 인사고과 이후 벌어지는 상식과 평가의 격차는 자동으로 해소된다. 문제는 주변 술집 영업에 지장을 줄 수 있다는 정도일 것이다.

단, 전제 조건은 있다. 기업 문화가 뒷받침하지 않으면 상호 평가는 편향적으로 흐를 우려가 있다. 학연, 지연 등의 파벌이 업무 성과보다 우선하면 상호 평가는 불가능하다. 물론 평가 자체를 평가하는 메타 평가가 도움은 된다. 그러나 좋은 평가가 우리 조직 전체의 경쟁력을 강화해 결국 나에게 도움이 된다는 공유가치가 문제 해결의 핵심이다. 에어비앤비, 드랍박스 등을 배출한 초우량 창업지원 조직 Y-combinator에서 가장 중요하게 강조하는 것이 기업문화인 이유다.

미래 조직은 각자 스마트폰을 아바타 삼아 상호 연결된 네트워크 조직으로 변모할 것이다. 성공적 신발 쇼핑몰인 자포스의 토니 대표는 자기 조직화하는 네트워크 조직에 대한 분명한 소신을 보여주고 있다. 이제 기업 환경, 조직, 업무가 복잡하게 얽히고 급변하고 있다. 계획경제와 시장경제의 패러다임 변화와 너무나 흡사한 변화가 평가에 다가오고 있다. 그래서 결론은 구시대의 평가 체계를 혁신해야 한다는 것이다.

이투데이 2015-08-10

창조경제,
어디로 가야 하는가

대기업주의, 정부주도, 갑을 문화, 실패회피는 국가 발전의 심각한 걸림돌이 되고 있다. 문제는 우리 사회가 이런 패러다임 변화를 제대로 인식하지 못하고 있다는 점이다.

지난 반세기 대한민국은 숨 가쁘게 달려와 세계가 감탄한 '한강의 기적'을 이룩했다. 세계 최빈국에서 국민소득 3만달러를 바라보는 세계 10위권의 국가로 부상했다. 그러나 모든 성공은 실패의 아버지라고 했던가. 추격자 전략의 핵심가치인 대기업주의, 정부주도, 갑을 문화, 실패회피는 이제는 국가 발전의 심각한 걸림돌이 되고 있다. 핵심역량들이 핵심장애가 돼버린 것이다.

문제는 우리 사회가 이런 패러다임 변화를 제대로 인식하지 못하고 있다는 점이다. 성장과 고용의 한계에 도달한 한국 경제는 이제 추격자 전략에서 '개척자전략'으로 전환해야 한다. 대한민국이 창조경제를 시작한 이유다.

대기업이 가진 규모의 효율에 벤처기업이 가진 와해적 혁신을 결합하는 개방혁신이 창조경제의 방향이다. 한국은 지금까지 대기업을 중심으로 더 싸게 더 빨리 따라 하는 효율로 승부해 왔다. 그런데 이제 대기업들은 혁신, 특히 와해적 혁신능력의 부족에 직면해 있다. '대기업의 효율과 벤처의 혁신의 선순환' 이 창조경제의 양대 정책목표가 되는 이유다.

우선 창조경제 정책은 혁신을 주도할 벤처창업의 활성화로 시작된다. 벤처창업 활성화를 위해 현 정부는 많은 자원을 투입했다. 창업 경진대회, 창업 동아리, 팁스(Tips) 등 각종 창업촉진 정책들이 나름의 성과를 보이고 있다. '창업자 연대보증 해소', '기업가정신 교육', '공인인증서 규제 해소', '벤처제도 개선', '코스닥 분리', ' 크라우드펀딩 허용', '기술사업화 혁신', '핀테크 도입' 등 창조경제연구회의 활동도 소정의 역할을 했다. 벤처생태계 복원은 미흡하나 적어도 벤처창업은 질과 양 모두 괄목할만한 진전을 이루면서 창조경제의 1차 관문은 통과하고 있는 것으로 평가된다.

창조경제의 2차 관문은 창업벤처들과 대기업의 장점이 결합하는 '상생형 M&A' 다. 효율은 조직의 규모에 비례하고 혁신은 조직의 규모에 반비례한다는 '창조경제 패러독스' 는 개방혁신의 이론적 근거다. 벤처의 혁신성이 대기업의 20배 이상이라는 연구결과는 GE, 구글, 페이스북, 애플, 알리바바 등 글로벌 기업들이 내부 혁신보다 M&A와 개방플랫폼 등 개방혁신에 주력하고 있는 것으로 다시 입증된다.

M&A의 경우 한국은 IPO(코스닥 상장 등)의 4% 미만인 데 비해 미국은 10배 규모다. 상생형 M&A는 1) 대기업에는 혁신을 2) 벤처에는 시장을 3) 벤처투자자들에게는 회수시장을 제공한다. 바로 상생형 M&A가 한국 산업생태계의 '잃어버린 연결고리(missing link)' 다. 창조경제 2

차 관문인 M&A 활성화를 위한 M&A 거래소가 절실한 이유다.

다음 관문들을 소개해 보자. 개방과 혁신이 선순환하는데 반드시 필요한 게 공정거래다. 사람 빼가기, 사업 베끼기 등의 불공정 거래는 결국 대기업의 혁신을 좀 먹는다. 실리콘밸리는 공정거래 질서하에 형성돼온 역사를 갖고 있다. 정부의 역할은 공정한 혁신 거래시장을 형성하는 것이다.

실패를 지원하는 문화가 혁신으로 가는 근본 인프라다. 사업에 실패하면 신용불량자가 되는 국가에서 청년들이 공무원시험에 몰입하는 것은 당연한 귀결이다. 실패를 지원하고 사전규제를 축소하는 사회적 문화가 창조경제의 바탕이다. 인재는 미래의 근간이다. 정답을 외우는 인재가 아니라 문제를 찾는 인재가 필요하다. 미래와 인문이 문제를 찾고 과학과 기술이 문제를 푸는 양면구조가 창조경제의 모습이다. 교육혁명이 이래서 절실하다.

창조경제 구현을 위한 국가과제를 정리해 보면 1) 벤처창업의 활성화 2) 상생형M&A의 활성화 3) 혁신시장과 공정거래 4) 실패지원 문화와 교육혁명으로 정리된다. 우리는 이제 간신히 첫 번째 고개를 넘고 있다. 창조경제, 어디로 가고 있는가.

헤럴드경제 2015-08-12

창조경제의
미래 과제

**효율만으로는 일류 국가 진입이 불가능하다.
일류 국가들의 성장 전략은 효율에 혁신을 더한 선도 전략이었다.**

창조경제는 '대기업과 벤처의 선순환'이라고 한다. 국가와 조직의 경쟁력은 효율과 혁신이라는 두 가지로 단순화할 수 있다. 반복되는 일을 잘하는 것이 효율이고, 새로운 일을 잘하는 것이 혁신이니, 둘 다 잘하면 경쟁력이 강해지는 것은 당연하지 않겠는가. 벤처의 혁신과 대기업의 효율을 결합하는 것이 창조경제라는 것이다.

대한민국의 1차 한강의 기적은 대기업의 효율을 바탕으로 한 빠른 추격자 전략으로 이룩됐다. 한국은 달리고 또 달려 선진국 클럽에 턱걸이한 것이다. 그런데 효율만으로는 일류 국가 진입이 불가능하다는 것이 전 세계 기업가정신 비교 연구에서 입증됐다. 일류 국가들의 성장 전략은 효율에 혁신을 더한 선도 전략이었다.

혁신을 통하여 국가를 재도약시키려는 것이 한국이 창조경제를 시작한 이유다. 문화산업 중심의 영국식 창조경제와 달리 한국식 창조경제는 모든 산업을 창조 산업화하겠다는 야심 찬 목표를 설정했다. 한국의 창조경제가 미스터리가 된 이유이기도 하다. 그러나 그 본질은 벤처로 혁신을 이룩해 기존 대기업의 효율과 결합하겠다는 것이다. 한국에는 자랑스러운 대기업들이 있고, 2000년에 세계 최고 수준에 도달했던 벤처가 있지 않은가.

창조경제로 가는 대장정을 시작한 지 3년이다. 이제 그동안의 성과를 짚어 보고, 미래 과제를 재설정할 시점이 아닌가 싶다. 그 과제들은 1) 벤처의 혁신 2) 대기업과 선순환 3) 공정한 혁신 시장 4) 사회와 교육의 혁신이라는 4가지로 분류할 수 있다.

창조경제의 첫 번째 과제는 벤처의 부활이었다. 벤처 건전화 정책으로 10년 벤처 빙하기에 들어갔던 벤처를 재도약시키는 것이었다. 다행히도 지난 3년간 벤처 창업은 질적·양적으로 두 배 이상 발전했다. 창업 의지도 3%에서 6%로 두 배 정도 증가했다. 과도한 자금 지원 등의 문제에도 불구하고 벤처 빙하기에서 벗어난 것은 확실하다. 액셀러레이터, 창업경진대회와 '민간투자 주도형 기술창업지원 프로그램(Tips)' 등이 큰 역할을 했고, 창업자 연대보증 폐지, 코스닥 분리, 엔젤 활성화, 크라우드 펀딩 등의 창조경제연구회 제안 정책들이 힘을 실었다. 앞으로 남은 과제는 정부 주도의 공급 정책에서 회수 시장 중심의 순환 정책으로의 대전환이다. 그리고 사내벤처 활성화와 글로벌화에 도전해야 할 때가 됐다. 이를 위한 사내벤처 세제 감면제도, 사내벤처 주식옵션, 사내벤처 인턴제도 등이 제안되고 있다. 글로벌화를 위한 글로벌 협력 네트워크 구축은 미래의 숙제다.

두 번째 과제는 대기업의 효율과 벤처의 혁신의 결합이다. 효율과 혁신은 상호 배타적이라 동일 시간에 동일 조직에서 공존은 불가능하다는 것이 필자가 주창하는 창조경제 패러독스다. 시간을 분리하는 인수·합병(M&A) 등의 개방 혁신(Open Innovation)과 공간을 분리하는 개방 플랫폼(Open Platform)이 벤처의 혁신을 대기업의 효율과 순환시키는 유일한 대안이다. 창조경제혁신센터의 역할이 현재의 창업 지원에서 개방 협력의 창구로 전환돼야 하는 이유다.

세 번째 과제는 공정한 혁신 시장의 형성이다. 산업경제가 제품 시장을 통하여 발전했듯이 창조경제는 혁신 시장을 통하여 발전할 것이다. 기술과 기업을 거래하는 혁신 시장에 한국의 미래가 달려 있다. 기술 거래로 기술 개발이 활성화되고 기업 M&A 거래로 창업이 활성화된다. 상생형 M&A를 통하여 대기업은 혁신을, 벤처는 시장을, 투자가는 회수 시장을 얻는 것이다. 상생형 M&A와 기술 거래 시장은 공정한 시장 형성으로 뒷받침된다. 정부의 공정이 담당해야 할 분야인 것이다. 과거 기술거래소의 발전적 복원이 필요한 이유다.

마지막 과제는 사회혁신과 교육혁신이다. 실패자를 지원하는 사회적 문화가 지속적 혁신을 뒷받침한다. 정답이 아니라 문제를 찾는 기업가적 인재를 육성해야 한다. 사전 규제에서 사후 평가로의 제도 전환과 기업가정신 교육의 정착이 시급한 이유다.

이투데이 2015-12-14

기업가정신 의무교육

연애학을 가르친다고 연애를 잘하는 것은 아니지 않은가 하는 논리의 연장이다. 그런데 미국의 애리조나 대학에서 13년간 추적 연구한 기업가정신 연구 결과는 우리에게 시사하는 바가 크다.

세계는 지금 기업가정신 의무교육이 대세다. 유럽에서 2006년 오슬로 어젠다를 통해 초·중·고교부터 기업가정신 의무교육을 권고한 데 이어, 세계경제포럼(WEF)도 2010년 기업가정신 교육 선언을 통해 전 세계에 기업가정신 의무교육을 권고한 바 있다.

대한민국도 늦게나마 동참하기로 했다. 지난 7월 9일 무역진흥 확대회의에서 대통령의 벤처 진흥책 발표에 기업가정신 의무교육 선언이 포함됐다. 이러한 역사적 선언에 대해 오직 하나의 언론을 제외하고는 보도조차 하지 않았다. 언론이 보도하지 않으니, 국민들은 알 도리가 없다. 천신만고의 어려움을 극복하고 대통령 발표에 포함된 혁신 국가로 가는 거대한 발걸음이 언론에 주목받지 못한 것이다. 이것이 바로 한국의 기업가정신 교육 인식의 민낯이 아닌가 한다.

창조경제연구회에서는 기업가정신 의무교육에 대한 보고서와 공개

포럼을 2013년 12월 개최한 후 국회와 각종 정책 세미나 등을 통해 방과 후 교육과 자유학기제에 반영하는 데 원론적 동의를 구한 바 있다. 그 과정에서 부딪친 가장 큰 애로 사항은 교육 현장에서의 반발이었다. 기업가정신은 '천한 장사꾼' 교육인데, 어찌 신성한 학교에서 이를 가르치느냐 하는 논리였다. 고귀한 선생님들은 누가 국가의 부를 창출하느냐에는 관심을 두지 않는다. 돈을 번 부자는 누군가의 부를 가져간 것이므로 비판의 대상이지 존경의 대상은 아니라는 것이 한국 교육 현장 다수의 정서다.

한국의 성장이 한계에 부딪힌 근본적인 원인은 기업가에 대한 낮은 사회적 인식 때문이다. 경제협력개발기구(OECD) 국가 중 기업인 호감도가 가장 낮은 국가가 바로 대한민국이다. 자녀들의 직업 선호도에서 공무원 1위, 교사가 2위인 유일한 OECD 국가다. 창조경제를 이끌 전사들은 기업가들인데, 정작 세계 최고였던 기업가정신은 바닥으로 급전직하한 것이다.

기업가정신의 의미를 되짚어 보자. 2000년 이후 전 세계의 일자리는 기업가정신에 기반을 둔 창업에서 만들어졌다. 혁신을 통해 가치를 창출하고 이를 분배하는 것이 바로 기업가정신이다. 이제 한국의 미래는 기업가정신을 가진 청년들의 활약에 달려 있다고 해도 과언이 아닐 것이다. 청년 일자리는 청년이 만드는 것이다.

그렇다면 이러한 기업가가 기업가정신 교육으로 꽃피울 수 있는가에 대해 의문을 갖는 사람도 많다. 연애학을 가르친다고 연애를 잘하는 것은 아니지 않은가 하는 논리의 연장이다. 그런데 미국의 애리조나 대학에서 13년간 추적 연구한 기업가정신 연구 결과는 우리에게 시사하는 바가 크다. 기업가정신 교육을 받은 집단과 그렇지 않은 집단의 창업이 무려 3배 차이를 보인다는 결과였다. 더욱 놀라운 것은 창업하지 않은 그룹에서도 기업가정신 교육을 받은 쪽이 연 수입이 27% 많고, 자산은 62%가 더 많더라는 것이었다. 이와 유사한 유럽의 실험에서는 취업률도 2배 높다는 결과를 얻었다. 결론은 명백하다. 창업을 하든 안 하든 기업가정신에 대해 교육을 하는 것이 국가에 유리하다는 것이다. 미국과 유럽의 주요 국가들이 기업가정신 교육을 중심으로 교육 혁신을 추진하고 있는 이유다. 기업가정신은 '혁신의 리더십' 이다. 혁신이 주도하는 세상이 되면서 기업가정신이 세상의 변화를 주도하는 것은 너무나도 당연하다. 혁신을 통해 가치를 만들어 분배하면 윈윈(win-win)의 선순환 구조를 만들 수 있다. 혁신 없는 부는 양극화를, 혁신 없는 분배는 황폐화를 초래한다. 지속 가능한 혁신은 가치창출과 가치분배의 선순환 리더십인 기업가정신으로 가능해진다. 기업가정신 교육은 장사꾼이 아니라 혁신가를 만드는 교육인 것이다. 기업가정신 교육은 윤리교육과 인성교육을 승화시킨다. 전 세계가 치열하게 추진하는 기업가정신 교육을 도외시하고 아무도 하지 않는 인성 교육을 주창하는 것은 한국을 갈라파고스화할 수가 있다.

기업가정신 의무교육은 창조경제의 마무리 투수가 될 것이다. 대통령의 소중한 선언이 조기 구현되기를 기원한다.

이투데이 2015-08-31

전략과 조직의 결합
'창조적 리더십'

**한국의 이사회는 지금까지는 요식행위에 불과했다.
우리에게 전략적 방향은 차별화 요소가 아니었기 때문이다.**

리더십에 대한 책과 강연이 많아도 너무 많다. 그만큼 리더십이 중요하다는 의미인 동시에 정답이 없다는 증명일 것이다. 다양한 이름의 리더십 책을 보고 강연을 들으면 들을수록 사람들은 오히려 혼란으로 빠져든다. 리더십의 본질이 아니라 현상을 보고 있기 때문이다. 이제 리더십의 혼돈에서 문제의 본질을 정리해 보자.

누군가 타이거 우즈에게 골프를 잘 치는 방법을 물어보자, "똑바로 강하게 치라"고 했다 한다. 바로 올바른 방향으로 강력히 실천하게 하는 것이 리더십이다. 리더십은 본질적으로 방향과 크기라는 두 가지 요소의 결합이다. 조직의 목표를 바르게 제시하고 조직원들이 충분한 동기부여가 되어 열심히 하면 그 조직은 성공할 수 있다. 그런데 방향과 크기의 상호작용이라는 벡터 형태의 리더십은 복잡계 영역이라 하나의 정답은 존재할 수 없다는 것이 리더십 문제의 본질이 아닌가 한다.

톰 피터스의 '초우량 기업'과 짐 콜린스의 '위대한 기업'에 나온 많은 기업이 몰락하고 있다. 한마디로 이것이 정답이라고 단언할 수 있는 경영은 존재할 수 없다는 것이다. 경영은 시공간의 환경에 맞춰 내부 자원을 최적화하는 것이다. 당연히 시대에 따라 기술이라는 요소가 중요할 수도 있고, 마케팅이 중요할 수도 있고, 조직이 중요할 수도 있고 그리고 자원의 확보가 중요할 수도 있다. 이처럼 복잡한 경영을 몇 개의 요소로만 설명하는 것은 대단히 위험한 것이다.

올바른 방향으로 강력히 해야 한다는 점에서 경영과 리더십은 손바닥의 앞뒤와 같다. 올바른 방향이란 전략을 의미하고, 강력히 하라는 것은 조직을 의미한다. 전략과 조직은 경영학의 핵심이기에, 리더십의 핵심이 된다. 환경변화가 극심하고 미래를 예측할 수 없을 때는 전략이 뛰어난 리더가 좋은 리더일 것이다. 미래 비전을 제시하고 구체적인 전략과 전술을 통해서 사람들을 이끌어가는 것이다. 산업의 불확실성이 낮아지면 전략보다는 조직의 동기 부여가 중요해진다. 추격자 전략을 기본으로 하는 한국에서 지금까지는 전략보다는 조직적 리더십을 강조해 온 이유일 것이다.

리더십의 양대 형태는 전략의 리더십과 조직의 리더십이다. 물론 두 가지 모두 만점을 맞으면 최선의 대안일 것이나 현실에서는 전략적 역량과 조직적 역량은 반비례하는 관계에 있는 것이 보통이다. 추격자 전략에서는 전략보다는 조직이 중요했다. 그러나 선도 전략에서는 전략이 중요해지고 따라서 전략적 방향을 결정하는 이사회(Board Of Director)의 역할이 중요해지는 것이다. 미국은 이사회 멤버에 따라 기업가치가 변한다. 그러나 한국의 이사회는 지금까지는 요식행위에 불과했다. 우리에게 전략적 방향은 차별화 요소가 아니었기 때문이다.

전략의 리더십도 수많은 변형이 존재하게 된다. 미래학에서는 사회 변화(Society), 기술의 변화(Technology), 환경의 변화(Environment), 경제적 변화(Economics), 정치적 변화(Politics) 등 5대 요소를 모은 STEEP 등의 기법이 활용되고 있다. 2010년 IBM에서 1,500명의 리더에게 질문한 리더의 덕목 1위로 창조성이 꼽힌 이유는 점점 증가하는 미래 사회의 불확실성 때문일 것이다.

한편 조직적 리더십은 인간의 다양한 욕구를 반영하는 것이 중요하다. 조직의 동기 부여는 매슬로의 욕구 5단계 설과 같이 인간에 따라 다양한 형태로 나타난다. 생존과 안정의 욕구 단계에서는 급여와 복지후생이 중요하다. 사회와 명예의 단계에서는 승진과 포상이 중요해진다. 그리고 리더의 단계에서는 자아실현이 핵심이 되어야 한다. 돈이라는 하나의 기준으로 인간의 외부적 동기부여만으로는 창조적 조직을 만들 수 없다는 의미다.

창조적 리더는 이제 전략과 조직을 결합한다. 조직이 전략을 결정하는 데 참여하는 것이다. 도전-실패-학습이라는 코칭의 기법으로 자아실현을 넘어 타아실현에 임하는 것이다.

리더십은 복잡계의 영역이다. 유일한 한 가지 진실은 올바른 방향으로 강하게 추진한다는 전략과 조직의 융합적 이해가 리더십의 본질이 될 것이다.

이투데이 2015-06-22

벤처기업의 글로벌화

창조경제는 벤처기업의 글로벌화로 꽃을 피운다.
성장과 고용은 기술 사업화가 아니라 글로벌화로 이룩된다. 그런데 벤처의 꽃인 글로벌화는 상어들이 득실거리는 치열한 경쟁의 다윈의 바다를 건너야 성공한다. 문제는 이 과정에서 수많은 기업이 상어 밥이 되거나 익사한다는 것이다.

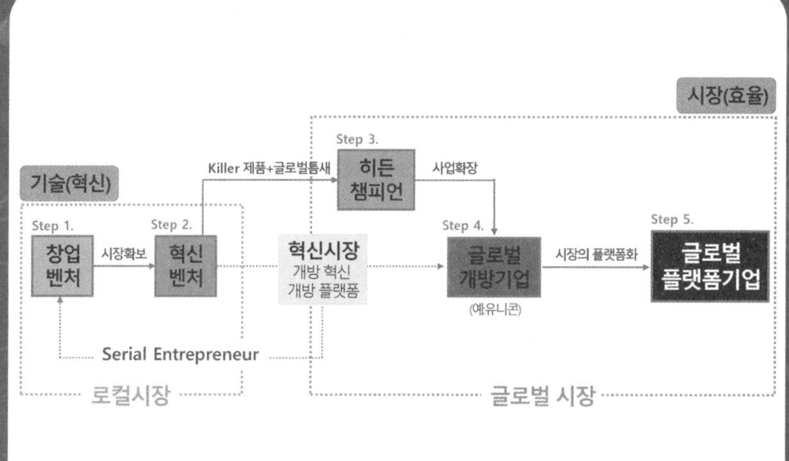

새로운 과제
'한국 벤처의 글로벌화'

창업 아이템을 세계시장으로 확대해 나갈 것을 선택하면 세계시장 개척과정에서 엄청난 손실을 보게 된다. 그러나 아무것도 하지 않으면 도태된다.

창조경제는 벤처기업의 글로벌화로 꽃을 피운다. 성장과 고용은 기술사업화가 아니라 글로벌화로 이룩된다. 그런데 벤처의 꽃인 글로벌화는 상어들이 득실거리는 치열한 경쟁의 다윈의 바다를 건너야 성공한다. 문제는 이 과정에서 수많은 기업이 상어 밥이 되거나 익사한다는 것이다.

흔히들 좁은 국내를 벗어나 세계무대로 나가라고 한다. 혹자는 처음부터 글로벌화(Born-Global)를 추진하라고 한다. 소위 Born-Global 전략이 벤처기업의 창업전략이 돼야 한다고 주장하기도 한다.

더 나아가 아예 창업 자체를 한국이 아니라 미국에서 하라는 권유를 하기도 한다. 한편에서는 국내시장에서 내공을 충분히 쌓고 난 후 세계무대로 나가라는 조언을 하기도 한다. 어느 선택이 바른길인지 창업 벤처들은 헷갈리고 있다.

기술사업화에 성공한 후 국내시장에서 틈새를 확보한 벤처기업들은 제품 다양화와 글로벌시장 사이에서 선택의 고민에 빠진다. 이미 확보한 국내시장에서 시너지를 내는 제품 개발을 선택하면 새로운 기술의 도전과정에서 실패한다. 창업 아이템을 세계시장으로 확대해 나갈 것을 선택하면 세계시장 개척과정에서 엄청난 손실을 보게 된다. 아무것도 하지 않으면 도태된다. 이러한 이유로 대한민국의 중소기업들의 성장통계는 10년의 성장 이후 10년의 정체 기간을 갖는 것으로 나타난다.

결론은 어렵지만 세계시장에 도전해야 한다는 것이다. 다수의 기업은 이미 시장을 확보한 대기업과의 M&A를 통해 시장에 접근한다. 세계적으로 '상생형 M&A'가 벤처투자 회수시장의 90%를 점유하고 있다. 그런데 한국은 2%에 불과하다. M&A가 한국 창조경제 구현의 최대의 당면 과제가 된 이유다. 또 하나의 대안이 창업벤처가 직접 세계시장으로 나가는 글로벌화인데, M&A에 비해 성공확률을 낮으나 성공의 기댓값은 더욱 크다는 장점이 있다.

이러한 글로벌화는 온라인 기업과 오프라인 기업에 따라 접근이 달라진다. 온라인 기업들은 상대적으로 아마존, 앱 스토어, 알리바바 등 온라인 시장 플랫폼을 활용하면 세계시장 접근이 어렵지 않다. 더 나아가 이러한 기업들의 원가경쟁력은 개발비를 시장규모로 나눈 것이므로 이제는 처음부터 세계무대를 목표로 하는 Born-Global 전략이 확산되고 있다.

그러나 오프라인 유통망이 요구되는 기업들의 세계화 과정에는 유통과 서비스망 구축이 전제돼야 한다. 국내시장에서의 내공 축적이 필요하다. 상대적으로 글로벌화가 어려우나, 일단 세계시장의 틈새를 확보하게 되면 기술과 더불어 또 하나의 차별화된 역량을 구축하게 된다. 더 나아가 이들 글로벌 시장을 확보한 기업들은 후발기업들에 시장플랫폼을 제공하는 개방 혁신기업으로 발전도 가능하다. 현지 회사 인수와 합작투자 등 다양한 대안을 활용하게 된다.

그런데 이제는 온라인과 오프라인이 결합하는 O2O기업들이 대거 등장하고 있다. 오프라인 제품의 유통도 플랫폼 기반으로 변모하고 있다. 이런 새로운 분야들이 글로벌 유니콘(1조원 가치의 벤처)들의 주된 사업영역으로 등장하고 있음에 주목할 필요가 있다.

이제 구체적으로 한국 벤처의 글로벌 전략의 예로 1) 기존 플랫폼 활용 전략 2) 직접진출 전략 3) 합작투자 전략 4) 현지 기업 M&A 전략 5) 글로벌 플랫폼 구축 전략 등이 제시해 본다. 앞으로 기업과 국가별 상황에 따라 적절한 전략을 활용하기 위한 추가적인 연구가 필요할 것이다.

창조경제는 창업벤처의 혁신과 대기업의 효율이 선순환하는 구조다. 즉 기술과 시장의 결합이다. 벤처기업의 글로벌화는 M&A와 더불어 기술과 시장이 결합하는 과정이다. 창조경제의 다음 과제인 것이다.

헤럴드경제 2015-11-25

글로벌화와 마케팅 혁신

기업의 글로벌화는 하나의 정답만이 존재할 수 없다. 상황에 따른 최적의 비용과 기회의 균형이기에, 결국 사업은 예술의 영역이 된다.

이제 글로벌화를 못하면 국내 시장도 지키기 어려운 시대가 도래했다. 기업의 경쟁원가가 혁신 역량과 시장 규모에 비례하는 창조경제 원가가 적용되기 때문이다.

'기업의 가치는 혁신과 마케팅(innovation and marketing)에서 창출된다' 라고 경영학의 대가 피터 드러커(Peter Ferdinand Drucker) 교수는 갈파한 바 있다. 이 때문에 기업의 글로벌화는 혁신과 마케팅의 두 방면으로 이루어지는 것은 당연할 것이다. 혁신부터 글로벌화하자는 것이 '태생적 글로벌(Born to Global)' 이라면 마케팅 중심의 글로벌화는 '점진적 글로벌(Local to Global)' 이라고 할 수 있다. 온라인 사업은 유통 투자가 적어 태생적 글로벌 성격이 강하다면, 오프라인 사업들은 유통 투자로 점진적 글로벌 경향을 가지게 된다. 이제 글로벌 마케팅의 본질적 분석을 통하여 대한민국 기업들의 글로벌 혁신 전략의 대안을 제시해 보고자 한다.

우선 마케팅을 분해해 보면 선택과 유통이라는 두 가지 요소로 구성되어 있음을 알 수 있다. 제품과 서비스를 선택받고 이를 고객에게 전달하고 지속적 관계를 유지하는 것이 가치의 전달인 마케팅의 본질이다. 이를 위하여 영업과 교육, 배송과 사후관리라는 마케팅의 요소들이 필요하게 된 것이다. 그런데 이제 마케팅에 'O2O 혁명'이 불어닥치고 있다. 영업은 이미 간단한 제품부터 O2O 플랫폼으로 이동하기 시작했다. 선택은 온라인의 정보가, 유통은 오프라인의 물질이 지배적이다. 비트로 구성된 온라인은 공유가, 원자로 구성된 오프라인은 소유가 기본 법칙이다. 그런데 이 두 세상이 융합하기 시작한 것이다.

설명이 필요 없는 간단한 제품은 선택이 이미 소셜 커머스와 같은 플랫폼 앱으로 이동했다. 유통은 상용화된 택배를 통하여 간단히 이루어진다. 고객과 사물인터넷(IoT)으로 직접 연결된 제품들이어서 사후관리도 단순화된다. 그리고 고객들의 빅데이터가 사업 혁신의 원천이 된다. 이제 게임을 앱스토어나 구글플레이에 올려 글로벌화한 것과 같이, 제품의 글로벌 마케팅도 아마존 혹은 알리익스프레스에 올리면 된다. 점진적으로 오프라인 사업들도 온라인화하고 있는 것이다. 유통의 차별화가 사라지는 사업들의 경쟁은 다시 혁신으로 집중되고 있고, 바로 수많은 하드웨어 스타트업들이 등장하는 이유다.

설명이 어느 정도 필요한 제품은 홈쇼핑과 인터넷방송 등이 역할을 하고 있다. 선택을 도와주는 빅데이터와 인공지능 기반의 혁신 기술들이 마케팅의 혁신을 이룩하고 있다. 소위 큐레이션(Curation) 마케팅이다. 그러나 구매 선택 이후의 과정은 배송과 사후관리 서비스라는 전통적 방식으로 이루어진다. 선택 이후의 사후관리(AS)망의 구축이 필수적인 사업들은 글로벌화에 큰 비용과 시간을 투입하게 된다. 특히 글로벌 상담과 사후관리 기술자의 교육과 부품 공급은 생각보다 어려운 점이 많다. 애플이 완제품 교환으로 서비스 정책을 고수하는 이유가 시스템 구축 비용 때문이다. 소형화하는 제품들은 택배 기반의 교환 정책으로 가는 이유이기도 하다. 글로벌화를 위하여 제품의 고품질 확보가 전제 조건인 이유는 사후관리에 드는 비용 때문이다.

홈쇼핑 등으로도 설명이 어려워 개별적 설명이 필요한 제품들은 영업사원들이 필요하다. 영업사원 교육과 유지는 가장 큰 마케팅 비용이다. 대리점을 활용하면 인프라는 공유되나, 제품 매니저는 파견 혹은 양성해야 한다. 선진국의 경우 1인당 100만 달러의 비용이 들어간다. 제품의 시연을 위하여 항공 등으로 이송하게 되면 비용은 기하급수적으로 증가한다. GE, 지멘스 등 글로벌 의료장비 회사들의 핵심 역량은 아직도 오프라인 영업과 사후관리 능력에 있음을 잊지 말자. 그리고 이런 기업들은 결코 태생적 글로벌이 될 수 없다.

기업의 글로벌화는 하나의 정답만이 존재할 수 없다. 상황에 따른 최적의 비용과 기회의 균형이기에, 결국 사업은 예술의 영역이 된다.

이투데이 2015-12-21

오프라인 기업 글로벌화 전략

히든 챔피언들이 확보한 글로벌 틈새시장에 개방혁신으로 제품 다각화가 이루어지면 글로벌 플랫폼 기업으로 진화하게 된다.

온라인 기업과 달리 오프라인 제품 기업들의 글로벌화에는 고비용의 유통망 구축이 수반된다. 대부분의 오프라인 제품을 생산 유통하는 한국 중견기업의 글로벌화 전략을 검토해 보기로 하자.

사업이란 시장과 제품의 결합이다. 중견기업의 글로벌화 전략도 시장과 제품의 두 가지 축으로 구성된다. 시장 중심의 전략이 글로벌화 전략이라면, 제품 중심의 전략은 다각화 전략이다. 두 가지 모두 결합하면 글로벌 다각화 전략이 되고, 개방 혁신이 뒷받침하면 글로벌 플랫폼 전략이 된다.

국내 틈새시장에서 선도적 위치를 차지하면 매출 수백억 원대의 중견기업이 된다. 그리고 대체로 성장이 정체된다. 통계에 의하면 10년 성장 후 10년 정체가 대한민국 중소기업의 일반적인 성장 형태다. 벽을 깨고 재도약하려면 제품을 다각화하느냐, 글로벌 시장으로 진출하느냐 하는 전략적 선택을 해야 한다.

우선 대표적 실패 시나리오를 보자. 디지털 녹화 장비(DVR)를 만들던 M사는 한국 시장에서 제품을 성공적으로 안착시킨 후, 미국 시장으로 진출을 결정했다. 50개 주에서 한국의 10배 매출을 목표로 우선 1인 지사를 설립했다. 미국은 1인 지사도 연간 100만 달러가 지출된다. 둘째 해에는 서비스 기술자와 관리직까지 3인 지사가 되면서 200만 달러로 지출이 증가하였다. 결국, 3년 만에 500만 달러의 적자를 내고 미국에서 철수한다. 일본의 유통은 외국 기업에는 지옥과 같은 폐쇄적 구조다. 급여를 더 주어도 한국 기업으로 영업사원이 넘어오지 않는다. 결국, 일본에서도 300만 달러 적자 후 철수한다. 중국 진출은 초기에는 너무나 달콤하다. 어렵지 않게 영업 실적이 증가한다. 그런데 수금이 되지 않아 철수한다. 결국, 미국, 일본, 중국에서 1,000만 달러의 막대한 적자를 내고 다시 국내 시장으로 돌아와 제품 다각화로 전략 선회를 한다. 셋업박스도 만들고, 인터넷 중계기도 만들어 새로운 시장을 개척했다. 그러나 기존 강자들의 장벽을 넘지 못해 사업을 철수한다. 그리고 전체 사업을 접게 되었다.

다윈의 바다를 넘은 글로벌화 성공은 멋지다. 그러나 그 바다에는 수많은 상어떼가 득실거리고 있다. 국내 시장의 성공이 글로벌화의 성공을 전혀 보장하지 않는다. 고객이 다르고 경쟁 구도가 다르고 20%가 넘는 홈그라운드의 가격 이점도 없다. 수단과 목적의 균형 감각이 글로벌화의 가장 소중한 요소일 것이다.

위험한 다윈의 바다를 넘기 위해 글로벌 대기업의 활용도 중요한 대안이다. 그런데 한국 대기업들은 국내와 같은 불공정 거래가 문제이고, 글로벌 대기업은 접근 창구가 부재하다. 최종적 대안인 상생형 M&A는 시장조차 형성되어 있지 않다. 어쩌면 제품 혁신보다 글로벌화가 벤처기업에 더 어려운 과제일 수도 있다. 모두 우리의 숙제다.

일부 중견기업들은 킬러 제품으로 확보한 국내 시장을 활용한 다각화 전략으로 성공하고 있다. 과거의 웅진, 최근의 카카오가 대표적 사례다. 자체 기술로 혁신한 제품도 있으나, 외부와 협력하는 개방혁신 제품이 주류를 이루고 있다. 제품 다각화로 지속적인 성장을 위한 강력한 고객의 충성도가 뒷받침된 사례다. 글로벌화의 부족은 못내 아쉽다.

그러나 중견기업의 지속 성장의 기본 전략은 역시 시장 다각화다. 틈새 제품으로 글로벌화한 기업들을 헤르만 지몬은 '히든 챔피언' 이라고 부르고 있다. 유럽의 중심으로서 독일 경제의 핵심이다. 인바디, 아이디스, 오스템임플란트 등이 대표적 한국의 히든 챔피언이다. 이들은 여러 국가에 영업과 유통망을 갖추는 엄청난 도전을 이겨낸 챔피언이다.

히든 챔피언들이 확보한 글로벌 틈새시장에 개방혁신으로 제품 다각화가 이루어지면 글로벌 플랫폼 기업으로 진화하게 된다. 과거 메디슨, 지금의 휴맥스 등이 대표적 사례다. 이러한 플랫폼 기업은 단일 기업이 아니라 전체 산업 차원의 성장을 촉진하는 역할을 하게 된다는 점에서 선도 벤처들의 궁극적 미래 전략일 수 있다.

이투데이 2015-12-28

본 글로벌 Born Global 과 초협력 생태계

본 글로벌 현상은 연속 기업가, 히든 챔피언, 개방 플랫폼, 유니콘 기업들의 등장과 뿌리를 같이하는 초연결 사회 현상 중 하나로 이해해야 한다.

컨설팅회사 맥킨지는 1993년 작지만 높은 부가가치를 만들어 내는 회사들이 글로벌 기업들과 당당하게 경쟁하고 있다는 점을 발견하고 이들을 통상적인 글로벌화 룰을 깬 '본 글로벌(Born Global, 태생적 글로벌) 기업' 이라고 칭했다. 이런 기업들의 기준을 무엇으로 삼을지 확정된 것은 없으나, 창업 초기부터 세계 시장을 목표로 한다는 점은 일치한다. 이러한 본 글로벌 벤처에 대한 사례 연구는 다수 있으나, 이론적 설명과 인과적 모델은 아직 정립되어 있지 않은 실정이다. 한국 벤처 글로벌화 전략의 일부로, 본 글로벌 벤처의 신모델과 미래 전략을 제시해 보고자 한다.

벤처 글로벌화 연구자들을 혼란스럽게 한 것은 자원, 기업가정신, 조직과 글로벌화의 관계가 점진적 글로벌화와 본 글로벌화 간에 상반된다는 것이다. 분명한 점은 기존의 점진적 글로벌화 모델은 본 글로벌 기업들을 명쾌하게 설명하지 못하고 있다는 것이다.

피터 드러커 교수가 설파한 '기업의 본질은 혁신과 마케팅이다'라는 명제에 새로운 초연결 현상을 대입해 보자. 글로벌화의 본질도 혁신과 마케팅의 결합이다. PC와 모바일에 이어 O2O(Online 2 Offline) 컨버전스는 초연결 사회를 형성하면서 전 세계 산업 구조를 근본적으로 변화시키고 있다. 기존의 아이디어, 개발, 생산, 영업, 서비스라는 단일 기업 중심의 닫힌 가치사슬은 급격히 붕괴하고 있다. 코즈의 이론대로 연결 비용이 급감하면서 기업은 핵심 역량을 제외한 대부분의 활동을 외부와 협력하는 구조로 급격히 개방되고 있다. 초연결 구조는 필연적으로 혁신과 마케팅의 전문화를 초래하게 되고, 본 글로벌은 그 현상의 일부로 보인다. 즉 마케팅이 쉬워지면서 외국 비용이라는 세계 시장 진입 비용이 급감하게 된 것이다.

이제 초연결 사회의 기업 활동은 차별화된 고유 역량과 생태계의 개방 역량을 결합한 개방 혁신 단계와 혁신을 글로벌 시장에 전파하는 글로벌 마케팅 단계로 이원화되고 있다. 혁신 기업과 마케팅 기업으로 기업이 전문화되면서 그 사이에 혁신 시장인 M&A와 기술거래 시장이 등장하는 것이 바로 창조경제다. 혁신 기업은 혁신을 완성한 후 이를 마케팅 기업에 팔고 다시 창업하는 연속 기업가(Serial Entrepreneur) 현상이 글로벌 마케팅 기업인 글로벌 유니콘과 동시에 등장하고 있는 것이다. 본 글로벌 현상은 연속 기업가, 히든 챔피언, 개방 플랫폼, 유니콘 기업들의 등장과 뿌리를 같이하는 초연결 사회 현상 중 하나로 이해해야 한다. 단독 글로벌화에서 초협력 글로벌화로 글로벌화 패러다임이 변화하고 있다.

마케팅 비용이 적은 B2B와 온라인 B2C는 대표적 본 글로벌 분야였다. 대표적 본 글로벌 벤처로 소개되는 기업인 컴투스, 앵그리 버드, 스마일게이트 등은 초기 마케팅 투자가 적은 온라인 기업의 공통점이 있다. 휴맥스와 다산네트워크의 경우에는 B2B 형태로 진출하면서 마케팅의 부담이 적은 특징을 지니고 있다.

그러나 오프라인 제품의 B2C 사업은 막대한 유통 투자로 인하여 본 글로벌의 한계가 있다. 아직도 복잡한 제품과 서비스는 유통과 교육 그리고 서비스의 마케팅 투자라는 높은 외국 비용으로 점진적 글로벌화의 영역으로 남아 있다. 그런데 O2O 플랫폼은 샤오미 배터리와 같은 오프라인 제품의 B2C 영역을 확산시키고, 인공지능은 영업과 관리의 비용을 급감시킨다. 결과적으로 본 글로벌의 영역이 급증하고 있다.

그러나 마케팅 진입장벽이 낮아지는 것이 기업 활동을 쉽게 만드는 것은 아니다. 오히려 경쟁이 초기부터 글로벌 와해적 혁신으로 집중된 결과 글로벌 시장의 니즈를 파악하지 못하면 바로 도태된다는 것을 의미한다.

사업의 본질은 혁신과 마케팅이다. 이러한 본질에 입각해 본 글로벌을 바로 보고 단독 글로벌화에서 초협력 글로벌화로 기업 전략과 지원 정책을 전환해야 할 것이다.

이투데이 2016-01-19

벤처기업의 진화과정 5단계

글로벌 개방 플랫폼 벤처들은 단일 기업을 넘어 산업 전체의 성장을 촉진한다는 점에서 국가 차원의 응원이 필요할 것이다. 이제 글로벌화는 단일 기업의 문제가 아니라 산업 생태계의 과제이기 때문이다.

사업이란 기술이 시장과 만남을 의미한다. 벤처기업들이 기술 혁신으로 핵심역량을 확보하고 이를 시장과 결합하여 진화하는 과정을 재정리해 보기로 하자. 이제 생계형 창업과 달리 차별화된 역량을 가지고 출발하는 벤처기업들의 진화 단계를 제시해 본다.

1단계 창업 벤처는 대체로 기술 혁신으로 핵심역량은 보유하나, 시장은 획득하지 못하고 있다. 혁신은 이룩했으나, 체계적인 혁신 프로세스는 없고 특허도 단편적이고 자칫하면 기술만능주의에 함몰되는 경향이 있다. 창업 벤처는 기술 사업화를 위한 노잣돈을 엔젤투자가 혹은 크라우드펀딩으로 자금을 조달하여 험난한 죽음의 계곡을 넘어서야 성공적 창업 벤처로 인정받게 된다.

2단계 혁신 벤처는 창업 벤처가 틈새시장을 확보하여 진화한다. 벤처/엔젤캐피탈의 노잣돈으로 다윈의 바다라는 험악한 시장 경쟁의 바다를 건너, 틈새시장과 결합한 기술은 비로소 혁신적 가치를 창출하게 된다. 세분화된 틈새시장에서 지배적 역량을 확보하면 성공적인 혁신 벤처가 된다. 이들의 한계는 좁은 국내 시장이기에 글로벌화라는 새로운 도전이 필요하게 된다. 최근에는 이 단계에서 M&A로 매각하고 재창업하는 연속 기업가가 등장하고 있다.

3단계 글로벌 벤처는 혁신 벤처가 국내를 넘어 글로벌 시장을 확보함을 의미한다. 좁은 국내 시장을 넘어 글로벌화하는 과정에서 마케팅 혁신이 지난한 과제가 된다. 국내 프리미엄이 없는 만큼의 추가적인 차별화가 필요하고 유통 비용을 줄이기 위한 고품질화와 글로벌 교육 역량이 뒷받침되어야 한다. 신속한 현지화를 위한 기술혁신 프로세스의 확보는 당연하다. 본격적인 특허 분쟁에 대비한 특허 포트폴리오 전략도 필수적이다. 총체적으로 벤처 진화 과정의 가장 어려운 고비가 글로벌화 과정일 것이다. 한국의 '매출 1,000억원 벤처(이하 천억 벤처)' 다수가 여기에 속하고 있다. 이들 천억 벤처기업의 글로벌화 이전과 이후의 성과는 특히 수익성에서 큰 차이를 보임에 주목할 필요가 있다. 다행히도 글로벌 유통 플랫폼의 등장으로 온라인 서비스 기업들의 글로벌화는 시작부터 가능해지고 있고, 이를 태생적 글로벌(Born Global)이라고 부른다. 이제 O2O 플랫폼은 제조업 벤처의 태생적 글로벌화를 촉진하고 있다.

4단계 글로벌 개방 벤처는 글로벌 벤처가 개방혁신을 통한 성장전략을 추구함을 의미한다. 창업 벤처가 기술로 킬러 제품을 만들어 글로벌 틈새시장을 확보하는 것이 1단계 진화라면 글로벌 시장을 새로운 핵심 역량화해 다른 기업들에 개방해 성장하는 것이 2단계 진화다. 메디슨이 전 세계 70개국 시장을 국내 의료기업에 개방한 결과 의료산업 전체의 성장이 7%에서 21%로 급증한 바 있다. 이 단계 기업은 개방혁신 역량, 특히 상생형 M&A 역량이 중요해진다. 특허는 내외부를 통합해 포트폴리오로 가야 하고 마케팅과 기술의 교차 전략이 부각한다.

5단계 글로벌 플랫폼 벤처는 글로벌 개방 벤처가 플랫폼 기업화하는 것을 의미한다. 개방혁신은 시장 공유를 위해 개별적으로 협상해야 하나, 개방 플랫폼은 표준 인터페이스만 충족하면 시장 공유가 가능해진다. 이들 기업은 혁신 프로세스가 사업 모델과 결합하고 공급자와 고객이 결합하게 된다. 기업은 개방 생태계 문화의 형성이 중요한 도전 과제가 되며, 대규모의 M&A가 수반된다. 애플과 구글 등이 대표적 글로벌 플랫폼 기업들이다. 한국의 경우에도 라인과 스마일게이트가 이에 도전하고 있다.

벤처 진화 과정의 모든 기업이 소중하나, 특히 4·5단계의 글로벌 개방 플랫폼 벤처들은 단일 기업을 넘어 산업 전체의 성장을 촉진한다는 점에서 국가 차원의 응원이 필요할 것이다. 이제 글로벌화는 단일 기업의 문제가 아니라 산업 생태계의 과제이기 때문이다.

초연결사회에서 기업들은 혁신과 시장으로 전문화하고, 이들을 혁신 시장으로 연결되는 구조로 진화하고 있다.

이투데이 2016-01-11 1

벤처기업 글로벌화 위한 협력 생태계 필요하다

벤처기업 실태 조사에 따르면 의미 있는 글로벌화 벤처 기업은 25% 수준에 불과하다. 과도한 글로벌화 비용과 리스크 때문이다.

벤처 창업이 회복되고 있다. 그러나 벤처 창업이 즉각 성장과 고용을 창출하지는 않는다. 질적 혁신이 양적 시장과 어우러져야 의미 있는 성장과 고용이 이뤄진다. 이제 벤처기업 글로벌화를 통해 창조경제의 양적 성과를 거두는 데 주력해야 할 단계다. 글로벌화 과정에서 벤처기업은 신생비용과 외국비용이라는 막대한 비용과 위험을 감당해야 한다. 신생비용은 신규 사업자로서 규모와 경험의 한계를 극복하는 비용이다. 외국비용은 해외 마케팅 구축을 위한 비용이다. 벤처기업이 투입 비용을 넘어서는 성과 창출은 쉽지 않다.

중견 글로벌 벤처기업 대표는 "단독으로 세계시장을 개척하는 것은 죽음으로 가는 길이다"라고 말한다. 실제로 대기업과 동반 진출하는 과정에서 겪어야 할 불공정거래 비용도 만만치 않다. 글로벌화는 '고양이 목에 방울 달기'와 비견할 만하다.

벤처기업 실태 조사에 따르면 의미 있는 글로벌화 벤처 기업은 25% 수준에 불과하다. 과도한 글로벌화 비용과 리스크 때문이다. 신생비용과 외국비용을 획기적으로 경감하는 글로벌화 전략이 필요하다. 그 키워드로 단독 글로벌화에서 개방협력 글로벌화로의 전환을 제시한다.

글로벌 마케팅 비용은 영업과 유통 비용으로 나뉜다. 해외 영업망을 만들고 물류 유통망을 구축하는 비용은 업종에 따라 다르다. 하이테크 하드웨어 업종은 기술 개발비를 웃돈다. 필자가 설립한 회사가 70개국 글로벌 마케팅을 완성하는 데 투입된 금액은 2,000만달러에 달했다.

글로벌 마케팅 비용을 낮추는 첫 번째 대안은 해당 시장을 개척한 기업과 시장을 공유하는 것이다. 의료산업은 메디슨의 시장 공유에 힘입어 7% 산업 성장률이 21%로 3배 증가했다. 선도 벤처기업 글로벌 개방혁신이 창업벤처 글로벌화를 촉진한 것이다. 개방협력은 글로벌 대기업까지 확장이 필요하다. 이 단계에서 최대한 공정하고 쉬운 협력을 위해 계약서 표준화가 이뤄지는 것이 바람직하다.

과도한 비용과 리스크가 수반되는 직접 진출보다 협력을 통한 간접 진출이 하드웨어 기업의 1차 글로벌화 전략이다. 이어서 경험을 바탕으로 단계별 현지화를 추진한다. 이 단계에서 합작회사(JV), 인수합병(M&A) 등 해외 직접투자(FDI) 활동이 이뤄진다. KOTRA, 무역협회, 수출입은행, 수출보험공사 등 지원 기관이 새로운 역할을 하게 될 것이다.

게임, 애플리케이션(앱), 한류 콘텐츠 등 소프트 기업 글로벌화는 다른 양상이다. 글로벌 플랫폼으로 인해 물류비용과 영업비용이 급감했다. 컴투스는 2009년까지도 국가별 통신 사업자에 모바일게임을 맞춤 공급하는 과정에서 엄청난 비용을 치렀다. 이제는 앱스토어와 구글 플레이를 통해 저비용 고효율의 글로벌 마케팅을 진행한다. '본 글로벌(Born Global)' 벤처가 대거 등장하는 이유다. 마케팅이 쉬워지면서 본 글로벌 현상은 가속됐다.

O2O(Online to Offline) 플랫폼 등장은 택배가 가능한 하드웨어 유통을 소프트화한다. 아마존과 알리바바는 수많은 하드웨어 마케팅을 앱스토어 같은 형태로 바꾸고 있다. 샤오미는 직접 글로벌 하드웨어 유통망을 구축했다. 인공지능은 점차 영업사원을 대체하면서 마케팅 비용을 더욱 축소시킬 것이다. 본 글로벌 활성화 정책의 핵심은 마케팅 플랫폼의 활용이다.

이처럼 벤처 글로벌화는 단일 기업 차원에서 생태계 차원의 협력으로 진화해야 한다.

전자신문 2016-02-24

재도전 기업가를 위하여

새로운 대한민국의 건설을 위하여 새로운 국가 가치관의 정립이 절실하다.
과거 대한민국의 성공 전략을 폐기 처분할 수는 없다.
그러나 과거 전략으로는 일류 국가 진입이 불가능함도 명확하다.

좋은 실패, 나쁜 실패

남들이 가지 않은 길을 개척하는 것이 일류 국가 진입을 위한 창조 경제 전략이다. 남들이 가지 않은 길을 개척하는 과정에서 실패는 너무나도 당연한 과정의 일부다.

새로운 대한민국의 건설을 위하여 새로운 국가 가치관의 정립이 절실하다. 과거 대한민국의 성공 전략을 폐기 처분할 수는 없다. 그러나 과거 전략으로는 일류 국가 진입이 불가능함도 명확하다. 제조 강국은 지켜야 하나, 서비스산업을 무시할 수 없다. 창조성은 중요한데, 성실성도 여전히 중요하다. 사전 규제의 포지티브 시스템에서 사후 평가의 네거티브 시스템으로 전환이라는 총론에는 동의하나, 각론에서는 전환의 실패 현상들이 발생하고 있다. 그리고 그 본질은 실패에 대한 가치관의 혼돈에 기인한다.

우리는 지금까지 빠른 추격자 전략 아래 '할 수 있다!' 정신으로 선진국이 간 길을 열심히 추격해 왔다. 이미 남들이 간 길을 따라가는 전략에서 실패는 무능 혹은 나태의 대명사로 나쁜 것이었다. 실패를 배제하기 위하여 우리는 수많은 사전 규제를 만들어 왔다. 언론에서 문제를 제기하면 정부와 국회는 규제를 양산해 왔다. 그러나 이제 상황이 완전히 달라졌다.

남들이 가지 않은 길을 개척하는 것이 일류 국가 진입을 위한 창조경제 전략이다. 남들이 가지 않은 길을 개척하는 과정에서 실패는 너무나도 당연한 과정의 일부다. 한국의 국가 연구개발 성공률이 95% 수준이라는 것은 뭔가 잘못된 것이다. 실패는 새로운 프런티어 개척에 따르는 필수 과정이기 때문이다. 창조경제의 핵심 패러다임은 실패에 대한 가치관 정립이라고 해도 과언이 아닐 것이다.

실패의 양면성은 우리를 혼란에 빠뜨리고 있다. 실패는 나쁜 것인가? 실패를 없애려는 노력은 창조적 도전을 억누르고 실패를 허용하는 유연성은 조직의 기강을 해치고 있다. 우리는 실패를 억제해야 하는가? 지원해야 하는가? 그것이 문제다.

과거 필자가 설립한 기업에는 '도전을 위하여 실패를 지원한다' 라는 표어가 곳곳에 걸려 있었다. 젊은이들에게 실패를 두려워하지 말고 도전하라는 것이었다. 그 결과 수많은 의료산업의 혁신들이 탄생해 100여 명의 기업가가 창업하고 그 중 다수는 상장까지 달성했다. 그런데 그 와중에 소위 적당히 묻어가는 사람들도 나타나기 시작했다. 동일한 실패를 반복하고 태연하게 여기는 사람들도 있었다. 심지어 모두가 동의한 약속을 어기고 실패에 대한 지원을 부르짖는 과도하게 용감한 사람들도 존재했다. 바로 이 시점에서 기존의 기업에 있던 관리자들이 보수 회귀의 반론을 제기했다. 실패는 없애기 위해 일벌백계의 신상필벌 원칙을 적용해야 한다는 것이었다. 그러고는 장시간의 토론에 임했다.

토론의 결론은 '도전에 의한 실패는 지원하고, 경계에 대한 실패는 징벌한다' 는 것이었다. 모든 실패가 동일한 가치를 가지는 것은 아니다. 최선을 다한 도전의 실패는 가치 있는 실패다. 부주의한 경계에 의한 실패는 가치가 없는 실패다. 그렇다면 도전에 의한 실패와 경계에 의한 실패를 분류하는 것이 문제의 핵심이 된다. 반복되는 실패 혹은 모럴 해저드에 의한 실패는 당연히 경계의 실패다. KTX 표 검사 시 10배의 과징금을 부과하듯 이 같은 명백한 경계의 실패는 조직의 신뢰를 무너뜨리므로 더욱 강한 징벌을 해야 한다.

그런데 문제는 많은 경우 도전과 경계의 분리가 명확하지 않다는 것이었다. 새로운 도전에 객관적 잣대라는 규정을 만드는 것은 불합리한 접근법이다. 그래서 도출된 결론이 학습할 것이 있으면 도전의 실패이고 학습할 것이 없으면 경계의 실패라는 것이었다. 학습의 여부는 여러 사람이 주관적으로 판단하는 Peer Review로 대부분 이루어진다. 따라서 관계되는 사람들이 판단할 수 있도록 모든 정보를 공개하는 것이 조직의 인프라가 된다.

톰 피터스는 우수 조직의 특징으로 '느슨함과 엄격함의 공존' 을 강조했다. 창조적 도전을 허용하는 느슨함과 나태한 경계를 지양하는 엄격함이 혁신과 효율을 선순환시킨다.

규제를 풀면 이를 악용하는 사람들에 의한 부작용이 발생한다. 그러면 규제의 목소리가 높아지면서 다시 규제가 강화되는 보수 회귀 현상이 나타난다. 규제라는 시스템이 아니라 실패라는 조직 활동에서 창조경제의 방향을 찾아야 할 것이다. 좋은 실패와 나쁜 실패, 그것이 문제다.

이투데이 2015-04-20

재도전 기업 정책을 정상화하라

**왜 미국의 청년들은 창업을 미래 직업의 1순위로 꼽는데, 한국의 청년들은 공무원과 대기업으로만 몰려가고 있는가?
이는 청년들의 문제인가, 국가 제도의 문제인가?**

국가 구조조정의 최우선 순위는 재도전 기업가 정책의 정상화다. 국가의 성장과 고용은 고품질 창업에 달려 있고, 창업의 핵심은 재도전에 있다. 가장 소중한 미래 자산인 기업가정신은 각종 창업 지원 제도보다 신용불량의 공포라는 심리적 장벽에 달려 있기 때문이다.

왜 미국의 청년들은 창업을 미래 직업의 1순위로 꼽는데, 한국의 청년들은 공무원과 대기업으로만 몰려가고 있는가? 이는 청년들의 문제인가, 국가 제도의 문제인가? 고(故) 피터 드러커 교수가 세계 최고의 기업가정신 국가로 찬양한 대한민국의 창업 DNA는 분명히 존재한다. 청년 창업 선호도 저하는 청년들의 문제가 아니라, 실패를 허용하지 않는 국가 제도의 결과인 것이다.

미국 창업자들은 평균 2.8회 창업을 통해 성공하나, 한국에서는 재창업이 원칙적으로 허용되지 않았다. 그 결과 대한민국의 우수 인재들과 그 부모들은 벤처 창업을 기피하고, 한국은 혁신을 통한 구조조정의 원동력을 상실하게 된 것이다. 2000년 1차 벤처 붐 당시 이룩했던 세계 최고의 벤처 생태계를 스스로 파괴한 인과응보이기도 하다.

이러한 재도전 기업가의 문제 해결을 위해 정부는 다각도로 노력을 기울이고 있다. 300억 원 수준이던 재창업 지원 자금을 3배가 넘는 1,000억 원 수준으로 늘리고, 재창업 교육과 컨설팅 등을 확대하고 있다. 법률적 문제와 세금 문제 해결을 위해 범부처 차원에서 접근하고 있고 올해 안에 추가적 개혁이 이뤄질 것으로 기대되고 있다. 그러나, 현장에서는 미진하다는 의견이 지배적이다.

근본적인 병의 뿌리를 뽑으려면 현상적 접근의 대증요법이 아니라, 문제의 본질에서 접근하는 본원적 수술이 필요하다. 문제는 세계 최빈국에서 단기간에 선진국 클럽인 OECD 진입 과정에서 탄생된 기형적 산물인 '무한책임 주식회사'에서 기인하고 있다. 법인과 개인을 분리한 유한 책임의 주식회사 탄생은 자본주의 발달의 핵심적 진화 촉매였다. 그런데 왜 한국에서는 역진화하게 되었는가를 역사적 관점에서 이해할 필요가 있다.

1972년 '8 · 3 부채동결 조치'로 대한민국 기업들의 채무는 동결되었다. 이는 분명 반(反)시장적 조치였으나 당시 전 세계적 불황으로 인한 기업 연쇄부도를 막을 수 있었다. 그런데 국민의 희생으로 살아난 기업들이 저지른 숱한 도덕적 해이가 불러온 자업자득의 결과가 무한 책임 주식회사라는 전 근대적 한국형 주식회사 제도인 것이었다. 당시에는 '기업은 망해도 기업가는 잘산다'라는 말이 나돌았다. 금융권이 기업에 대출한 자금을 기업주가 개인적으로 빼돌리는 일이 다반사였기에, 이에 대한 반작용으로 기업과 기업주를 미분리하는 연대보증 제도가 일반화되었다. 이러한 개념은 기업의 재고 부족분을 대표이사가 가져간 것으로 간주하는 대표이사 상여로 확대되었고, 급기야 기업은 살아도 기업가는 망가지는 소위 '채무 부종성 부정' 이라는 단계까지 확장된다.

불투명한 기업 운영의 산물이었던 무한 책임 주식회사 제도는 기업경영이 투명해진 현재에도 그대로 적용되는 화석으로 남아 대한민국의 혁신을 저해하고 있다. 이제는 비정상의 정상화가 이루어져야 한다. 주식회사는 본원적으로 유한 책임 회사다. 기업보다 기업가가 소중해야 하는데, 우리 헌법재판소의 판결은 그 반대다.

기업가가 사라진 국가는 미래가 없다. 유럽연합 중소기업법의 제1 원칙은 기업가정신의 보상이고, 제2 원칙은 정직한 기업가의 신속한 재도전 보장이다. 미국의 파산법은 재도전 기업과 신생 기업의 차별을 두지 않는다. 신생 기업의 성공률이 18%인데 재도전 기업의 성공률은 20%라는 것은 차별을 두지 않아야 하는 분명한 이유다.

이제 국가 도약을 위한 재도전 기업 정책은 단순하다. 정직한 기업인에게는 원칙적 재도전을 허용하고 신생 기업과 동등하게 대우하라는 것이다. 5% 내외의 부도덕한 기업가 때문에 다수의 도전적 기업가정신을 죽이지 말라는 것이다.

이투데이 2016-05-09

공무원인가?
벤처 창업인가?

지금 같은 선별적 구제가 아니라 원칙적 재도전이 허용된다면, 대한민국 청년들은 분명히 공무원보다 벤처 창업에 뛰어들 것이다. 우리는 이미 1차 벤처 붐에서 공무원들의 벤처 이동 가능성을 확인한 바 있다.

미국 청년들의 직업 선택 1순위는 벤처 창업인데, 한국 청년들은 왜 공무원과 대기업 취업에 매달리고 있는가.

국민성의 문제가 아니라는 것은 한강의 기적에서 입증되었다. 청년들을 공무원과 대기업 취업에 몰려가게 만든 원인은 사회적 보상 시스템이다. 청년들이 직업 선택의 기댓값을 합리적으로 판단한 결과가 위험한 창업보다 안전한 공무원인 것이다.

미국 청년들의 직업 선택 1순위가 창업인 것은 너무나도 당연하다. 재미있고, 자신의 꿈을 펼치고, 세상에 기여할 수 있는 1석 3조의 대박이기 때문이다.

그런데 왜 한국에서는 창업이 청년과 부모님들의 기피 사항이 되었는가? 창업 도전에 반드시 수반되는 실패에 대한 대가가 너무나 혹독하기 때문이다. 실패한 기업인은 주홍글씨의 낙인이 찍혀 실질적으로 재기가 거의 불가능하다.

그래서 한국의 사회 보상 구조에서 청년들과 그들 부모들의 합리적 선택은 당연히 안전한 철밥통인 공무원이 되어야 한다. 문제는 청년들의 합리적 선택이 국가의 합리적 선택이 된다면 탓할 문제도 아니다. 그러나 국가는 혁신을 통한 일자리와 성장이 절실한데 청년들은 혁신을 외면한다는 것이 한국이 안고 있는 문제의 본질이다.

추격경제 시절 전 세계 평균보다 3배의 경제성장률을 자랑하던 대한민국이 창조경제에서 전 세계 평균보다 낮은 경제성장을 보이는 이유는 바로 혁신적 가치를 만드는 기업가정신의 부족 때문이다.

국가와 개인의 가치를 정합시키는 국가 혁신의 원리는 매우 간단하다. 혁신을 통한 성장과 고용을 창출하는 창조적 도전에 대한 사회적 보상 시스템을 강화하는 것이다. 창조적 도전의 성공은 보상하고 창조적 도전의 실패에는 혁신의 안전망을 제공하라는 것이다. 창조경제연구회(KCERN)가 지난 3년간 창업자 연대보증 폐지, 코스닥 활성화, 상생형 M&A 활성화, 크라우드 펀딩 도입 등 일련의 혁신의 안전망 정책들을 제안해온 이유다. 혁신의 안전망은 기업가정신 의무교육과 더불어 미래 대한민국의 양대 견인차가 될 것이기 때문이다.

그러나 아직도 혁신의 안전망에 크나큰 걸림돌이 남아 있다. 바로 재도전 기업인 정책이다. 미국, 유럽과 같이 95%의 정직한 창업 실패에 대하여 지금 같은 선별적 구제가 아니라 원칙적 재도전이 허용된다면, 대한민국 청년들은 분명히 공무원보다 벤처 창업에 뛰어들 것이다. 우리는 이미 2000년 1차 벤처 붐에서 공무원들의 벤처 이동 가능성을 확인한 바 있다.

가장 중요한 창업 정책은 신생 창업 지원이 아니라 정직한 실패의 경우 신생 기업과 동등한 재도전을 허용하는 것이다. 창업 활성화를 위해 2조 원이 넘는 국민 세금이 투입되고 있다. 그러나 숱한 창업 지원 정책보다 훨씬 더 중요한 재도전 활성화 정책에는 5% 규모인 1,000억 원 정도만 할당하고 있다. 물론 정책 자금의 규모가 실효성과 큰 관계는 없으나, 정책 인식의 문제를 지적하고자 하는 것이다.

창업에 도전해 성공한 기업인은 성공의 씨앗을 다시 뿌려 확대 재생산하는 연속 기업가(Serial Entrepreneur)가 되고 정직하게 실패한 기업인은 부담 없이 재도전하는 국가가 혁신 경쟁의 승자가 될 것이다. 창업과 재도전은 개별 정책이 아니라 전 주기적 관점에서 통합 추진되어야 하는 이유다. 참고로 미국의 신규 창업 성공률은 18%인데 재창업 성공률은 20%다.

재도전 정책의 핵심은 각종 지원이 아니라 신생 기업과 동등한 신용 제공이다. 현재는 기업 회생 절차를 밟더라도 국책기관인 신용보증기금, 기술신용보증기금, 수출보험공사조차 신용 제공을 거부하고, 국세청은 당장의 세금 징수 고집으로 미래 세금의 원천을 가로막고 있다. 금융이 산업을 옥죄는 형국을 이제는 풀어야 한다.

재도전 활성화는 10조 원이 넘는 실패 기업가의 암묵지를 활용하는 정책일 뿐 아니라 창업 활성화라는 미래 성장동력을 만드는 정책의 핵심이다. 벤처 재도전 정책이 창조경제를 완성하는 길인 것이다.

이투데이 2016-05-16

실패를 통해 혁신은 다듬어진다

한국에서 기업 경영에 실패한 사람은 실패한 이유가 있다고 보고 대부분 신용불량자라는 주홍글씨를 이마에 새기고 있다. 이런 상황에서 청년들에게 창업을 권한다는 게 사지로 학도병을 내몰던 짓과 다를 게 뭔가.

성공한 기업가는 연속 기업가로서 더 많은 벤처를 만들고, 실패 기업가는 재도전으로 성공하는 게 혁신 국가의 지향점이다. 진정한 창업 활성화는 성공과 재도전의 선순환으로 가능해진다. 이를 위해선 우선 실패에 대한 생각이 바뀌어야 한다.

혁신은 도전에서 시작되고 도전은 본질적으로 실패를 내포하고 있다. 실패를 없애면 창조적 도전도 사라진다. 창조성은 잘 짜인 군대 같은 일사불란으로부터가 아니라 시끄러운 시장의 혼돈에서 발현된다. 혁신적인 제품과 서비스의 바탕에는 보이지 않는 수많은 실패사례가 깔려 있다. 도전에 실패한 인재를 징계하면, 조직은 실패하지 않을 기술만 개발하다가 결국 시장에서 도태된다.

창조경제를 뒷받침하는 학문이 '실패학(failure study)' 이다. 실패학 창시자 하타무라 도쿄대 명예교수는 좋은 실패와 나쁜 실패를 구별하라고 한다. 나태와 도덕적 해이로 인한 실패는 나쁜 실패다. 그러나 창조적 도전에 의한 실패는 좋은 실패다. 우리가 속했던, 익숙한 추격경제 시대에는 목표에 미달한 대부분의 실패는 나쁜 실패로 간주했다. 그러나 우리가 속해야 할 창조경제에서는 대부분의 실패가 미지의 불확실성에 도전한 것이므로 혁신의 과정으로 간주해야 한다. 그런데 우리는 지금 패러다임 전환의 혼돈 속에서 방향을 잃고 헤매는 중이다.

기업의 성과는 확률과 결과의 곱인 기댓값이다. 추격경제에서는 실패 확률은 낮으나 결과도 그저 그런 사업을 영위해 왔으나, 창조경제에서는 성공확률은 낮으나 대박이 기대되는 사업을 추구해야 한다. 실패하지 않는 게 아니라 성공의 대박을 터뜨리는 게 중요해진 것이다. 바로 기업가정신과 벤처가 미래의 성장동력인 이유다.

그런데 대박 사업은 사전에 아무리 면밀히 검토해도 예측 불가능하며, 이것이 창조경제의 본질이다. 결국, 대안은 현명한 시도를 많이 하는 방법밖에 없다. 창업의 실패는 피할 수 있는 게 아니라 피할 수 없는 본질이다. 그러므로 실패는 사전 준비를 통해서 줄일 수는 있으나 없앨 수는 없다.

실패가 없는 창업은 분명 불확실에 도전하는 벤처적 창업이 아니다. 실패는 학습을 통해서 혁신으로 가는 필연적인 과정이라는 시각으로 접근해야 한다. 유럽연합이 정직한 실패를 지원하라고 중소기업법에 명문화한 이유다.

그런데 지금 한국에서 기업 경영에 실패한 사람은 실패한 이유가 있다고 보고 대부분 신용불량자라는 주홍글씨를 이마에 새기고 있다. 일단 신용불량자로 만든 후 일부만 선별적으로(2% 선) 구제하는 게 현재의 재도전 기업가 정책이다. 이런 상황에서 청년들에게 창업을 권한다는 게 사지로 학도병을 내몰던 짓과 다를 게 뭔가. 선별적 구제가 아니라 원칙적 재도전이 보장돼야 청년창업은 활성화될 것이다. 그러나 횡령과 같은 도덕적 해이가 있는 실패까지 지원하자는 것은 아니다. 최선을 다한 실패는 지원하되, 나태에 의한 실패는 지원하지 말고 도덕적 해이는 가중 징벌하라는 것이다.

지금 일선에선 선별적 재도전과 원칙적 재도전 패러다임이 충돌하고 있다. 원칙적 징벌과 선별적 구제를 원칙적 재도전과 선별적 징벌로 바꿔야 한다. 도덕적 해이를 구별하는 법은 간단하다. 형법상 횡령에 국한하면 된다.

지나치게 비정상적인 실패 기업가에 대한 사전징벌을 풀면 국가혁신의 동력을 확보하고도 남는다. 실패를 통해 혁신은 다듬어진다.

헤럴드경제 2016-05-18

기업 회생
제도의 회생

많은 재도전 기업인들이 자신의 부채가 아니고 연대보증 부채 때문에 재도전할 수 없어졌다. 기업의 채무가 출자 전환돼 기업의 채무가 사라져도 연대보증인인 기업인에게는 채무가 남아 있는 제도다.

기업가정신에 기반을 둔 창업만이 위기의 한국을 구원할 것이다. 창조적 도전에 따르는 실패의 위험에 대한 안전망을 제공해야 창업이 활성화된다. 정직한 실패는 원칙적으로 재도전을 할 수 있도록 지원하라는 것이 유럽연합의 중소기업법 제2조이다. 미국의 파산법은 신생 기업과 차이를 두지 않도록 하고 있다. 모두가 개별적인 기업 차원을 넘어 창업 생태계 차원에서 문제를 바라보는 것이다.

그런데 한국의 재도전 제도는 실효성이 의문시되고 있다. 회생절차를 졸업하더라도 국책 금융기관조차 추가 신용 제공을 하지 않는다. 법정관리를 졸업하게 되는 기업의 신용도가 오히려 떨어지는 아이러니가 발생하는 이유다. 미국에서 파산 정리 절차가 끝난 기업은 새로이 창업한 기업과 동일한 조건으로 사업을 할 수 있는 것과 달라도 너무 다르다. 그 차이는 바로 개별 기업의 차원과 전체 생태계 차원 간 가치관의 충돌이다.

가치관의 충돌은 비용과 편익의 균형이라는 각도에서 해결해야 한다. 다수의 사업자가 회생 제도를 악용할 경우 금융기관은 정상적인 기업인들에게도 금융 제공을 꺼릴 수 있다. 그러나 지나친 금융기관 채권 우선 제도는 기업의 재기를 막아 기업가정신이라는 소중한 국가 자원을 사장할 우려가 있다. 현재 한국은 지나친 금융기관 정책의 결과로 기업가형 창업이 저하되는 결과를 초래하고 있다. 한정화 등의 연구에 의하면 사장되는 재도전 자산이 연간 10조 원에 달한다. 중국은 연간 700만 명의 대졸자 중 300만 명이 창업에 뛰어들고 있다. 그러나 한국의 청년창업은 OECD 바닥권이다.

결국, 비용 · 편익 분석의 결론은 다음과 같다. 95%의 정직한 실패 기업가들은 국가의 미래 자산이므로 재도전을 장려해야 한다. 그러나 5%의 도덕적 해이로 인한 실패 기업인들은 과거보다 가중 징벌하라는 것이다.

이제 우리가 할 일은 미국의 파산 법정을 벤치마킹해 한국의 법정관리 제도를 재편하는 것이다. 이를 위해서는 금융계의 전폭적 협력이 필요하고 입법부의 인식 혁신이 필요하다. 법원의 법정관리 외에도 워크아웃 등의 절차를 밟은 기업들에 대해서는 최대한 신규 창업 기업과 동일한 형태의 신용이 부여돼야 한다. 그렇지 않다면 굳이 법정관리 혹은 회생절차를 운영할 이유가 없지 않은가. 신규 창업과 동일한 신용이 제공되면 투자도 따라온다. 올해 회생 기업으로 3,000만 원의 크라우드 펀딩을 성공한 갑산메탈의 사례를 벤치마킹해 볼 필요가 있다. 미국의 경우 재도전 기업을 벤처캐피탈 투자자들이 더 선호하는 이유를 생각해 보라. 가장 중요한 창업 정책은 회생 절차를 밟은 기업에 진정한 신용회복을 제공해 주는 것이다.

많은 재도전 기업인들이 자신의 부채가 아니고 연대보증 부채 때문에 재도전이 불가능해지고 있다. 특히 기업의 채무가 출자 전환돼 기업의 채무가 사라져도 연대보증인인 기업인에게는 채무가 남아 있는 소위 채무 부종성 부정은 기업가정신을 완전히 무시하는 제도다. 예를 들어 500억 원의 부채를 주식으로 출자 전환해 1,500억 원에 매각한 신용보증기금의 사례를 보자. 신용보증기금은 1,000억 원의 이익을 얻었음에도 추가로 연대보증인에게 500억 원을 청구하고 있다. 금융기관의 모럴해저드라고 할 수 있다.

기업인 재도전의 핵심 정책이 신용 회복이라면, 기업 회생의 핵심 정책은 M&A 활성화다. 회생 기업의 M&A를 가로막는 최대의 걸림돌은 연대보증과 조세 문제다. 정부의 조세 제도가 창업생태계를 악화시키고 있다. 세금 마일리지 제도를 전향적으로 개편해 세금 납부 금액 범위에서의 금액 상한선 없는 조세 감면은 창업 활성화에 큰 기폭제가 될 것이다. M&A를 통한 기업 회생은 국가적 차원에서 총론적으로 바람직하나, 이해관계자들의 각론적 불일치로 표류하고 있는 대표적 사례일 것이다.

창업 정책은 정직한 기업인의 재도전을 환영하는 재창업 정책으로 완성된다.

이투데이 2016-05-23

벤처는 영원하다

지난 10년간 국내 벤처업계는 빙하기였다.
미국 실리콘밸리에서는 구글, 페이스북 등 혁신적 벤처기업이 나와
산업의 주축으로 성장했지만 한국에선 창업의 싹조차 틔우지 못했다.

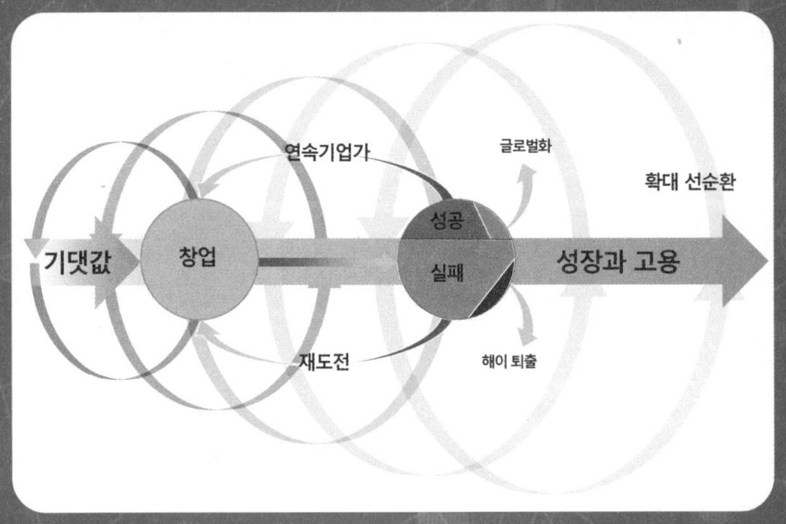

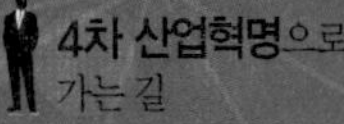

'더벤처스 사태' 특별기고

지난 3년간의 피나는 노력 끝에 비로소 벤처 창업의 불씨를 다시 살려낸 창조경제의 성과가 하루아침에 물거품이 될 수 있다는 것을 명심해야 한다.

'벤처 성공신화'를 써오던 호창성 더벤처스 대표의 구속 파장이 벤처업계를 강타하고 있다. 호 대표가 스타트업(신생 벤처기업)에서 수십억 원의 정부 보조금을 편취한 혐의로 구속되자 봄바람이 불던 벤처업계가 잔뜩 움츠러들고 있다.

이번 사태는 2000년대 초 정현준 게이트, 진승현 게이트, 이용호 게이트 등 잇단 '벤처 게이트'로 벤처업계 신뢰가 순식간에 땅에 떨어지고 달아오르던 벤처 붐이 꽁꽁 얼어붙었던 악몽을 떠올리게 한다. '벤처 사냥꾼'에 의한 비리 종합세트가 들춰지면서 해외 각국이 벤치마킹하던 대한민국의 벤처 육성정책은 한순간에 완전히 중단됐다.

지난 10년간 국내 벤처업계는 빙하기였다. 미국 실리콘밸리에서는 구글, 페이스북 등 혁신적 벤처기업이 나와 산업의 주축으로 성장했지만 한국에선 창업의 싹조차 틔우지 못했다. 젊은이들은 창업을 외면했고 한국은 '창업 후진국' 으로 전락하고 말았다.

검찰 수사가 진행 중이지만 지금까지 알려진 것은 호 대표가 정부 지원금을 받아주는 명목으로 스타트업 다섯 곳의 지분을 무상으로 받아 챙겼다는 것이다. 이번 사건의 발단은 정부의 '민간 주도 창업지원사업(TIPS, 팁스)' 이다. 창업보육기관이 스타트업에 1억원을 투자하면 정부 출연금과 민간부담금 등을 합쳐 최대 9억원을 투자할 수 있다.

팁스는 중소기업청이 이스라엘의 벤처보육제도를 본떠 도입한 정책이다. 기존 창업보육정책과 본질적으로 다른 점은 이스라엘처럼 창업보육기관에 인센티브를 주고 스타트업 투자의 의사결정권을 정부가 아니라 민간에 이양한 것이다. 스타트업에 투자하기를 주저하는 벤처투자사를 끌어들이기 위해 정부가 꺼낸 파격적인 정책이다.

한국의 창조경제는 창업 활성화에 달려 있다고 해도 과언이 아니다. 창업 활성화는 스타트업(신생 벤처기업)의 성공 이후 재창업 혹은 창업 지원에 나서는 '연속 기업가(serial entrepreneur)' 의 확산에 달려 있다. 정부가 자칫 특혜 논란 등을 일으킬 수도 있는 팁스(TIPS) 제도를 도입한 배경이다.

창업 팀은 투자금, 정부 지원금과 더불어 성공한 창업가의 멘토링까지 받게 되니 이른바 '죽음의 계곡' 을 넘길 수 있는 확률을 높일 수 있다. 투자사는 창업 팀이 성공하면 더 큰 자금 회수 기회를 얻게 되고 정부는 스타트업을 통한 새로운 일자리 창출 및 경제 활성화를 꾀할 수 있다. 이런 이유로 팁스는 벤처 지원 정책 가운데 가장 진일보했다는 평가를 받았다.

팁스가 성과를 내면서 불과 3년 만에 한국 벤처 생태계가 2000년 초반 수준으로 복원됐다. 2013년 출범한 박근혜 정부가 창조경제를 화두로 내세우면서 사그라지기 직전이던 벤처 창업 불씨를 가까스로 살려낸 것이다. 창업자 연대보증을 폐지하고 크라우드 펀딩을 허용하는 등 청년 창업 활성화를 위한 정책을 쏟아냈다. 각종 벤처 지원책에 힘입어 작년 벤처기업 수가 3만개를 넘어서는 등 가시적인 성과도 냈다.

한국을 대표하는 스타트업은 대부분 팁스와 관련을 맺고 있다. 획일적인 지원을 받는 기존 창업보육센터와 달리 팁스는 창업에 성공한 벤처인들이 운영하는 액셀러레이터를 통해 멘토링과 글로벌화 등을 지원한다.

이번 사태로 우려되는 것은 성공한 벤처인들이 더 이상 후배 양성을 위해 뛰지 않을 수 있다는 점이다. 후배 창업가들에게 성공 경험을 전수하며 제2, 3의 벤처 성공신화를 일구려 하는 벤처 1세대의 활동이 위축될 수밖에 없을 것이다.

한국은 2000년 세계 최고의 벤처 생태계를 구축했다. 세계 최초로 벤처특별법과 기술거래소, 실험실 창업제도를 도입했다. 이를 통해 수많은 벤처기업을 육성했고 이스라엘 등에는 벤치마킹 대상이 됐다. 그렇지만 잇따른 벤처 게이트로 잃어버린 10년을 보내야 했다.

이번 사태가 과거처럼 벤처업계 게이트로 확산되지는 않기를 바란다. 지난 3년간의 피나는 노력 끝에 비로소 벤처 창업의 불씨를 다시 살려낸 창조경제의 성과가 하루아침에 물거품이 될 수 있다는 것을 명심해야 한다. 벤처기업협회, 벤처캐피탈협회, 여성벤처협회 등 벤처업계가 11일 한마음으로 이번 사태가 벤처 투자 붐에 악영향을 미치지 않기를 바라는 성명서를 낸 것도 이런 이유에서다.

한국경제 2016-04-11

메디슨 문화

메디슨에서 활동하는 사람들은 누구나 사장이 될 꿈을 꾼다.
사장처럼 행동한다. 자기 일 자체를 통한 즐거움을 맛본다.
상벌보다 자아실현이 근본적인 동기부여인 것이다.
인간과 업적을 융합하는 것이 도전이다.

메디슨에서는 기업문화 형성을 위하여 '메디슨 문화' 라는 책과 활동을 수행한 바 있고, 그 결과 100여개의 벤처기업이 탄생하였다. 이러한 메디슨 문화에 대해서 간단하게 정리를 해보자면 첫째 "기술에 의한 세계 도전"으로 설정한 메디슨의 기업이념이다.

1985년 메디슨을 설립할 당시 한국은 세계에 내놓을만한 혁신적인 기술이 거의 없었다. 실제로 메디슨의 역사는 불가능에 대한 도전의 역사다. 도전은 항상 성공하지 않는다. 그래서 도전을 장려하기 위한 '실패에 대한 지원' 이 메디슨 문화의 핵심이 된다. 그러나 모든 실패를 지원하지는 않는다. 도전에 의한 실패 즉 학습이 있는 실패는 지원하나 경계에 의한 실패 즉 학습이 없거나 반복되는 실패는 지원하지 않는다.

다음은 도전을 끌어내는 관리 방식이다. 혁신이라는 것은 바람과 같아서(Who have seen the wind?) 단지 깃발이 펄럭이는 것을 보고 바람이 있다는 것을 간접적으로 느끼는 것이다. 신바람은 한국인의 고유 특성인데 이런 신바람은 관리되기가 어렵다고 한다. 일본이 품질 관리로 세계적인 국가로 도약했다. 과연 한국은 무엇으로 세계적으로 도약할 것인가.

목표 관리는 메디슨 문화를 구현하는 데 중요한 관리이다. 성과만을 추구하고 내부역량을 소진하게 되면 기업은 혁신을 잃어버리게 된다. 그러나 역량 강화만 추구하면 기업은 지속 가능하지 않다. 피터 드러커 교수가 소문자인 자율에 의한 mbo(mbo by self management)라고 생각한 것은 인간을 X 이론이라는 성악설과 Y 이론이라는 성선설을 넘어서 스스로 자아 완성으로 가는 목표 추구로 관리하자는 의미였다. 이후 이 mbo가 직원들을 압박하기 위한 NORMA로 전락하고 목표에서 재미와 가치가 사라지게 되었다. 이렇게 되면 인간의 창의성이 없어지게 된다.

그래서 메디슨의 목표관리는 목표를 통한 자아 관리이기 때문에 상하 합의에 따른 목표관리를 통한 120% 목표설정을 원칙으로 한다. 20%는 달성되지 않아도 좋다. 그것은 하나의 게임이다. 목표의 불확실성을 통해 재미가 부여되고 그 재미가 나의 도전에 가치를 주는 것이다. 개개인의 업무는 혼란스러워진다. 그러나 불확정성의 원리와 같이 개개의 원자는 불확실하기에 인간은 존재한다. 자기 조직화된 시스템의 특징을 보면 부분의 불확실성이 전체의 확실성을 만들어낸다. 모든 부분이 완벽해질 때 전체는 죽는다. 모든 부분의 불확실성을 통해서 혁신이 이루어진다.

개인 차원의 목표를 뒷받침하기 위해서 목표 설정의 상호작용은 추후 인사고과 시스템에 상호 평가로 연결된다. 일방평가는 일방지시의 결과를 낳는다. 설정된 목표를 추진할 수 있는 재량이 주어져야 목표 관리는 자리 잡는다. 수단의 자율적 선택, 상당 부분의 결재권들이 현장에 주어진다. 단 사전 통제가 아니라 사후 공개를 한다. 집행된 금액에 대해서 공개하는 그 자체로 자율관리가 이루어진다는 것은 수많은 경험을 통해 드러나고 있다. 권력에 의한 통제는 효율관리에는 적합하나 혁신관리에는 적합하지 않다. 사전통제에서 사후평가로 가는 메디슨의 관리 방식을 보이지 않는 관리 보여주는 관리로 명명하게 된 것이다.

그리고 그 결과는 평가되어야 한다. 잘못된 것은 학습을 통해서 공유되어야 한다. 실패는 없애야 하는 것이 아니라 실패를 통해서 조직은 환경에 적응해 가는 학습 과정을 가지게 된다. 결과는 평가되어야 하고 그것은 다양한 형태로 보상되어야 한다. 어떤 사람은 현금, 승진, 휴가를 원한다. 이 평가 과정은 한 사람의 많은 요소를 나누어서 소위 할로(HALO) 효과를 없앤다는 평가 시스템은 이제 혁신에는 적합하지 않다. 정답이 없는 일을 하므로 주관적 평가가 모여서 객관화된다. 이것을 주관의 객관화라고 명명하였다.

360도 평가라고 불리는 평가시스템을 메디슨은 이미 1980년도에 자체적으로 도입, 실시했고 거기서 상부로부터 평가는 업적을, 하부로부터는 평가는 인간을, 측면으로부터의 평가는 협력을, 나타내게 된다. 나 자신도 내가 평가하는 임원진, 간부급에 대해서 나도 평가를 받았다. 모든 평가는 상호평가로 하고 마지막으로 평가의 결과에 대해서는 이의를 제기하는 재심제도를 도입하게 되었다. 인간이 하는 일은 완벽하지 않다는 것을 보장하기 때문이다.

개인 차원의 목표관리는 모든 임직원에게 기업가정신을 심어준다. 추후 메디슨으로부터 100명의 사업가가 나오게 된 근간은 개인 차원의 목표관리로부터 출발했기 때문이다. 기업가정신이 살아있는 메디슨은 늘 시장 바닥같이 왁자지껄하다. 그 안에는 보이지 않는 질서가 있다. 그러나 일사분란 함은 없다. 나중에 타기업이 인수한 이후에 보이스카우트 같다는 평을 했다고 한다.

개인 차원의 목표관리는 조직 차원에서는 혁신과 유지, 활동이 선순환되는 태극조직으로 간다. 목표관리의 핵심은 도전을 장려하는 것인데 도전의 결과가 성공이 되든 실패가 되든 조직 전체가 이를 학습해야 한다. 동일한 도전은 도전이 아니다.

그래서 학습조직으로 가기 위해서 메디슨은 논문제도를 도입했다. 매년 한 편의 논문을 제출한다. 최소한 자기 업무는 자기가 정리한다. 외부에서 업무를 정리하는 시대는 지나갔다. 모든 회사의 업무는 6개월 단위로 바뀌고 있다. 스스로 정리하는 것이 가장 올바른 정리이다. 이런 과정을 거치게 되면 조직의 역량이 급속도로 증대한다. 실제로 공고를 졸업하고 메디슨의 입사한 생산현장의 고졸 사원들이 일 년 후에는 웬만한 대학생 못지않은 실력을 갖추게 된다. 스스로 목표를 가지고 스스로 논문을 써 나가면서 자기 주도 학습을 하게 된 것이다. 그것에 조직 전체의 논문제도를 통해서 발표자들을 통해서 통해 확산해나간다.

이러한 태극조직을 거쳐 일정 단계에 돌입한 사원들은 자기 아이디어를 사업화하는 도전을 하게 된다. 사내기업인 것이다. 최근 들어서 미국의 주요 대학에서 사내 기업가정신을 부르짖고 있다 기업 내 혁신은 이제는 관리에서 이루어지는 것이 아니라 기업가정신을 바탕으로 이루어진다는 본질을 파악한 것이다. 이미 메디슨은 1990년 초 이런 제도인 인트라벤처, 사내벤처 제도를 시행하게 된다. 요즘 이야기하는 사내기업가가 되는 것이다. 여기서 100여개 회사들이 배출된다. 100여개 배출된 회사 중 7개 회사가 상장한다.

메디슨에 입사한 임직원들은 실패를 두려워하지 않는다. 반복할 수 있는 기회가 주어지기 때문이다. 대한민국이 벤처의 재도전, 재기회를 연대보증에 의한 신용불량으로 막으면서 기업가정신이 급속히 쇠퇴한 것과 비교할 수 있을 것이다. 메디슨에서 활동하는 사람들은 누구나 사장이 될 꿈을 꾼다. 사장처럼 행동한다. 자기 일 자체를 통한 즐거움을 맛본다. 상벌보다 자아실현이 근본적인 동기부여인 것이다. 인간과 업적을 융합하는 것이 도전이다.

이러한 융합과정은 태극조직과 같은 선순환의 원리로서 메디슨의 기본모델로 정착하게 된다. 고객에 대한 가치, 사원에 대한 가치, 혁신부서와 유지부서, 교육과 업무, 이 모든 것이 선순환되는 구조를 갖는다. 결국, 순환이 가장 중요한 것이다. 좌우를 떠나서 순환 그 자체가 중요한 천지인(天地人)이 합쳐지는 인중천지일(人中天地一) 사상이 바닥에 깔리는 것이다.

메디슨 문화의 핵심은 도전을 통한 인간과 업적의 선순환 이를 통한 메디슨맨의 자아 완성이 여기 있는 것이다.

이러한 내용을 모은 '한경영' 이라는 한국적 경영에 관한 책과 메디슨 문화는 이후 벤처 경영인들에게 널리 읽힌 경영 서적이 아닌가 한다. 놀라운 것은 생각보다 먼 관계의 기업에서도 메디슨 방식을 원용하고 있는 것이다. 메디슨 정신은 메디슨을 넘어 의료 산업계, 나아가 한국 벤처 산업계에 살아서 진화하고 있다.

〈메디슨 마피아-창조경제연구회〉 발간사

페이팔 마피아,
메디슨 마피아

메디슨 마피아 이야기는 메디슨 창업에서 시작하나, 메디슨만의 이야기는 아니다.

전 세계적으로 연속 기업가정신(Serial Entrepreneurship)에 관한 관심이 뜨겁다. 선순환 벤처 생태계의 밑거름이기 때문이다. 그 대표적인 사례로 미국 페이팔에서 파생된 '페이팔 마피아' 예를 들고 있다. 이제 한국의 사례로 '메디슨 마피아'를 소개하고자 한다.

메디슨 마피아 이야기는 메디슨 창업에서 시작하나, 메디슨만의 이야기는 아니다. 메디슨의 성공 벤처 모델을 바탕으로 한국 의료산업의 생태계가 형성되었다. 메디슨 마피아가 대한민국 의료기 수출의 70%를 담당하게 될 정도로 성공을 거두자 메디슨과 의료 벤처를 모델로 한국의 벤처기업협회가 만들어지고 메디슨의 기업가적 실험을 바탕으로 한국 벤처 생태계 모델이 형성되었다. 이제 한국의 벤처 생태계는 매출 350조 원과 국가 성장 기여 1%라는 한국 경제의 쌍끌이로 성장한 것이다. 메디슨의 문화와 제도는 여러 벤처기업들에 전파돼 한국식 벤처 경영의 벤치마킹 모델이 된 것이다. 그 가운데에는 100개 가까운 메디슨 발(發) 의료 벤처들이 자리하고 있다. 그중에는 10개 넘는 상장기업도 있고 20여 개의 사라진 기업도 있다. 창조경제는 기업가정신 경제이고 메디슨 정신과 일맥상통한다. 개방과 공유의 열린 생태계에서 창조성이 꽃피는 경제가 창조경제이기 때문이다. 이 모든 이야기가 메디슨 마피아의 이야기인 것이다.

1985년 기술에 의한 세계 도전을 꿈꾸며 멋모르고 창업한 카이스트의 젊은이들이 좌충우돌하면서 얻은 깨달음은 기업가정신만이 승부수라는 것이었다. 자금도 경험도 시장도 없는 벤처 창업가들의 승부수는 창조적 도전 정신뿐이었다. 도전을 장려하기 위하여 실패를 지원하는 문화를 구축해 나간 것이 메디슨 문화다. 성과와 역량이 도전을 통하여 결합하고 실패에서 학습하는 것이 메디슨의 목표관리였고 직원들은 스스로 기업가로 변모해 갔다. 이윽고 이들은 기업 내에 사내벤처를 만들기 시작했고 이들 중 다수는 스핀아웃을 통하여 독립해 나갔다. 그리고 메디슨 마피아가 되었다. 이 과정에서 'ㅎ、ㄴ 경영' '초생명기업' 이라는 책들이 출판되었다. 직원 300명의 기업에서 100명의 기업가가 쏟아져 나온 사례는 전 세계적으로도 흔치 않을 것이다. 흔히들 언급하는 Paypal 마피아도 숫자적으로는 이보다 적을 것이다. 메디슨 창립 30년을 맞아 메디슨 마피아의 이야기를 공개하는 이유는 이제는 자랑이 아니기 때문일 것이다.

메디슨은 3차원 초음파 진단기를 세계 최초로 상용화하는 데 성공했다. 그리고 전 세계 70여 개국에 시장을 개척했다. 메디슨의 자산은 기술만이 아니라 전 세계의 시장도 포함된다. 시장을 열면 수많은 한국의 의료 벤처가 세계화할 수 있다. 메디슨이 시장 개척을 위하여 쏟아부은 시간과 정열과 자금을 타 기업들이 반복할 필요가 없기에 메디슨은 시장을 개방하는 플랫폼 기업으로 진화했다. 그리하여 수많은 의료 벤처들은 기술 혁신만으로 글로벌화했기에 대한민국 의료산업이 3배의 고도성장을 구가하게 된 것이다. 그리고 2000년부터 메디슨은 의료기기 회사를 넘어 u 헬스산업을 포함한 신개념의 의료 혁명에 도전하게 된 것이었다.

1995년 메디슨은 의료산업을 넘어 대한민국의 신산업 혁명에 도전하게 된다. 바로 벤처기업협회 설립을 주도하고 메디슨의 경험을 바탕으로 벤처산업의 인프라를 구축하는 데 앞장서게 된 것이다. 1995년 이전의 한국의 벤처 정책은 단순히 외국 정책을 벤치마킹하여 한국적 상황에 적합하지 않았다. 벤처기업특별법과 코스닥이라는 쌍끌이 정책으로 대한민국은 2000년 세계 최고의 벤처 생태계를 형성했다. 비록 2002년부터 시작된 벤처 건전화 정책으로 기인한 10년의 벤처 빙하기가 있었으나, 지금 벤처는 성장과 고용을 이끄는 유일한 국가 대책으로 자리하게 되었다.

메디슨 마피아의 상장기업 가치만 현재 6조 원이 넘는다. 그리고 메디슨 마피아들은 지금도 곳곳에서 기업가적 도전을 계속하고 있다.

이투데이 2015-11-30

연속 기업가정신
Serial Entrepreneurship

아직도 한국에서 성공한 기업인들은 전면에 대리인을 내세우고 뒤로 숨는 경향이 있다. 결국, 단일 기업 성공의 한계를 넘지 못하고 있는 것이다.

기업가정신은 이제 개별 기업의 차원을 넘어 산업 생태계 차원으로 승화하고 있고, 그 중심에 연속 기업가정신(serial entrepreneurship)이 있다. 창업은 성공 혹은 실패로 이어진다. 성공한 기업가는 연속 기업가로 벤처 생태계를 더욱 기름지게 만들고, 실패 기업가는 재도전을 통하여 성공으로 가는 것이 창업 국가의 지향점이다. 창업 활성화는 재성공과 재도전의 순환으로 가능해진다. 이제 성공한 기업가가 성공을 나누는 과정과 실패한 기업가가 재도전하는 두 가지 방향으로 기업가정신의 확장을 살펴보고자 한다.

성공한 기업이 단일 기업의 성공으로 그치지 않고 생태계 전반으로 성공을 나누는 과정이 창업 국가로 가는 2단계 진화 과정이다. 이러한 관점에서 몇 가지 국내외 사례를 제시하고자 한다.

미국 남부 텍사스주의 인구 150만 명의 도시 오스틴(Austin)에서

1989년 IBM의 직원 4명이 스핀오프해 티볼리(Tivoli)라는 소프트웨어 기업을 창업했다. 1996년 IBM에 7.5억 달러에 인수된 후, 티볼리의 인재들이 대량 벤처창업에 나서 Motive, Spiceworks 등 무려 26개의 스핀오프 창업이 이루어졌다. 26개 회사 중 실패는 2곳에 불과했다. 회수한 기업인 중 10명 이상은 벤처 투자가가 되어 신규 창업자들을 지원하고 있다. 또한, 10명 이상은 재창업을 했고, 이들이 포함된 창업 성공률은 47%로, 일반 성공률 27%보다 월등히 높았다. 오스틴이 자랑하는 SXSW(South by South West) 축제가 음악에서 소프트웨어로 진화하게 된 역사가 촉발된 이야기다.

세계 최대 상거래 결제서비스 회사로 성공한 페이팔이 e-Bay에 매각된 후 창업 멤버들은 부에 안주하지 않고 연속 기업가의 길로 재도전을 시작했다. 이들이 세운 창업회사 가운데 10억 달러 이상의 가치를 지닌 유니콘이 무려 7개나 된다. 엘런 머스크의 '테슬라'와 '스페이스엑스', 리드 호프먼의 '링크드인', 스티브 첸, 채드 헐리, 자웨드 카림의 '유튜브', 제러미 스토플먼, 러셀 시먼스의 '옐프', 데이비드오 삭스의 '야머', 그리고 피터 틸의 '팰런티어' 들을 소위 페이팔 마피아라 통칭하고 있다. 이런 마피아들이 기업을 넘어 산업을 풍요롭게 하여 양질의 일자리를 공급하고 있는 것이다. 페이팔로부터 파생된 모든 기업의 가치를 모으면 30조 원이 넘는다.

한국에도 메디슨으로부터 파생된 기업이 100개가 있고 이 중 16개 회사가 상장하고 메디슨 본사를 제외한 기업가치가 6조 원을 넘어서고 있다. 메디슨의 등장 이후 한국 의료기기 산업의 성장률이 연간 7%에서

21%로 성장한 사례는 연속 기업가의 중요성을 입증하고 있다.

이제, 1세대 벤처인들은 창업 기업을 지원하는 액셀러레이터 사업에 대거 참여하고 있다. 카카오의 김범수, 프라이머의 권도균, 퓨처 플레이의 류중희, 본 엔젤스의 장병규, 패스트트랙 아시아의 신현성 등이 대표적 사례들이다. 이들의 등장이 제2 벤처 붐의 핵심 동력이기도 하다. 창업한 기업인들이 즐겁게 재창업을 하거나, 창업을 지원하는 역할이 창업 대국의 필수 요소다.

이제 단일 기업을 넘어 산업 생태계를 이끄는 승화된 연속 기업가정신이 요구된다. 아직도 한국에서 성공한 기업인들은 전면에 대리인을 내세우고 뒤로 숨는 경향이 있다. 결국, 단일 기업 성공의 한계를 넘지 못하고 있는 것이다. 성공을 나누기 위하여, 성공한 기업인이 더 많은 성공 기업인을 만드는 롤모델 역할을 하고 성공 방정식을 전파하고, 성공을 나누는 멘토의 역할을 하고, 창업 기업에 투자를 하는 선순환 개념의 연속 기업가가 많아져야 대한민국 기업 생태계가 풍성해질 것이다.

한 걸음 더 나아가, 기업인들이 정책과 교육 분야로까지 역할을 확대하는 것이 궁극적인 기업가정신 대국으로 가는 길이고, 좋은 일자리를 만드는 대안이다.

이투데이 2016-02-15

창업벤처와 사내벤처, 함께 활성화되어야

벤처 창업 활성화를 위하여 현 정부는 많은 자원을 투입했고 성과는 수도권 청년층을 중심으로 나타나고 있다. 지난 3년간 창업벤처는 질과 양 모두에서 괄목할만한 진전을 이뤘다.

창조경제의 구현을 위하여 벤처의 혁신을 대기업의 효율과 결합하는 구체적인 전략적 대안들이 필요하다. 이를 위한 8대 전략은 다음과 같다. 혁신을 위한 1) 창업 활성화 2) 사내벤처 활성화가 3) 개방혁신과 4) 개방플랫폼으로 대기업의 효율과 결합해야 한다. 이러한 혁신과 효율의 순환을 정부의 공정으로 뒷받침하는 것이 5) 혁신시장과 6) 경제민주화다. 여기에 이 사회가 7) 문화 혁신과 8) 교육 혁신으로 장기적인 에너지를 공급하는 것이다.

창조경제 정책은 우선 혁신을 주도할 벤처 창업 활성화로 시작해야 한다. 그러나 창업벤처만이 아니라 사내벤처도 활성화되어야 한다. 사내벤처는 대기업의 내부 혁신만이 아니라 창업의 90%가 기업발 창업이라는 점에서 대단히 중요한 국가 과제다.

창업벤처와 사내벤처는 시장의 효율과 결합하기 위하여 대기업과 결합해야 한다. 혁신과 효율이 동시에 하나의 조직에 존재하기는 어렵다. 시간을 나누어 혁신과 효율을 결합하는 개방혁신(open innovation)은 이제 대기업 혁신의 주류로 부상했다. 공간을 나누어 혁신과 효율이 결합하는 개방 플랫폼(open platform)은 앱스토어와 같은 플랫폼 경제의 대세다.

벤처와 대기업의 선순환을 촉진하는 것은 혁신을 거래하는 시장이다. 기술거래소의 역할 복원이 필요한 이유다. 대기업과 벤처의 상생에 반드시 필요한 것은 공정거래이다. 사람 빼 오기, 사업 베끼기 등의 불공정거래는 국가와 대기업의 혁신을 좀 먹는다. 실리콘 밸리는 공정거래 질서하에 형성되어 온 것이다. 정부의 역할은 공정한 혁신 거래 시장을 형성하는 것이다.

그러나 근본적이고 장기적인 과제는 창조적 사회문화와 창조 인재 육성이라고 볼 수 있다. 실패를 지원하는 문화가 혁신으로 가는 근본 인프라다. 혁신은 실패란 단어를 내포하고 있다. 도전하는 실패를 지원하지 않는 국가에서 혁신은 사라진다. 사업에 실패하면 신용불량자가 되는 국가에서 청년들이 공무원 시험에 몰입하는 것은 당연한 귀결이다. 실패를 지원하고 사전규제를 축소하는 사회적 문화가 창조경제 바탕이다. 이러한 창조경제 4개 부문의 8대 전략의 추진을 중간 점검해 보자.

벤처 창업 활성화를 위하여 현 정부는 많은 자원을 투입했고 성과는 수도권 청년층을 중심으로 나타나고 있다. 지난 3년간 창업벤처는 질과 양 모두에서 괄목할만한 진전을 이뤘다. 특히 벤처기업협회와 창조경제연구회가 제언한 1) 창업자 연대보증 폐지 2) 코스닥 분리 3) 크라우드

펀딩 4) 기업가정신 의무 교육 5) 핀테크 규제 개혁 등은 획기적인 정책 변화라고 할 수 있다.

이제 벤처 활성화를 위한 2016년의 과제를 점검해 보기로 하자.

우선 사내벤처는 이제 일부 기업에서 도입이 추진되고 있는 초기 단계다. 전 세계적으로 창업의 90%는 기업 발이라는 점에서 사내벤처 활성화의 중요성은 다시 강조된다. 이를 위한 사내벤처 조세감면 등의 제도 개선이 필요할 것이다.

그런데 창업 활성화가 성장과 고용을 직접 만들지는 않는다. '죽음의 계곡' 을 넘는 질적 전환인 창업에 이어 '다윈의 바다' 라는 험난한 시장 경쟁을 넘어서 양적인 확대가 되어야 성장과 고용의 열매를 얻게 된다. 바로 상생형 M&A와 글로벌화 정책이 창업 다음의 대안이다. M&A가 대기업과 상생을 통하여 시장을 확보하는 것이라면, 글로벌화는 단독으로 세계화에 도전하여 상장(IPO)에 이르는 것이라 할 수 있다. 두 가지 모두 필요하나, 미국의 경우 M&A가 IPO에 비하여 압도적으로 큰 비중(10배)을 차지하고 있음에 주목하자. 그런데 한국은 10%대에 불과하다. 상대적 규모가 1%인 것이다.

한국의 취약한 M&A 비중은 국가 전반의 혁신 저하로 나타나고 있다. 창업 벤처는 시장 진입 과정에서 좌절하고 있다. 선배 벤처의 좌절은 청년 창업의 걸림돌로 작용한다. 대기업은 와해적 혁신의 대안을 찾지 못하고 있다. 결국, 대기업들은 중국과의 경쟁에서 밀려나고 있다. 벤처 투자자들은 중간 회수 시장의 부재로 초기 창업 투자를 외면하고 있다. 바로 한국 산업 생태계의 빠진 연결 고리(missing link), '상생형 M&A'

활성화가 2016년 벤처의 최대 과제일 것이다.

혁신과 효율과 공정의 3요소에 지속적인 에너지를 공급하는 혁신 지향적 문화와 문제 지향적 교육을 위한 이 사회의 역할은 아직 미완성 단계다. 사전 규제에서 사후 평가로의 패러다임 변화는 사회 전반적으로 극히 부진하다. 기술사업화를 비롯한 대부분의 영역은 아직도 사전 규제로 점철되어 있다. 이는 경제 차원을 넘어 핵심 권력기관의 개혁이 있어야 해결될 것으로 보인다. 정답찾기에서 문제발굴로의 교육 전환은 아직 운도 떼지 못하고 있다. 그래도 기업가정신 의무교육 추진은 기대를 버리지 않게 한다. 이러한 사회혁신과 교육혁신이 2016년에 시작될 벤처 생태계의 중요한 변화가 되어야 할 것이다.

〈대전망 2016-한경비즈니스〉 수록

벤처 영웅을 기다리며

네이버의 이해진 의장은 구글의 래리 페이지에 견줄 만하고, 넥슨의 김정주 회장은 알리바바의 마윈 회장에 비견할 수 있으며, 다음카카오의 김범수 의장은 주커버그보다 못하지 않다고 생각한다.

기업가정신 발현의 가장 중요한 요소는 롤(Role) 모델이라고 한다. 스티브 잡스와 마크 주커버그를 보고 미국 청년들은 창업의 꿈을 키웠고 벤처를 제패했다. 'LPGA 1세대 골프여왕' 박세리를 보면서 세리 키즈들은 성장했고 세계를 제패하고 있다.

그런데 한국에는 벤처의 롤 모델이 사라지고 있다. 실패한 벤처인은 응징되고, 성공한 벤처인은 숨어 버린다. 결과적으로 성공하든 실패하든 벤처의 영웅은 사라진다. 국력의 차이를 고려해 볼 때, 필자는 네이버의 이해진 의장은 구글의 래리 페이지에 견줄 만하고, 넥슨의 김정주 회장은 알리바바의 마윈 회장에 비견할 수 있으며, 다음카카오의 김범수 의장은 주커버그보다 못하지 않다고 생각한다.

기업가정신 연구의 결론은 롤 모델을 통해 꿈을 전달하는 것이 창업 활성화의 가장 효과적인 정책이라고 한다. 그렇다면 왜 한국의 벤처 영웅은 사라지고 있는가에 대해 분석하고 대안을 확보하는 것이 한국경제에 절실한 과제라는 결론에 도달하게 된다. 그리고 그 대안으로 혁신의 안전망, 언론과 정부의 역할 재정립, 노블레스 오블리주(지도층의 의무)와 영웅 만들기를 제시하고자 한다.

첫째, 혁신의 안전망 없는 사회에서는 기업가정신 발현이 극도로 위축된다. 세계를 선도하는 일류 국가와 이류 국가의 차이는 한마디로 '혁신의 안전망' 유무라고 할 수 있다. 새로운 국부는 기업가적 도전을 통해 창출된다. 그런데 도전은 항상 성공하지 않는다. 도전에 따른 실패를 응징하는 우리 사회는 그 다음 도전의 싹을 잘라 버리는 우를 범하고 있다. 실리콘밸리에서 성공 벤처는 평균 1.8회의 실패를 경험하고 있는데, 한국에서는 한 번도 실패하면 안 된다. 결국, 창조적 인재들이 안전한 공무원 시험에 몰두하는 사회를 만든 주범은 우리 사회의 '혁신의 안전망 부재'인 것이다. 2조원이 넘는 창업 예산에서 혁신의 안전망인 '창업자 연대보증 면제'에 투입하는 금액이 100억원에 불과하다는 것이 창조경제의 핵심 문제에 대한 정책당국의 인식 한계를 적나라하게 보여주고 있다. 성실하게 도전해 실패한 기업가에게 신용불량의 굴레를 더는 씌우지 않는 사회가 돼야 한다.

둘째, 언론과 정부는 창업 벤처를 부추기나, 성공 벤처는 괴롭게 한다. 결국, 죽음의 계곡을 넘고 다윈의 바다를 건너 글로벌 벤처로 성공하면 대체로 창업자는 대리인을 대표로 내세우고 그림자 모드에 들어간다. 성공 투자가 아무리 많아도 단 하나의 실패 투자로 배임으로 몰릴 수 있다. 성공 벤처의 대표이사가 창업자가 아닌 가장 중요한 이유는 원칙

없는 행정과 법률 운용 때문이다. 여기에 덧붙여 언론도 성공 벤처인에 대해 그다지 호의적이지 않다. 마윈 혹은 빌 게이츠와 같이 기업을 넘어 사회적 영역으로 활동 범위를 확대하면 정치적 야망을 거론한다. 그리고 사업이나 하라는 야유적 기사를 접하게 된다. 그래서 '나서면 다친다' 는 격언에 충실한 것이 기업인의 도리라는 인식이 팽배해진 것이다. 결과적으로 성공 벤처인들은 대중의 시야에서 숨어 버린다.

셋째, 노블레스 오블리주는 혁신 사회의 필수 요소다. 혁신은 소수에 의해 이루어지고 결과적으로 부가 집중된다. 그래서 노블레스 오블리주를 실현하는 영웅들의 역할이 이 사회를 지속 가능하게 하는 것이다. 국부의 선순환은 노블레스 오블리주와 영웅 만들기로 구현된다. 우리는 부에 대한 인식이 대체로 비호의적이다. 제로섬의 부는 나의 부를 가져간 것이라 부정적이나, 혁신에 의한 플러스 섬의 부는 새로운 부를 창출하고 나눈 긍정적 부로 인식돼야 한다. 혁신을 통한 부의 축적 자체는 존중하고 노블레스 오블리주도 존경해 주자. 영웅 벤처는 기업의 차원을 넘어 국가 차원에서 더욱 소중하다. 기업가는 추잡한 장사꾼이라는 작금의 교육 현장 분위기가 기업가는 영웅이라는 새로운 인식으로 바뀔 때 대한민국의 건전한 미래가 보장될 것이다. 그리고 성공벤처인 개인적으로도 부보다도 소중한 것은 삶 그 자체일 것이다.

존경받는 벤처 영웅들이 즐비할 대한민국을 꿈꿔 본다.

세계일보 2015-07-06

창조경제와 유라시안 이니셔티브

창조경제의 그림이 그려지고 있다. 창업은 양과 질에서 두 배 이상 활성화하고 있다. 창업 생태계도 만들어지고 있다. 다양한 액셀러레이터들과 팁스(Tips) 프로그램이 창업의 질을 고도화하고 있다.

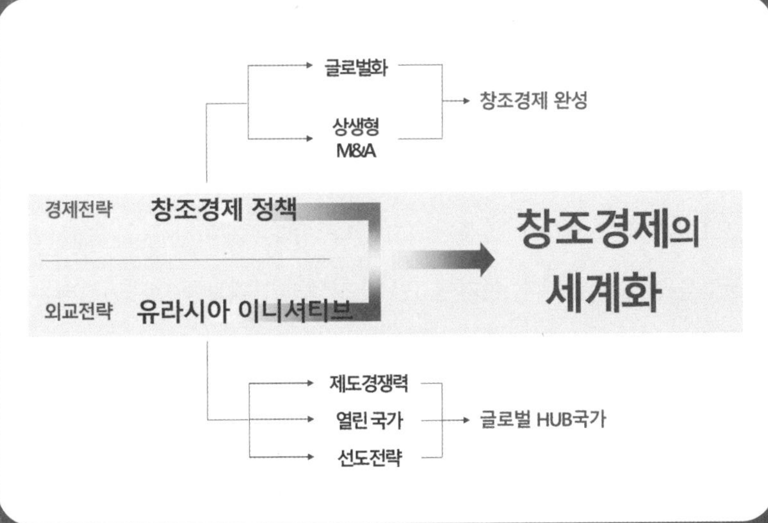

창조경제와 유라시안 이니셔티브

"빨리 가려면 혼자 가고, 멀리 가려면 같이 가라"는 아프리카 속담처럼 이제 우리는 다른 나라들과 같이 가야 한다. 일류 국가는 단순한 경제적 강국이 아니다.

창조경제의 그림이 그려지고 있다. 창업은 양과 질에서 두 배 이상 활성화하고 있다. 창업 생태계도 만들어지고 있다. 다양한 액셀러레이터들과 팁스(Tips) 프로그램이 창업의 질을 고도화하고 있다. 창업선도대학과 산학협력대학이 대학 발(發) 창업을 이끌고 있다. 전국적인 창업 경진대회가 이를 확산하는 기폭제가 되고 있다. 너무 많았던 창업 지원 프로그램은 K Startup으로 통합되고 있다. 창조경제혁신센터는 대기업과 창업을 연계할 것이다. 여기에 5년 내 창업자 연대보증이 내년부터는 면제된다. 크라우드 펀딩이 시작되고 코스닥이 분리된다. 각종 규제가 완화되어 핀테크와 디지털 헬스 등 융합산업의 기반이 형성된다. 기술사업화와 IP 금융도 선도화 된다. 2018년이면 기업가정신 의무교육도 시행된다.

그러나 아직도 갈 길은 멀다. M&A 중간 회수 시장의 형성, 사내벤처의 확산, 개방 플랫폼의 확대, 공정 거래 확립, 사전규제에서 사후평가로 전환, 창조적 교육 혁신 등 숙제가 많다. 그래도 우리는 창조경제 대장정에 반드시 성공할 것이다.

이제 또 하나의 창조경제 어젠다를 추가하고자 한다. 바로 '유라시안 이니셔티브' 를 위한 '창조경제 세계화' 다.

"빨리 가려면 혼자 가고, 멀리 가려면 같이 가라"는 아프리카 속담처럼 이제 우리는 다른 나라들과 같이 가야 한다. 일류 국가는 단순한 경제적 강국이 아니다. 문화 · 사회적 자산이 축적되어야 한다. 추격자 시대에는 미국만 따라가는 것으로 충분했다. 그러나 선도자 시대에는 우리의 문화를 바탕으로 주변과 네트워크를 이루어야 한다. 유라시안 네트워크는 경제 · 외교 · 정치 · 문화적으로 대한민국의 새로운 장을 열 것이다. 그리고 그 매개체로 '창조경제의 세계화' 를 활용할 수 있을 것이다.

유라시안 대륙의 수많은 국가에 한국의 창조경제 전략은 복음이 될 수 있다. 이들의 국가 발전 전략으로 그동안 한국의 산업화 전략이 전파되어 왔다. 그러나 산업의 가치사슬이 제조에서 창조성으로 이동하는 창조경제 패러다임에서 기존의 새마을운동과 산업화 전략은 시대 정신에 맞지 않는 부분이 많다. 예컨대 자동차 생산 공장을 유치하기 위하여 개도국이 수입 관세를 올리는 경우 실질적으로 국가에 득보다 실이 많은 경제 구조가 된 것이다. 대부분 산업의 부가가치에서 단순 조립이 차지하는 비중은 급격히 감소했기 때문이다. 700달러(약 799,400원)짜리 아이폰의 조립 비용이 14달러에 불과하다는 사실을 생각해 볼 필요가 있다.

이제 개도국의 부가가치는 통신 · 교육 · 의료 · 금융 · 유통의 모바일화에서 창출되는 것이 훨씬 크다. 모바일 통신망이 인프라가 되는 신산업혁명은 벤처기업인이 이끌어야 한다. 기업가정신에 기반을 둔 벤처인을 육성하는 것이 개도국의 더 시급한 과제라는 것이 수많은 현장 방문을 통해 내린 결론이다. 개도국에는 사실 자금이 있다. 경제협력개발기구(OECD) 국가들이 의무적으로 개도국 원조를 하는 금액이 1,000억 달러를 넘는다. 그런데 지원된 시설을 현지에서 잘 활용할 인력의 부족으로 지속 가능성이 문제가 되고 있다. 이 문제를 풀어 갈 대안으로 바로 한국의 창조경제 정책을 제안하고자 한다.

한국의 창조경제 정책은 1995년 벤처기업협회 창립으로 시작됐다고 봐도 좋다. 1차 벤처 붐의 결과 벤처기업협회가 주도한 코스닥과 벤처기업특별법이 시작됐기 때문이다. 또 실험실 창업제도, 인터넷 코리아 운동, 창업보육센터와 테크노파크에 이어 기술거래소로 1차 벤처 붐이 완성되어 이스라엘 등 전 세계가 부러워한 세계 최고의 벤처 생태계를 이룩했다. 이 부분만 설명해도 대부분의 개도국 관리들은 지대한 관심을 보이곤 했다. 여기에 2차 벤처 붐으로 대표되는 창조경제 정책을 더하면 유라시안 이니셔티브를 위한 공적 개발 정책(ODS)이 될 것이다.

창조경제 정책의 세계화를 통하여 글로벌 허브 국가로서 새로운 시대를 여는 것이 바로 유라시안 이니셔티브의 실천안이 아닌가 한다.

이투데이 2015-11-09

영국의 창조경제, 한국의 창조경제

한국이 이룩해 갈 창조경제는 한국만의 전유물을 넘어 인류 전체의 자산화가 추진되어야 할 것이다.

한국 창조경제의 세계화를 위하여 우리보다 16년 앞서 세계화를 이룩한 영국의 창조경제를 벤치마킹해 보자. 1997년 영국의 토니 블레어 총리는 침체에 빠진 영국 경제를 부활시킬 방안으로 창조경제 전략을 추진한다. 영국의 창조경제 전략은 영화 · 연극 · 문학 · 영상 · 설계 등 문화산업을 중심으로 '문화미디어스포츠부' 가 8대 분야 26개 정책을 추진하였다. 영국식 창조경제는 2000년 존 호킨스 교수에 의하여 '창조경제' 라는 책으로 정리되어 전 세계에 소개되었다. 호주는 '창조 국가' , 일본은 '쿨 재팬' , 중국은 '양화 융합' 이라는 이름으로 영국식 창조경제를 추진하고 있다. 영국식 창조경제는 EU를 넘어 2008년과 2010년 유엔이 '창조경제 보고서' 를 간행하면서 전 세계에 보급하고 있다. 영국식 창조경제는 특정 산업을 창조산업으로 정의하고 이를 지원하는 한정된 창조산업 정책이며, 국가별 GDP 비중이 5% 내외에 지나지 않는다는 한계가 있다.

영국보다 16년 뒤지고, 어쩌면 전 세계에서 가장 늦게 창조경제를 시작한 국가가 바로 한국이다. 그러나 한국의 창조경제는 특정 산업을 창조산업으로 정의하지 않는 새로운 형태의 창조경제 2.0으로서 미래창조과학부가 이끌고 있다. 1997년 토니 블레어 총리 시절에는 없던 메타기술 · 혁신생태계 · 개방플랫폼이라는 3대 혁신이 모든 산업의 창조산업화를 가능하게 한다는 것이 핵심 개념이다. 그리고 지난 3년간 한국은 한국식 창조경제라는 남들이 가지 않은 길을 가는 과정에서 숱한 시행착오를 통하여 학습해 왔다. 아직도 많은 사람이 창조경제를 미스터리라고 인식하고 있으나, 한국의 창조경제는 벤처와 대기업의 선순환 융합 경제라는 모습으로 서서히 등장하고 있다. 창조경제의 첫 번째 관문인 창업 활성화 단계는 넘어서고 있고, 두 번째 관문인 대기업과 선순환 단계에 도전하고 있다. 그리고 이것이 완성되면, 세계적으로 새로운 창조경제 2.0의 대안을 제시할 것으로 기대한다.

이제 창조경제가 가능할 것인가를 묻지 말고, 가능하게 하기 위하여 무엇을 해야 하는가를 물어야 할 때다. 창조경제라는 새로운 국가 전략을 무시하고 위기에 빠진 대한민국의 미래 비전을 새로이 만든다는 것은 현명한 생각이 아닐 것이다. 문제의 일부분이 될 것인가? 문제를 해결할 것인가?

한국이 이룩해 갈 창조경제는 한국만의 전유물을 넘어 인류 전체의 자산화가 추진되어야 할 것이다. 세계 최빈국에서 OECD에 진입한 한국의 국가 발전은 수많은 개도국의 선망 대상이었고 많은 국가에 전수되었다. 그러나 제1차 한강의 기적은 이제 그 효능을 다해 가고 있다. 대기업과 제조업 중심의 국가발전 전략은 전 세계적 가치 이동으로 빛이 바래지고 있다. 이제 가치의 중심은 지식재산권과 고객 관계로 급속히 이동 중이다. 모바일 혁명은 O2O(Online 2 Offline) 혁명으로 퍼져 인간의 삶을 근원적으로 혁신하고 있다. 아프리카의 휴대폰 보급률이 전기 보급률보다 2.5배 높은 80%대에 달하고 있고 케냐에서는 휴대폰으로 길거리 음식을 결제하고 있다.

제2 한강의 기적은 대기업과 벤처가 융합하는 창조경제 구현으로 가능해질 것이다. 그리고 그 성과를 인류 전체가 공유하자는 것이 '창조경제의 세계화' 이고 그 성과는 '유라시안 이니셔티브' 의 구현으로 나타날 것이다. 1차 벤처 붐에서 2차 벤처 붐까지의 벤처 성과를 정리하여 기존의 대기업 중심의 국가 발전 전략과 함께 정책 수출에 포함하는 것은 대한민국의 위상 강화에 결정적 역할을 할 것이다.

이제 남은 과제는 대기업과 벤처의 성과를 융합하는 개방혁신과 개방플랫폼이다. 그리고 그 중심에서 온 · 오프라인의 창조경제혁신센터가 역할을 해 준다면 세계적 사례가 될 것이다. 특히 상생형 M&A는 대기업 혁신, 벤처 세계화, 투자 활성화라는 일거양득의 대안이 될 것이다.

이투데이 2015-11-16

유라시안 네트워크와 개방 한국

'닫힌 한국에서 열린 한국으로의 패러다임 전환' 이 필요하다. 한반도 국가에서 글로벌 허브 국가로서의 새로운 국가 정체성을 정립하자.

지금 한국은 네가지 중대한 문제에 봉착해 있다. 지난 2000년 이후 15년 동안 국민소득은 2만 달러(약 2,313만 원)대를 넘지 못하고 있으며 세계 경제 비중은 하락하고 있다. 지역 계층 간 사회 분열은 더욱 심화되고 있다. 북핵으로 대표되는 남북문제 또한 해결의 실마리를 찾지 못하고 있다. 독도영유권, 동북공정 등 일본, 중국과의 외교 갈등은 대안을 찾지 못하고 있다. 과연 우리는 이러한 문제들을 극복하고 새로운 도약을 할 수 있을 것인가?

국가 정체성에 대한 패러다임을 바꿔야 이 같은 문제를 해결할 수 있을 것이다. 후진국에서 중진국으로 진입하는 패러다임과 중진국에서 선진국으로 진입하는 패러다임이 같지 않다는 것은 역사의 교훈이다. 중진국 진입은 선진국을 추격하여 '혼자 열심히' 노력만 하면 된다. 그러나 선진국 진입은 남들과 '더불어 다르게' 해야 한다. 한마디로 '닫힌 한국에서 열린 한국으로의 패러다임 전환'이다. 한반도 국가에서 글로벌 허브 국가로서의 새로운 국가 정체성이 필요하다. 그리고 이를 구현하는 전략으로 제도 경쟁력 강화, 닫힌 분야 개방, 네트워크 중심 국가라는 세 가지를 제시한다.

첫째는 제도 경쟁력 강화다. 지금의 한국은 기술이 번 것을 제도가 까먹고 있는 구조이다. 한국 경제의 발목을 잡는 주요 요인은 불합리한 각종 규제와 제도 미비로 인한 서비스 산업의 후진성에 있다. 기술로만 경쟁하는 분야에서 한국은 이미 세계적 선도국가 대열에 진입했다. 그러나 제도가 뒷받침해야 하는 금융, 교육, 의료, 행정 등 서비스 산업에서 한국은 후진국이다. 인터넷 기술로 이룩한 경쟁력을 공인인증서와 인터넷 개방성 제도로 후퇴시킨 사례를 보라.

둘째는 닫힌 분야의 개방이다. 한국의 산업별 경쟁력은 크게 세 그룹으로 나뉜다. 우선 가장 경쟁력이 있는 이른바 A 학점에 해당하는 분야로, 반도체 · 조선 · 자동차 · IT · 모바일 등이 있다. 평균 수준인 B 학점 분야에는 유통, 서비스, 내수 제조, 스포츠 산업 등이 속한다. C 학점에는 의료 · 법률 · 행정 · 금융 · 교육 · 노동 등 6대 분야가 있다. 놀랍게도 국제 경쟁력이 OECD 하위권인 이 6대 분야에는 오히려 한국 최고의 인재들이 몰려가고 있다. 세 그룹의 경쟁력 차이는 개인 역량이 아니라 개방 정도에 비례하고 있다는 방증이다. 개방된 분야는 경쟁력이 상승한 반면, 개방되지 않은 분야는 경쟁력이 후퇴한 것이다.

셋째는 네트워크 중심 국가다. 후진국이 독자적 외교 노선을 지향하는 것은 현명하지 못하다. 나라가 약할 때는 강한 국가를 따르는 것이 현명한 선택이다. 반면에 선진국을 지향하는 시점에서는 강대국을 추종만 해서는 한계가 있다. 어느 정도 성장하면 선진국의 견제가 들어오기 시작한다. 지금까지 한국의 외교 전략인 강대국 추종 전략을 극복하기 위하여 우리의 네트워크가 필요하다. 추종 전략만으로 선진국 진입은 불가능하기 때문이다. 전 세계 선도 국가들은 그들만의 네트워크를 구축하고 있음을 명심하자.

이 세 가지 전략 구현을 위하여 '유라시안 네트워크'를 제안한다. '개방과 공유의 열린 한국'이라는 정체성으로 한반도 국가에서 전 세계 글로벌 허브 국가로 재정립하자는 것이다. 현 정부의 유라시안 이니셔티브 전략이 구현 방안이 될 수도 있다.

한국인의 에너지는 매우 강하다. 한 번 열리면 세계로 무섭게 뻗어 나간다. 반면 닫으면 내부에서 서로 충돌한다. 개방을 통하여 우리는 손해 본 사례가 거의 없다. 개방 네트워크로 제도의 경쟁력과 폐쇄된 집단의 경쟁력을 회복하고 글로벌 선도 전략을 구현할 수 있을 것이다.

이제 선도국가 진입은 열린 국가 전략인, 유라시안 네트워크와 한국의 창조경제 정책의 세계화의 결합을 통하여 가속화할 수 있을 것이다. 창조경제의 세계화와 유라시안 이니셔티브는 상호 보완적 국가 전략이다.

이투데이 2015-11-23

한국 창조경제의 글로벌화

개도국들과 상생 협력하는 새로운 동반성장 전략이 필요하다. 한국은 이제는 세계적 소임을 맡는 새로운 국가로 재탄생해야 한다. 예컨대 전 세계 몽골리안 인종 국가들의 허브 역할도 가능할 것이다.

전 세계 개발도상국들은 새로운 경제 발전 모델에 목말라 있다. 많은 국가가 한강의 기적으로 일컬어지는 한국의 경제 발전 모델을 배우려고 노력하고 있다. 당시 박정희 대통령의 경제 발전 전략은 세계은행이 권고하는 통상적인 모델을 파괴한 것이었다. 그러나 항상 경제 현실은 시대에 따라 변화하고 있기에, 지금 개도국들이 과거 한국의 경제 발전 모델을 배우는 것은 현실과 괴리가 있다.

이제 경제 가치의 중심이 제조에서 서비스로 이동하고 있다. 단순 조립이 창출하는 부가가치는 급속도로 감소했다. 수입 장벽을 만들고 반제품 조립을 통하여 생산 기업에 인센티브를 제공하는 정책은 수명을 다했다. 대체로 조립 생산품이 완제품 수입보다 경쟁력이 없어졌다. 이제는 개도국에서도 혁신의 기업가정신이 경제발전의 원동력이 된다. 혁신형 창업을 통하여 산업을 일으키는 것이 새로운 개도국의 경제 발전 전략이 되어야 한다.

혁신의 원천은 연결에서 온다. 연결 비용은 스마트 혁명을 통하여 급속도로 하락했다. 과거 도로 항만과 같은 인프라가 국가 발전의 초석이었다면 이제는 이동 통신망이 가장 중요한 국가 발전의 인프라로 등장했다. 연결을 통하여 교육의 효율성이 극대화된다. 연결이 의료 인력 부족의 문제를 해결해 준다. 연결된 정보 통신 인프라는 국가 행정의 효율성을 배가시킨다. 국가 주도로 구축된 이동 통신의 인프라 위에서 수많은 교육, 의료, 행정, 물류, 금융, 상거래의 서비스가 효율화되어야 한다. 바로 개도국 발전의 새로운 돌파구는 이동통신 인프라와 기업가정신에 달려 있다고 해도 과언이 아닐 듯하다.

한국은 2000년 미국 외에서는 세계 최고의 벤처 생태계를 이룩한 바 있다. 그리고 이제 한국은 창조경제 정책을 통하여 21세기 벤처 대국으로 재부상하게 될 것이다. 그리고 다음 순서는 한국을 넘어 전 세계 개도국에 한국의 벤처 발전 경험을 전수하는 역할이 주어질 것이다. 세계 최초의 벤처기업특별법을 만들고, 미국 외에 처음으로 코스닥을 만든 경험이 개도국의 창조경제 정책의 시발점이 될 것이다. 실험실 창업 운동, 인터넷 코리아 운동, 신용보증 제도 등은 개도국의 발전전략에 중요한 징검다리들이 될 것이다. 그리고 다음은 창업자 연대보증 해소, 크라우드 펀딩, 창업 교육 등의 창조경제 핵심 정책들이 뒤따르게 될 것이다. 만약 M&A 중간 회수 시장까지 성공적으로 이룩한다면 한국의 창조경제는 새로운 경제 발전 대안을 개도국에 제공할 수 있을 것이다.

새마을 운동은 최빈국에는 필요하나, 그 이상 국가들은 반가워하지 않는다. 대기업 중심의 한국 산업화 정책은 일부 국가를 제외하고는 더 이상 적합한 정책이 아니다. 이제 한국의 창조경제 정책인 '벤처 새마을 운동'이 새로운 개도국 협력 정책의 대안으로 부상하고 있다.

창조경제 정책은 한마디로 혁신형 창업이 쉬워지는 경제를 만드는 것을 의미한다. 창조적 아이디어가 있으면 사업화에 필요한 나머지 요소는 혁신 생태계에서 제공받을 수 있어야 한다. 창조경제 혁신센터와 같은 아이디어 플랫폼, 지역별 혁신센터와 같은 오프라인 사업화 플랫폼, 크라우드 펀딩과 같은 자금 조달 플랫폼, 지마켓 혹은 소셜 커머스와 같은 온라인 유통 플랫폼 등이 열대 우림과 같은 생태계를 이루고 있는 것이 창조경제의 본원적 모습이다. 플랫폼을 활용하면 창조성만으로 창업이 가능해 진다. 이러한 플랫폼들을 통하여 벤처 창업이 획기적으로 쉬워지는 것이 창조경제다. 한국의 창조경제가 개도국 혁신의 벤치마킹 모델이 될 수 있는 것이다.

이제는 수출을 통한 무역수지 확대 일변도의 국가 정책은 변해야 한다. 개도국들과 상생 협력하는 새로운 동반성장 전략이 필요하다. 한국은 이제는 세계적 소임을 맡는 새로운 국가로 재탄생해야 한다. 그 결과 미국과 중국 일변도의 외교 정책도 다변화되어야 한다. 예컨대 전 세계 몽골리안 인종 국가들의 허브 역할도 가능할 것이다.

이러한 역할을 이스라엘이 제공할 수는 없다. 핀란드도 어렵다. 미국 모델은 벤치마킹에 한계가 있다. 한국이 창조경제의 새로운 글로벌 모델로 등장할 때가 다가오고 있다.

이투데이 2015-04-13

이제는
역사 광복이다

역사는 과거의 기록이 아니라, 미래를 향한 국가 비전이다.

광복 70년간 우리는 세계가 놀란 한강의 기적을 이룩했다. 그러나 아직 역사 광복은 이뤄지지 않고 있다. 한국의 민족정신을 말살하기 위해 만든 '중국의 한사군(漢四郡)이 한반도 북부를 차지했고 일본의 임나일본부가 한반도 남쪽을 경영했다'는 일제 식민사관이 아직도 역사학계에 남아 있다. 추격에서 창조로의 패러다임 전환에 역사는 미래 창조의 거울이다. 왜 역사 광복이 필요한지 살펴보자.

티베트, 베트남, 위구르 역사의 인터넷 검색 결과는 이들 국가 대부분의 역사가 중국의 지배하에 있었고 인류 역사에 남긴 거대한 족적은 찾아볼 수 없다고 나온다. 실제 티베트는 2만년 인류 역사의 시원이고, 위구르는 동서양을 연결한 만년 역사의 대제국이었고, 베트남은 중국 남부를 아우른 거대 국가라는 그들의 주장은 없다. 그런데 한국 역사 검색도 동일하다. 글렌코(Glencoe) 세계사 등 전 세계 주요 역사 교과서에 한국의 역사는 B.C. 108년 한사군의 한반도 설치로부터 시작한다고 나온다. 심지어 우리 지방 박물관 다수도 동일하다.

실제로는 한사군의 한반도 설치 기록은 전 세계 1차 역사서 어디에도 없다. 낙랑군에 속한 25개 현은 전부 요동, 요서 쪽에 있다. 한 무제와 동시대 인물인 사마천의 사기(史紀)에 '낙랑군에는 수성현이 있고 갈석산이 있고, 만리장성의 기점이다' 라고 명백히 기록돼 있다. 중국 지도에서도 바로 찾을 수 있다. 하북성 현지 기록은 이덕일, 심백강 등 다수 학자가 입증했다. 그런데 이병도를 계승한 현 역사학계에서 주장하는 황해도 수안현은 이 세 가지 조건 중 한 가지도 일치하는 게 없다. 당대 기록 어디에도 근거가 없는 평양 낙랑설을 주장하기 위해 일제는 대규모 가짜 낙랑 유물을 만든 것이다.

중국은 막대한 예산을 투입한 '동북공정(東北工程)' 을 통해 고구려 역사를 중국 역사의 일부로 편입한 후 북한에까지 영역을 확장하고 있다. 그런데 한국은 어떠한가? 중국과 일본에 대응해야 할 동북아역사재단은 한사군이 한반도에 있다는 지도를 미국 의회에 보냈다. 이에 근거해 중국은 만리장성을 황해도까지 연장한 지도를 인터넷에 올리고 있다. 북한 붕괴 이후 시나리오를 보자. 미국을 의식한 중국은 우리의 식민사학을 근거로 북한의 영유권을 주장할 수도 있지 않은가. 역사는 과거가 형태를 바꿔 미래에 나타나는 것이다.

남북통일에 한사군의 위치가 중요하다면 통일 한국의 미래에는 중국 황하 문명보다 1500년 이상 앞선 세계 최고(最古)의 홍산 문명(紅山文明)이 소중하다. 환인, 환웅, 단군으로 이어지는 우리 역사의 실체를 입증하고 있기 때문이다. 7000년부터 시작하는 내몽골 적봉 지역에 산재한 홍산 문명을 중국이 차지하려는 노력이 동북공정이다. 그런데 이곳에서 발굴된 유물인 비파형 동검, 빗살토기, 치(稚)형 성곽, 각종 옥기(玉器), 상투머리 명상 조각 등은 황하 문명과는 완전히 다르고 고구려의 선진 문명임이 확실하다. 특히 B.C. 2400년경에 해당하는 하가점 하층 문화 유적은 고조선(B.C. 2333)의 기록들과 거의 일치하고 있다. 그런데 2012년 단군조선의 실체를 간직한 홍산 문명을 우리 역사에서 제외하는 보고서를 동북아역사재단은 미 의회에 보낸다. 한반도 한사군설이 무너지면 학문적 기반이 무너지는 주류 역사학계의 대응이다.

독도 영유권과 위안부 문제에 이어 일본은 '임나일본부설(任那日本府說–고대 일본이 한반도 남부를 지배했다는 설)'까지 다시 자국 교과서에 기술하기 시작했다. 일본은 광개토태왕비의 억지 해석으로 한반도 남부 지배를 주장하는데, 역사학계는 진서(晉書), 양서(梁書), 남제서(南齊書), 흠정만주원류고 등 수많은 중국 공식 사서들에 엄연히 기재돼 있는 대륙의 역사도 부정하고 있다. 우리의 사관은 광복을 맞이했는가.

역사는 과거의 기록이 아니라, 미래를 향한 국가 비전이다. 중국은 동북공정을, 일본은 임나일본부와 독도 영유권을 줄기차게 주장하고 있다. 그런데 한국은 근거가 전혀 없는 한사군 한반도설과 우리 역사의 원류인 홍산 문명도 제대로 대처하지 못하고 있다. 이제는 역사가 광복돼야 한다.

이투데이 2015-08-17

열린 역사는 미래의 나침반이다

역사 바로잡기는 과거가 아니다. 미래를 향한 국가 비전이다. 통일을 대비한 핵보다 중요한 현실의 화두다.

역사는 미래다. 전 세계 최빈국에서 OECD 가입까지 우리는 앞만 보고 달렸다. 그리고 세계 최초로 원조받던 나라에서 원조하는 나라로 승격했다. 바로 제1차 한강의 기적이다. 그런데 추격자 전략의 성공에 함몰된 대한민국은 이제 갈 길을 잃었다. 전 세계가 칭송하던 한국의 기업가정신은 OECD 최하위로 추락하고 청년들은 안전한 공무원을 갈구한다. 이대로 추락하기에는 선조들에게 면목이 없지 아니한가. 역사의 정체성 확보가 절실한 이유다.

"역사를 잊은 민족에게 미래는 없다." 단재 신채호 선생님과 처칠 수상의 말씀이다. E.H.카는 역사는 과거와 현재의 끊임없는 대화라고 했다. 추격형 모방 경제에서는 선진국만 따라 하면 되었다. 미래를 볼 필요가 없으니 역사도 볼 필요가 없었다. 결국, 역사와 인문은 기술과 경영의 후 순위에 있었다. 그러나 선도형 창조경제에서는 미래를 예측해야 하므로 과거 역사가 본질적 화두로 부상한다. 이제 미래를 예측해야 진정한 일류 국가로 발돋움할 수 있다. 미래 예측의 재료는 과거다. 과거와 미래의 대화가 바로 역사다. 문제를 푸는 기술과 경영보다 문제를 찾는 역사와 인문이 더 큰 가치를 창출하게 된다. 역사를 잃은 민족은 미래가 없다는 것은 너무나 명확하다.

역사는 사실의 나열이 아니라 사관과 사실의 결합이라고도 E.H.카는 얘기했다. 우리의 사관은 과연 무엇일까. 대한민국의 미래에 대한 비전이 없는 사관은 타국의 사관이지 우리의 사관일 수 없다. 국가의 자부심을 제시하고 세계와 더불어 살아가는 역사관이 IT, BT 등의 기술보다 더 중요한 국가 역량으로 부상하고 있다. 과거에서 미래를 보고 세계와 소통하는 새로운 역사관이 절실한 시점이다. 사관과 더불어 사실에 대하여 이제는 객관적 시각으로 전 국민에게 개방적으로 묻자. 역사를 일부 전문가의 영역에서 모든 국민의 상식의 영역으로 끌어내자. 왜 일본은 객관적 기록이 없는 것도 만들어 내는데, 우리는 수많은 외국 사서에 기록된 사실도 부정하고 있는가?

독도 영유권 억지와 위안부의 부정에 이어 일본은 임나일본부설까지 다시 자국 교과서에 기재하기 시작했다. 일본은 대륙 침략의 사전 작업으로 광개토태왕 비문 조작을 체계적으로 진행한 바 있다. 중국은 막대한 예산을 투입한 동북공정을 통하여 고구려 역사를 중국 역사의 일부로 편입한 후 만리장성을 한반도 내의 황해도까지 확장하고 있다. 그런데 이러한 역사 왜곡은 비단 일본과 중국만의 문제가 아니다. 러시아는 몽골 피지배의 역사를 완전히 뒤집고 지우고 있다. 영국은 아메리카 인디언 대규모 학살의 역사를 은폐하고 마약 판매를 위한 아편 전쟁의 의미를 축소하고 있다. 강대국들은 모두 자국 중심의 역사 왜곡을 하고 있다.

그런데 한국은 어떠한가. 중국과 일본에 대항하라고 엄청난 예산으로 동북아 역사 재단을 설립했다. 이종찬 전 국정원장은 "중화 패권주의와 일제 황국사관으로부터 우리 역사를 지키라고 만들어준 동북아역사재단이 중국 동북공정 심부름을 하고 있다"고 일갈하고 있다. 동북아역사재단은 단군조선의 실체를 간직한 홍산 문명을 중국에 바치는 문서를 해외에 보내고, 낙랑이 한반도에 있다는 식민사관으로 중국의 만리장성을 황해도까지 연장하는 근거를 제공했다. 일본은 광개토태왕비의 억지 해석으로 임나일본부까지 주장하는데, 동북아 역사재단은 흠정만주원류고, 진서, 양서 등 수많은 중국 공식 사서들에 엄연히 기재되어 있는 대륙의 백제, 고구려사도 부정하고 있다. 수많은 사서와 천문학과 고고학의 성과를 부정하는 것은 실증 사학이 아니라 타국 사학이라고 부를 수밖에 없다.

국가와 조직이 선순환 발전하도록 하는 것이 정부의 역할이다. 일부 사학계의 과거 논문의 정당성 유지를 위하여 국가 전체의 발전을 저해하는 행위는 이제 종식되어야 한다. 미래를 향한 바른 역사의 재정립은 너무나도 당연한 국가의 책무다. 기술과 경제에 우리 역사관 더해질 때 비로소 대한민국이 세계의 진정한 선도국가로 부상하게 될 것이다.

우리 역사의 자부심을 위한 역사 바로잡기는 우선 고대사의 큰 줄기에서부터 시작해야 할 것이다. 홍산 문명에서 고조선을 거쳐 고구려와 발해로 이어진 동북아 거대 문명사를 이제는 바로 잡아야 할 것이다. 한사군의 위치 비정과 임나일본부설도 이제는 충분한 사료들이 허구를 입증하고 있다. 대륙 백제의 존재를 입증하는 수많은 중국 사서들을 이제는 인정해야 할 것이다. 그리고 우리의 사관으로 상식에 입각하여 우리 역사를 재구성해야 할 때가 된 것이다.

역사 바로잡기는 과거가 아니다. 미래를 향한 국가 비전이다. 통일을 대비한 핵보다 중요한 현실의 화두다. 만리장성의 황해도설은 통일 한국의 커다란 암초가 될 수 있지 않은가. 우선 북한의 붕괴를 상정해 보자. 중국은 일제의 식민사학을 근거로 북한의 영유권을 주장할 수 있다. 국제 문서에는 한국의 역사는 한사군으로부터 시작한다는 내용이 다수라는 것은 불편한 진실이다. 역사는 미래의 불확실성을 반영한다. 일본은 억지 주장임에도 불구하고 독도 영유권을 줄기차게 주장하고 있다. 그런데 한국은 우리 역사의 연계성이 분명한 홍산 문명도 제대로 주장하지 못하고 있다.

이제라도 역사의 제대로 된 복원을 통하여 미래 한국의 비전을 바로잡아야 한다. 이를 위하여 1) 한사군의 위치를 바로잡고 2) 홍산 문명과 고조선의 관계를 밝히고 일제의 식민사관이 실체의 단군조선을 단군신화로 왜곡한 역사를 바로잡아야 한다. 3) 우리가 이룩한 찬란한 천문, 지리, 예술, 철학 등의 의미를 되살려야 한다. 4) 그리고 이를 바탕으로 전 세계 유라시안 네트워크의 허브 국가로 국가의 정체성을 재정립할 것을 제안한다. 세계 문명사의 한 축을 긋는 우리 역사의식은 청년들에게 도전의 에너지를 제공할 것이다.

이제 한국을 넘어 우리의 역사는 전 세계의 유라시안 국가들과의 네트워크 구축으로 확대되어야 할 것이다. 글로벌 개방 네트워크의 허브 국가로서 대한민국의 정체성을 재구축할 때가 되었다. 우리만이 최고가 아니라 우리와 더불어 새로운 시대의 가치를 만들어 가자는 선도 국가의 역할을 수행할 때가 되었다. 유라시안 네트워크로 확산하는 새로운 역사의식의 확산이 대한민국의 제2차 한강의 기적의 원동력이 될 것이다.

이제 역사 바로 세우기의 높은 뜻을 지닌 심백강, 이덕일, 박정학 세 분 역사학자님들이 의기투합하여 '미래로 가는 바른 고대사' 기초 작업에 동참하게 된 것은 우리 역사에 희망을 걸게 하는 계기가 될 것이다. 그리고 이 작업은 계속되어 갈 것이다. 역사가 바로 서는 그 날까지.

〈미래로 가는 고대사〉 발간사

한국의 새로운 대표 산업, 디지털 병원

의료 혁신의 중심에 '원격의료'가 있다.
대한민국은 눈부신 의료 ICT 발전에도 불구하고 원격의료 도입에 가장 후진적인 국가다. 원격 의료규제는 공인인증서에 비견할 만한 한국의 또 하나의 갈라파고스적 현상이다.

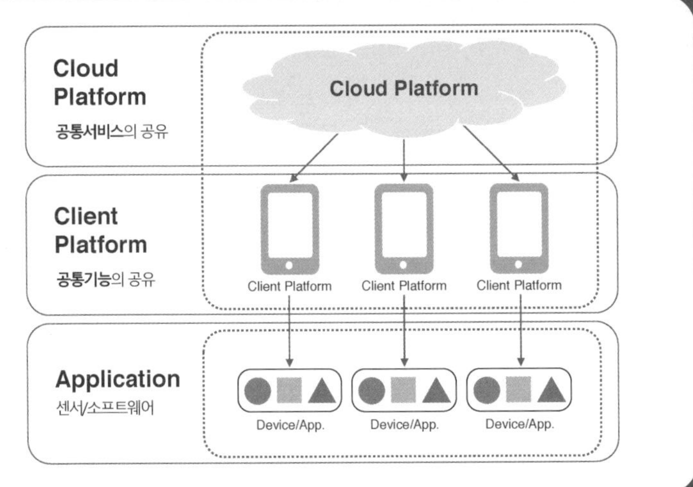

원격의료,
더 이상 늦출 수 없는 과제

**원격의료를 금지하는 국가는 전 세계에서 거의 없다.
왜 한국에서만 이러한 논란이 지속되고 있는가.
그 바탕에는 집단의 이해관계가 걸려있기 때문이다.**

이번 메르스 사태를 보면서 국민들은 의료 선진국이라 자부했던 한국 의료의 민낯을 접했다.

물론 세계 선두권 분야도 있으나, 기초적인 감염관리와 응급분야의 취약성은 인정하지 않을 수 없게 됐다. 20조원이 넘는 국가적 손실이 예상되는 초유의 사태를 통해 우리 의료체계의 혁신 요구가 빗발치고 있는 것이다.

의료 혁신의 중심에 '원격의료' 가 있다. 대한민국은 눈부신 의료 ICT 발전에도 불구하고 원격의료 도입에 가장 후진적인 국가다. 원격 의료 규제는 공인인증서에 비견할 만한 한국의 또 하나의 갈라파고스적 현상이다. '유 헬스(u-health)' 라는 용어를 만들고 세계 최초로 당뇨폰을 상용화한 게 우리나라다. 이제 원격의료의 후진국을 탈피하기 위한 본격적인 논의를 미룰 수 없게 됐다.

미국은 개인건강기록(Personal Health Record)을 반드시 원격인 클라우드 서버에 두도록 강제하고 있는 반면, 한국은 의료기록의 원격보관을 금지하고 있다. 짐작하다시피 개별 병원의 서버가 보안에는 더욱 취약하다. 그 결과 메르스 사태에서 병원들은 환자의 이전 병원의 기록을 환자의 입을 통해 입수하게 되는 후진적인 현상이 초래됐다.

'의료쇼핑' 이라고 나무랄지 모르지만 국민들은 반드시 하나의 병원만 다니지 않는다. 그래서 다른 나라들은 여러 병원의 개인 의료 기록들을 하나의 원격클라우드를 통해 통합 제공하고자 하는 것이다. 개인 의료기록의 주인은 개인이 돼야 한다. 개인 중심의 원격 의료기록 서비스가 있었다면 메르스 확산이 초기에 진압될 수 있었을 것은 너무나 명백하다. 이를 통해 적절한 의료 서비스 제공은 물론 중복검사, 과잉진료 등이 축소돼 국민 의료비 절감에 기여할 것이란 기대도 가능하다.

메르스 확산 이후 다수의 환자는 병원에 가지 않았다. 질환이 악화될 것임을 알고도 메르스 같은 감염병이 더 무서웠던 것이다. 원격의료는 이러한 문제 해결의 효과적인 대안이다.

원격의료를 금지하는 국가는 전 세계에서 거의 없다. 왜 한국에서만 이러한 논란이 지속되고 있는가. 그 바탕에는 집단의 이해관계가 걸려 있기 때문이다. 그리고 이러한 이해관계를 조정하지 못하는 보건당국의 역량과 신뢰 부족이 문제 해결을 어렵게 한 것이다. 진단과 치료는 분명히 병원의 영역이다. 그러나, 만성질환의 지속적 관리는 생활의 영역이기도 하다.

불과 3분간의 진료를 위해 당뇨와 고혈압 환자들은 전철과 버스를 타고 병원을 방문한다. 아주 잠시 담당 의사의 얼굴을 본 뒤 처방전을 받아 돌아가는 게 작금의 현실이다.

언제까지 이러한 낭비적 의료패턴을 참아야 하는가. 기술적으로 만성 질환 관리의 상당 부분은 이제 원격의료를 병행해도 된다. 일 년에 30%씩 급증하는 노인 의료의 대안이 없다면 우리나라 의료재정은 조만간 위기에 봉착할 수밖에 없다.

원격의료를 통해 국가와 국민 전체에는 크나큰 편익이 주어진다. 그러나 의료계, 특히 1 · 2차 병의원의 이익을 침해할 것이라는 것이 원격의료 반대의 본질이다. 문제해결의 핵심은 정부가 국가 전체 편익의 일부를 1 · 2차 병의원에 제공하는 것이다. 보건당국과 의료계의 불신이 크다는 것을 고려해 법제화 등 신뢰성 있는 방법으로 지속적 이익을 보장해야 물꼬가 트일 것이다. 그리고 3차 의료기관에는 1 · 2차 기관에 효율적인 전문가시스템을 통해 적절한 자문을 제공하는 역할을 맡기면 모두가 윈윈하는 원격의료의 그림이 그려질 것이다.

필자가 2002년 당뇨폰을 개발할 당시 계산에 의하면 당뇨 관리만으로도 국가의 편익이 2조가 넘었다. 이제 스마트폰과 스마트 시계 등에 건강관리 기능이 부가되면서 다양한 원격의료 서비스가 가능해졌다. 이러한 편익으로 메르스 사태에서 드러난 응급실, 입원실 등 제반 의료개혁 프로젝트 추진에 보탬이 되도록 해야 한다.

헤럴드경제 2015-07-08

ICT 기반의 메르스 대책

메르스는 메르스에 한정되지 않는다. 소 잃기 전에 외양간을 고치는 선행 학습을 하자는 것이다. 바로 정보통신기술(ICT) 기반의 감염병 대책을 제안하는 이유다.

메르스 사태로 한국은 소를 잃었다. 한국경제연구원에 따르면 20조 원의 경제적 손실이 예상된다. 국민 경제 성장의 절반을 날린 셈이다. 소도 엄청나게 큰 소를 잃은 것이다. 그렇다고 비난만 하고 있을 수는 없다. 문제로부터 학습하고 개선해야 할 것이다. 즉 소 잃고 외양간을 고쳐야 하는 것이다.

메르스는 메르스에 한정되지 않는다. 2003년 사스, 2009년 신종플루에 이어 2014년 에볼라와 2015년 메르스에 이르기까지 지속적으로 새로운 감염병이 발생하고 있다. 더구나 감염학의 발달로 인간들은 점점 감염병에 대한 면역력이 약화되고 있다. 과거 남미의 인디오들이 스페인 점령군의 천연두로 수천만 명이 사망한 것을 상기해 보자. 앞으로도 다양한 감염병이 우리를 위협할 것이므로 대비를 해야 한다. 즉, 소 잃기 전에 외양간을 고치는 선행 학습을 하자는 것이다. 바로 정보통신기술

(ICT) 기반의 감염병 대책을 제안하는 이유다.

메르스 사태를 복기해 보자. 보험 제도의 왜곡으로 공중보건 인프라가 취약했다. 비상시 감염환자 전달체계는 아예 존재하지 않았다. 응급실은 병을 고치는 장소가 아니라 전파하는 장소가 됐다. 입원실 역시 바이러스의 숙주가 됐다. 환자들의 의료 쇼핑이 사태를 악화시켰는데 이를 개선할 시스템이 없다. 병원 이력을 환자 개인을 통해 확인하는 것은 공공의료 후진국의 형태다. 당국의 불투명한 정보 공개와 늦장 대응은 결정적으로 사태를 악화시켰다. 전문가에 의한 총괄 지휘 체계 부재는 의료 행정의 한계를 여실히 드러냈다. 바로 의료 수출을 주창하는 자칭 '의료 선진국'의 민낯이 드러난 것이다.

문제로부터 해결책을 찾아보자. 우선 사전 예방이라는 공공보건에 예산을 투입해야 한다. 20조원 비용의 1%면 충분할 것이다. 바이러스 대책은 미래 전쟁에 대한 사전 대책이라는 국가 안보의 관점에서 접근해야 한다. 이제 ICT 기술로 외양간을 고쳐 보기로 하자.

우선 체열 진단 기술을 국가 전략 산업화로 해 보자. 모든 감염병은 체열 상승을 동반한다. 공항에서 보는 적외선 체열 감시기를 전국의 CCTV처럼 보급하자. 비용은 한국의 반도체 기술로 충분히 극복 가능할 것이다. 부수적으로 야간 감시도 가능하기에 국방에도 크나큰 기여를 할 것이다. 더 나아가 휴대폰에 기본 장착해 개인 건강관리의 혁신을 이룩하자. 미국은 에볼라의 고위험 그룹를 체열로 추적 관리한 바 있다.

클라우드 PHR(Personal Health Record)도 도입하자. 메르스 사태에서 환자의 위험 병원 방문은 환자를 통해 확인하는 과정에서 사태는 악화됐다. 의료 쇼핑을 제외하더라도 환자들은 여러 병원에 다니고 있다. 병원의 의무 기록만으로는 개개인의 건강을 관리하는 것은 불가능하다. 바로 PHR가 필요한 이유다. PHR는 특정 병원에 보관될 수 없다. 바로 미국이 PHR의 클라우드 보관을 의무화한 이유다. 개인의 기록을 개인에게 돌려주자. 부수적으로 고가 중복 진료가 관리돼 국가적 낭비를 줄일 수 있을 것이다.

또 응급실과 입원실에 사물인터넷(IoT)을 도입하자. 다양한 환자들이 여러 전문가 그룹에 의해 치료되는 응급실은 혼란의 극이다. 어떤 환자는 6시간이나 기다리니 이는 응급이 아니다. 응급실 IoT로 처리시간 및 의료사고를 줄인 아산서울병원은 좋은 벤치마킹 대상이 될 것이다. 응급실과 입원실의 환자 동선과 체열 관리 등은 스마트 의료 밴드로 해결할 수 있다. 앰뷸런스부터 적용할 수 있다. 유사한 중국 제품 가격이 2만 원 이하라는 점에서 도입 타당성은 충분하다.

아울러 원격 의료를 제대로 하자. 미국은 에볼라 사태 시 원격 진료를 통해 효율과 효과를 극대화했다. 전 세계에서 왜 한국만 이를 거부하는가. 국가적 편익과 비용의 균형을 맞추는 제대로 된 원격 의료를 하자.

끝으로 비상정보 포털을 만들자. 메르스 사태에서 정보의 비개방과 지휘탑의 혼란은 문제를 악화시킨 주범이었다. 에볼라의 경우 정보 공유를 통해 신뢰와 유연성과 즉각성, 홍보성을 동시에 달성했다. 위험을 기회로 만드는 국가적 지혜의 결집을 기대해 본다.

이투데이 2015-07-27

디지털 헬스케어의 미래

전 세계 최대 산업은 의료산업이다. 한국의 대표적인 반도체산업 규모의 20배, 조선 산업의 60배가 넘는 규모이다. 6조 달러가 넘는 전 세계 최대산업이 노령화와 웰빙(well-being) 수요의 확대로 더욱 빠르게 성장하고 있다. 대한민국의 미래 먹거리로 한국 의료산업의 경쟁전략을 검토해 보기로 하자.

이제 눈을 돌려 의료산업을 다시 한 번 원론적으로 바라보자. 전 세계 최대산업인 의료산업은 그중 5%가 각각 의료기기와 의료소모품 시장으로 구성된다. 이 시장만 해도 각각 3천억불의 시장이다. 반도체산업 규모가 된다. 조선산업의 3배이다. 그보다 3배 큰 시장이 의약품 시장이다. 1조 달러 규모의 의약품 시장은 자동차 산업 다음으로 큰 거대산업이다. 그런데 그 나머지 75%에 달하는 의료서비스 산업은 의용기사, 간호사, 의사와 같은 전문가들의 서비스 영역이다.

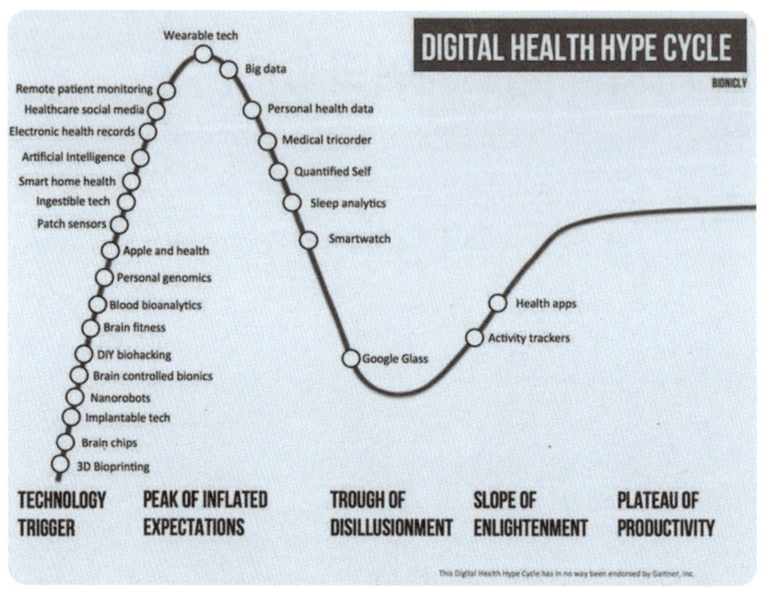

〈그림 12〉 디지털 헬스 Hype Cycle

디지털병원

한국의 의료산업은 독특한 국가 단일 의료 보험체제와 민간 의료기관 간의 살아남기 경쟁의 결과가 급속한 ICT 융합의 보급을 촉발했다. 병원 영상정보관리시스템(PACS, Picture Archiving Communication System) 보급률 세계 1위, 개인병원 전자의무기록(EMR, Electronic Medical Record) 보급률 세계 1위 등의 성과는 한국의 ICT 경쟁력과 민간의료기관 간 경쟁의 결과다.

영상정보관리시스템(PACS)은 병원의 모든 의료장비를 통합한다. 전자의무기록(EMR)은 환자 정보를 통합한다. 물류관리시스템(SCM, Supply Chain Management)은 소모품 공급을 통합한다.

한국의 이러한 병원 내 ICT(Information and Communications Technologies) 경쟁력은 분명 세계를 선도하는 수준에 도달했다고 할 수 있다. 분당 서울대학교병원은 미국의 HIMSS(미국보건의료정보관리시스템협회)로부터 세계 최고 등급의 Level 7의 디지털병원 인증을 받았고, 병원 내 디지털헬스케어 경쟁력으로 병원 전체를 수출하자는 디지털병원 전략은 한국의 미래의 블루오션이 될 수 있을 것이다.

이러한 디지털병원의 경쟁력은 다음과 같은 3가지 요소가 있을 것이다. 첫 번째는 의료장비의 경쟁력, 의료 ICT 융합의 경쟁력, 병원운영의 경쟁력, 의료기술의 경쟁력, 병원건축의 경쟁력이 융합되어야 한다. 두 번째로 융합을 촉진할 개방 플랫폼이 필요하게 된다. 디지털병원 수출조합이 결성된 이유다. 세 번째로 금융과 외교, ODA 등 국가 차원의 인프라가 요구된다.

2016년 1월 현재 서울대 병원의 UAE 운영 프로젝트 수주에 이어 디지털병원수출조합의 볼리비아 건설 프로젝트 수주 등이 이루어지고 있다.

그러나 병원 내 디지털 헬스케어 경쟁력에 비하여 한국의 병원 간 경쟁력은 1) 업계의 표준 비준수로 인한 호환성 부족 2) 정부의 규제 정책으로 후진성을 면하지 못하고 있는 실정이다. 예를 들어 한국의 선도 병원 간에도 국제 규약인 HL7(Health Level 7)의 표준이 제대로 이루어지지 않아서 의료 정보의 온라인 호환이 제대로 이루어지지 않고 있다. 정부의 규제는 한층 더 심각하다. 1) 원격의료의 규제 2) 개인정보 규제 3)

클라우드 정보 보관의 규제 4) 맞춤 의료를 위한 유전자 정보의 규제 5) 빅데이터 활용을 위한 의료정보 익명화 규제 등으로 한국의 국가 전체 의료 체계의 경쟁력은 후진성을 면하지 못하고 있는 실정이다. 세계적인 의료 강국으로 부상하기 위하여 반드시 국가 차원에서 해결해야 할 과제들이다.

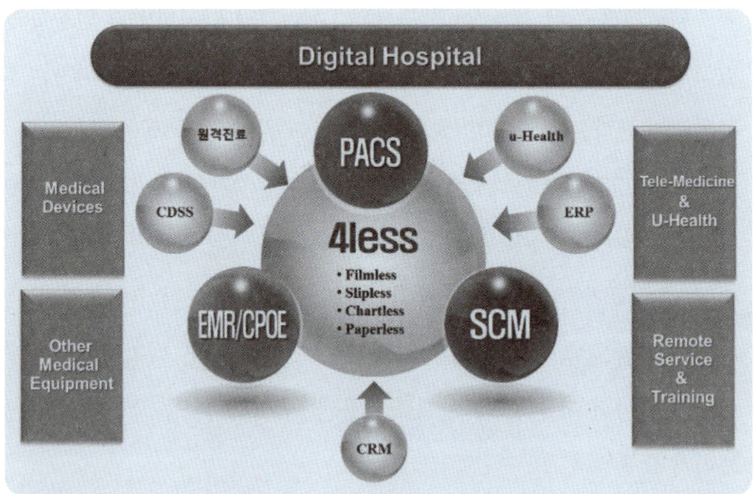

〈그림 13〉 디지털 병원 기본 구성 요소

EHR 도입율 상위 10개 국가

노르웨이(98%), 네델란드(98%), 영국(97%), 뉴질랜드(97%), 오스트레일리아(92%), 독일(82%), 미국(69%), 프랑스(67%), 캐나다(56%), 스위스(41%) (자료: beckershospitalreview, 2013)

원격의료와 디지털 헬스케어

이제 의료 산업은 병원에서 개인으로 이동하고 있다. 진단, 치료, 관리라는 의료의 3대 영역 중에서 진단과 치료는 병원의 영역이다. 그러나 지속적인 관리는 병원이 담당하기에는 경제적으로나 환자의 편의상으로나 한계가 있다. 이를 극복하기 위한 대안으로 등장한 것이 연결 의료(connected healthcare)라는 유 헬스(u-health)의 개념이다. 유 헬스라는 용어는 한국에서 만들어지고 2000년 초반만 해도 한국이 전 세계 최다 특허 보유국이었으나, 정부의 규제로 인하여 세계를 선도할 기회를 놓친 분야이다. 2002년 한국에서 개발된 당뇨폰은 미국의 웰닥(Welldoc)을 10년 이상 앞선 획기적인 제품(*2006년 미국 원격의료학회 혁신상)이었으나 규제로 인하여 사업을 접은 대표적 사례이다. 이후 국가 차원의 시범 사업들이 대기업을 중심으로 추진되었으나, 결과적으로 호환성과 규제의 한계로 사업의 본 궤도 진입은 이루어지지 않았다.

의료 보험의 근본적인 문제는 급격히 증가하는 의료비이다. 보건산업연구원에 따르면 전체 의료비가 연간 9% 증가하는데, 노인 의료비는 연간 30%로 급증하고 있다. 2000년 65세 이상 노인의 총 의료비는 3조에서 매년 증가하여 이제는 전체 의료비의 3분의 1을 넘어섰다. 노인 의료는 근본적으로 진단과 치료의 문제가 아니라 관리의 문제다. 대부분의 노인 의료비는 당뇨, 고혈압, 천식, 심부전, 치매 등 만성질환에서 발생한다. 이렇게 급증하는 만성질환을 전통적인 병원 의료시스템에서 수용하는 것은 고비용 구조를 피할 수 없게 된다. 만성질환의 초기 진단과 근원적 치료는 오프라인 병의원의 역할이다. 그러나 이를 지속해서 관리하는 대안은 생활 속의 의료이다. 바로 의료와 ICT의 융합인 유 헬스를 위하여 규제 갈라파고스를 벗어나야 한다. 원격의료는 진단과 치료가 목적이 아니다. 원격의료는 관리의 효율화를 위한 대안이다. 만성질환 관리는 1, 2차 의료기관이 담당하고 정부는 이를 충분히 보상하고 전문성에 대한 자문은 3차 의료기관이 제공하면, 모두가 원하는 상생 구조가 가능해진다.

주요 국가별 원격 제도 (자료: 보건복지부)

구분	미국	일본	한국
근거법령	연방균형예산법	후생성 고시	의료법 개정안
서비스 제공자	의사, 간호사, 임상심리사 등	의사	의사, 치과의사, 한의사
서비스 대상자	전 국민의 약 25%	당뇨·고혈압 환자 등	도서·벽지 주민, 당뇨·고혈압 환자 등
서비스 범위	초진 환자 허용	초진 환자 원칙적 불허	재진 환자
건강보험 적용 여부	기존 대면진료 수가 지급	보험 적용 안 됨	의료법 개정안 통과 후 결정
의료사고 책임소재	원격지 의사와 환자와의 관계에 의존 (판례)	원격진료 실시한 의사 책임 (단, 환자 귀책 제외)	원격지 의사 책임 (단, 환자 귀책 ·장비 결함 제외)

웰니스(Wellness)와 디지털 헬스케어

사물인터넷(IoT, Internet of Thing)과 더불어 웨어러블의 혁명이 거세게 불어오고 있다. 트래커(Tracker)의 대표인 핏빗(Fitbit)이 2015년 41억불의 가치로 나스닥에 상장했다. 미국의 나이키, 조본과 더불어 샤오미 등 중국의 업체들이 대거 웨어러블 사업이 뛰어들고 있다. 한국에서도 나무 등 벤처 기업들이 나서고 있다.

애플과 삼성의 스마트와치가 새로운 플랫폼 생태계를 이루어 가고 있다. 애플의 헬스키트(Health Kit)는 이미 다수의 3자 앱을 유치하고 있다. 삼성도 사미(Sami) 플랫폼으로 생태계 형성을 추진하고 있다. 구글은 일반 소비자용인 B2C는 포기했으나, B2B 특히 의료 분야를 위한 구글 스마트 글래스 사업을 재추진하고 있다. 이미 수술실과 같이 실제 환자와 동시에 의료정보와 이미지를 보아야 하는 분야에 활용도를 급격히 확대하고 있다. 한국도 국가 차원의 웰니스 플랫폼 연구 사업을 디지스트(DGIST)를 중심으로 시행 중이다. 결국, 웨어러블의 경쟁은 웰니스 플랫폼의 경쟁으로 진화하는 중이다.

웨어러블은 부착형에서 착용형을 거쳐 인체 삽입형까지 등장하고 있다. 이러한 웰니스 산업의 핵심은 기기가 아니라 기기에서 발생하는 데이터를 빅데이터 화하여 인공지능으로 처리하고 이를 다시 건강증진으로 연결하는 제품과 서비스의 결합인 PSS(Product Service System)에 있다. 다음의 미래 전략에 검토할 O2O(Online to Offline) 의료가 궁극적인 진화 방향이다.

개인건강 기반의 헬스 클라우드 플랫폼

기업명	플랫폼명	내용
구글	구글핏 (Google Fit)	구글핏은 웨어러블을 포함한 다양한 단말기로 이용자 헬스정보를 수집, 가공 구글글라스와 전자의료기록을 결합시키기 위해서 '구글글라스' 앱 개발업체인 오그메딕스(Augmedix), EHR 솔루션업체 더치로노(Drchrono)와 제휴함
애플	헬스킷, 리서치킷 (Health Kit, Research Kit)	헬스킷에 웨어러블을 포함한 다양한 단말기로 이용자 헬스정보를 수집, 가공 병원, 전자의료기록 솔루션 업체 등과 협업
삼성 전자	사미 (Sami)	사미를 통하여 다양한 개인 생체정보를 수집하고 분석함 건강 진단 기능을 강화한 스마트 워치 개발과 20여 개 의료기기업체, 연구기관, 건강관리업체 등과 제휴
마이크로 소프트	헬스볼트 (MS Health) *웹 기반 헬스케어 솔루션	일반 의료 솔루션을 모바일과 클라우드로 확산함 (취약계층 대상) 미국 가상이동통신사업자(MVNO) 트랙폰(Tracfone), 비영리 지역보건센터 HCN 등과 전략적 파트너십을 체결

의료기관의 헬스 클라우드 플랫폼

기업명	플랫폼명	내용
IBM	왓슨 헬스 클라우드 (Watson Health Cloud)	의료정보를 클라우드로 수집해 의사나 의료 관련 기업 등에 분석 기능 제공
GE	GE헬스클라우드 (GE Health Cloud)	50만 대 이상의 의료영상 장비 연결해 언제 어디서나 의료 정보 활용 가능
필립스	인텔리스페이스포털 (IntelliSpace Portal)	MRI, CT, 초음파 등 의료영상 정보를 종합적으로 분석하는 68개 어플리케이션 탑재

스마트 헬스케어

연결 의료에 이어 지능 의료가 등장하고 있다. 원격의료가 연결의 개념이라면, 여기에 인공지능이 결합한 것이 지능 의료이다. IBM의 왓슨(Watson)은 2011년 미국 최대의 퀴즈 쇼인 제퍼디 쇼 우승 이후 성능의 획기적 증대를 거쳐서 이제 Bluemix라는 Saas(Software as a Service) 서비스를 시작하고 있다. 왓슨을 폐암 진단에 활용한 M.D.앤더슨의 2011년 보고서에 의하면 폐암 진단의 정확도가 82.6%라고 하며 이는 통상적인 의료기관을 넘어서는 역량이다.

이제 디지털 헬스케어는 1) 센서를 이용한 측정과 2) 인터넷을 통한 연결 단계를 거쳐 3) 빅데이터와 인공지능을 활용한 지능화 단계에 돌입하기 시작한 것이다. 이는 생명의 진화와 같다. 오감과 신경망을 거쳐 뇌의 지능을 갖추어 가는 것이다. 이제 IBM의 왓슨은 모든 의료 논문을 공부하는데 누구보다 빠르다. 복잡한 진단 프로토콜을 오류 없이 진행이 가능한 수준이다. 문제는 규제일 뿐이다. 딥 헬스의 시대가 오고 있다.

2016년 다보스 포럼에서 미래 직업의 60%는 현재 존재하지 않는 직업일 될 것이라는 예측을 발표하였다. 이는 바로 사물인터넷이라는 오감, 인터넷이라는 신경망, 인공지능이라는 지능이 초래하는 산업의 변화를 예측한 것이다. 인공지능을 슬기롭게 잘 활용하면 일류 병원 수준의 진료를 어디에서나 받을 수 있게 된다. 심지어는 아프리카에서 M.D.앤더슨 수준의 진단을 받을 날도 다가올 것이다. 의료의 민주화 시대가 열리는 것이다.

IBM Watson 추진 프로젝트

IBM Watson 파트너	협력 사항
애플	애플의 헬스킷(HealthKit)과 리서치킷(ResearchKit)를 위한 보안 기반의 클라우드 플랫폼과 분석 서비스를 제공할 예정
존슨앤존슨	인공 관절 및 척추 수술 등 수술 전후의 환자 진료에 초점을 맞춘 지능적인 코칭 시스템 개발 예정
메드트로닉	당뇨병을 앓고 있는 사람들을 위해 고도로 개인화된 새로운 의료 서비스 솔루션을 제공할 예정
메모리얼슬론케터링암센터 MD 앤더슨 암센터 클리블랜드 클리닉 마요 클리닉 뉴욕 게놈 센터 등	왓슨의 건강 관리 기능을 발전시키고 의학의 교육, 연구 및 실제 운영 방식 혁신

적정의료와 스마트 헬스케어

개발도상국에서는 인력, 자금, 인프라의 3가지 요소가 모두 부족하다. 이 중에서 가장 부족한 것은 인력이다. 공적개발원조(ODA)를 통하여 자금과 인프라는 제공할 수 있다. 그러나 의료 전문인력은 단기간 공급 확대에 한계가 있다. 교육 기관의 확충이라는 전제 조건하에서도 장기간의 시간이 필요하기 때문이다. 인력과 교육의 문제가 개발도상국의 적정의료 문제 해결의 열쇠라고 해도 과언이 아닐 것이다. 바로 인력의 한계를 푸는 열쇠가 한국이 자랑하는 ICT 기술이다. 더군다나 ICT는 사물인터넷과 빅데이터, 웨어러블, 인공지능, 3D 프린터와 결합하여 새로운 혁신 단계에 돌입하고 있다. 지금까지 수많은 시도에 비하여 결과는 미진했던 적정의료 분야에도 획기적인 돌파구가 디지털 헬스케어 기술로 열리게 된다. 혁신적인 ICT 기반의 적정의료로 대한민국과 개발도상국의 지속 가능한 공적개발원조가 가능해질 것이다.

ICT기반의 적정의료 주요 사례

모바일베이비앱 (Mobile Baby App)	다니엘프로젝트 (Daniel Project)	피크 비전 (Peek Vision)	모바일 초음파 판독 (Mobile Ultrasound Patrol)
			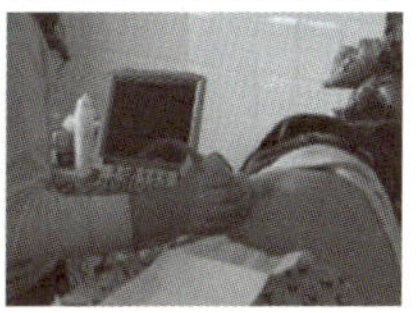
오픈소스 기반의 개도국 보건인력의 산전관리 서비스 코칭 서비스	3D 프린팅 의수으로 개인맞춤이며 비용이 저렴하고 오픈소스로 비전문가도 제작가능	스마트폰의 어플과 앱세사리를 이용하여 환자안구를 검사할 수 있는 키트	초음파산전검사를 하면 3G통신을 이용하여 원격지에 있는 전문가가 판독해주는 시스템

디지털 헬스케어의 미래와 O2O의료

서로 다른 두 개의 세계가 만나 새로운 O2O(Online to offline) 세계를 열어가고 있다.

물질(Atom)로 구성된 오프라인의 세계는 소유가 원칙이고 자원이 제약된 80:20의 파레토 법칙이 지배한다. 정보(Bit)로 구성된 온라인 세계는 공유가 원칙이고 무한대로 관계가 확장되는 롱테일(Long tail)의 법칙이 지배한다. PC 기반의 유선 네트워크 시대에는 서로 분리되었던 오프라인과 온라인 세계가 모바일 기반의 무선 네트워크 시대에서 만나기 시작했고, 이제 사물인터넷(IoT, Internet of Thing)과 생체인터넷(IoB, Internet of Body)의 등장으로 두 세계는 융합되기 시작한 것이다.

두 세계 충돌의 혼돈 속에서 새로운 디지털 헬스케어가 탄생하고 있다. 혼돈은 항상 생명 탄생의 근원이 된다.

미치오 카쿠는 그의 저서 '평행우주'에서 우리가 살고 있는 우주와 완전히 동일한 또 하나의 우주가 존재한다고 했다. 필자는 O2O 혁명을 '오프라인 세계와 1:1 대응이 되는 평행 우주인 온라인 평행 모델을 통하여 오프라인이 최적화된다'는 것으로 정의하고자 한다. 내비게이터의 경우, 실제 도로와 온라인 지도가 대응되고, 실제 차량 위치와 온라인 차량 위치정보가 대응되고 있다. 이러한 평행모델상의 빅데이터와 인공지능을 통하여 내비게이터는 안 가본 길을 맞추어 주고 최적의 시간을 예측해 주고 있다. 즉 평행 우주인 온라인 대응 모델을 통하여 오프라인 실제 세계를 예측과 맞춤이란 가치 제공을 통하여 최적화하는 것이다. 그 결과 시간 절약, 에너지 절약, 도로 투자 절약을 가능하게 하고 있다.

이러한 교통 최적화는 수학적으로 병원 최적화와 동일하다. 적절한 평행모델만 구축하면 모든 분야의 O2O 최적화가 가능해질 것이다. 그런데 왜 이제야 O2O 혁명이 본격적으로 등장하는가?

그 답은 O2O 평행모델의 구축비용이 급감했기 때문이다. 사물인터넷, 생체인터넷, 위치정보시스템(LBS, Location-based service) 기술 등은 데이터수집 비용을 급격하게 감소시켰다. 데이터 저장 비용과 처리 속도는 30년 사이에 각각 1억 배와 100만 배가 향상되었다.

이제 O2O 미래 병원을 예측해 보자. 우선 O2O 평행모델을 구축하는 단계가 필요하다. 오프라인 세계의 3대 요소는 시간(天), 공간(地), 인간(人)이다. 공간을 대응하는 기술인 사물인터넷(IOT)와 위치기술(LBS)은 비콘(Beacon) 등 실내 측위와 근거리무선통신(NFC, Near Field Communication)등의 센서들이 대응하게 된다. 인간을 대응하는 기술인 생체인터넷(IOB)과 관계정보는 트래커와 스마트워치가 담당할 수 있다. 온라인상의 클라우드에 저장된 빅데이터 화는 인공지능의 도움으로 대쉬보드와 개인용 스마트 디바이스와 연계된다.

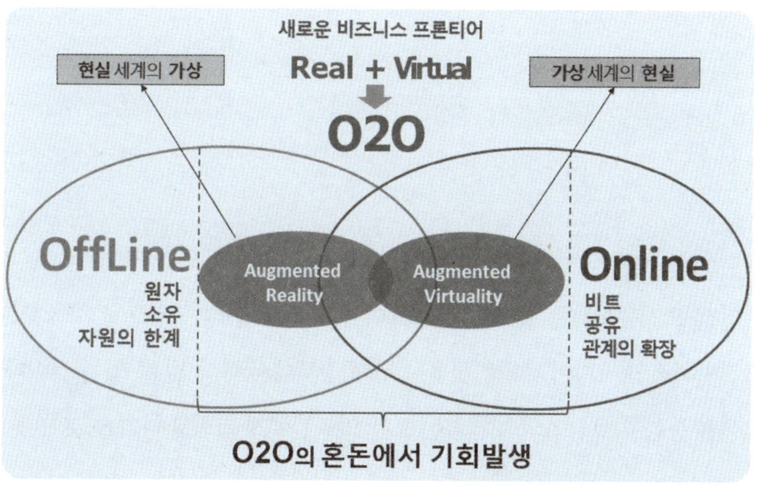

〈그림 14〉 O2O, 물리세상과 가상세상의 융합

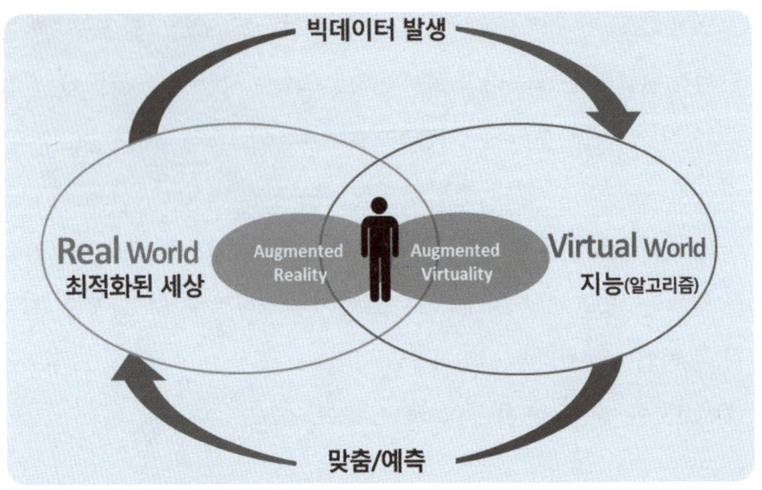

〈그림 15〉 O2O를 통해 최적화되는 세상

결 론

이제 다가오는 4차 산업 혁명에서 의료 산업도 예외가 될 수 없다. 초연결 초지능화하는 디지털 헬스케어를 국가의 미래 산업으로 육성하는 전방위적인 노력이 대한민국을 성장의 정체에서 구해 낼 수 있을 것이다. 이를 통한 의료산업의 세계화는 모든 의료인에게 기회로 다가올 것이다.

〈보건산업동향 vol. 49–한국보건산업진흥원〉 수록

꿈, 뜻 그리고 사랑

삶에 있어서 개인적인 가치는 여전히 소중하다. 개인적 가치 중 으뜸은 사랑일 것이다. '사람' 이 만나면 네모난 면이 둥글어지면서 '사랑' 이 된다고 한다. '사랑' 은 '사람의 만남' 에서 만들어진다.

인간 개개인이 완벽하다면 세상은 초인(超人)들만 외로이 살아가는 무미건조한 공간이 될 것이다. 인간은 부족하기에 만남을 통해 사랑을 한다. 사랑은 불완전한 인간이 완전을 향하는 탄탈로스적 노력이다.

사랑은 주거나 받는 사랑에서, 주고받는 사랑, 그리고 아낌없이 주는 사랑까지 확대해 나간다. 연인에서 가족과 조직을 거쳐 인류에 이르기까지 범위를 넓혀 간다. 이러한 일련의 사랑은 자신의 한계를 넓혀 나가는 단계들이다. 사랑의 범위를 확대하면 내가 사라지는 것이 아니라 내가 더 확대된다. 물론 마지막 단계에 도달하는 사람은 극히 드물다. 그러나 부처님과 예수님의 삶이 더 가치 있는 삶인 이유는 사랑의 범위가 넓기 때문이다.

옳고 그름의 이성적 가치가 사랑으로 뒷받침되지 않는다면, 세상은 삭막할 것이다. 사랑은 기계로 찍어낼 수 없다. 사랑은 생텍쥐페리가 '어린 왕자'에서 이야기하듯 특별한 것이다. 사막에 불시착한 어린 왕자에게 여우는 "우리 관계를 맺자"고 말한다. 왕자는 "관계를 맺는 것이 뭐지?"라고 묻는다. 여우는 "관계를 맺기 전까지는 나는 수많은 여우 중의 하나이고 너는 수많은 소년 중의 한 명이지만, 관계를 맺고 난 다음에는 너와 나는 특별해진다"고 답한다. 사랑은 특별한 것이다. 사랑을 통해서 마음의 불꽃이 피고, 생명의 샘물이 솟아난다. 그 생명의 불꽃이 육체적 생명으로도 이어져 인류의 영속성이 지속된다. 서로에게 특별하기 위해서 우리는 사랑을 하고 소유를 하고자 한다. 그러나 독점적 소유의 사랑은 개인의 사랑만으로 끝난다. 하기는 칼릴 지브랄 시인은 '사랑은 사랑만으로 충분하다'고는 했다. 그래도 지속적으로 사랑은 승화되어야 할 것이다.

우리에게는 꿈보다 소중한 것이 있다. 그것은 뜻이다. 꿈은 개인의 것이다. 개인의 꿈이 세상의 가치와 결합하면 뜻이 된다. 개인적인 소망은 필요하다. 이러한 소망이 사랑과 인류에 대한 사랑, 사회에 대한 사랑과 결합하면서 뜻이 세워진다. 꿈은 '알'이다. 그래서 품는다고 이야기한다. 뜻은 '깃발'이다. 그래서 세운다고 말한다. 젊은 시절 나의 소망인 꿈과 이 사회의 가치가 결합하여 뜻을 세울 수 있는 청년이 되도록 노력하자. 이제는 꿈의 버킷 리스트가 아니라 주고받는 사랑인 뜻의 버킷 리스트를 만들어 보자.

성경에서 믿음, 소망, 사랑을 이야기했다면 불경에서는 재시(財施), 법시(法施), 무애시(無涯施)를 이야기한다. 베풀고 나누라는 것이다. 재시는 재물을 나누는 것이다. 나눔의 기본이다. 인심은 곳간에서 나온다고 했다. 작은 베풂부터 시작하자. 당장 굿 네이버스 등 많은 단체에 전화만 하면 어려운 나라 어린이 한 명을 후원할 수 있다. 사랑과 꿈이 결합한 나눔은 두 번째 단계인 법시로 이어진다. 법시는 좋은 생각을 나누는 것이다. 트위터, 페이스북 등 나누는 도구는 너무나 많지 않은가. 나쁜 씨앗이 아닌 좋은 씨앗을 많이 퍼트리자, 마음의 뜰에 좋은 씨앗을 심지 않으면 잡초가 무성해진다. 마지막으로 무애시는 조건 없이 사랑을 나누는 것이다. 인류에 대한 사랑이 바로 이것이다.

세상을 비판하되 긍정적으로 미래를 보자. 세상을 보는 시각은 비난과 긍정 사이에서 존재해야 한다. 지나친 비난이 되면 우리는 문제의 일부분이 된다. 건설적 비판을 통해서 문제를 해결하는데 동참해 나가자. 법시에 해당하는 생각의 나눔으로 젊은이들과 멘티 멘토 활동을 해보자. 놀랍게도 멘토 과정에서도 많은 것을 배운다. 나눔은 얻음과 통한다. 그러나, 마지막은 조건 없이 나누는 무애시의 사랑이다. 우리의 삶에서 가능한 범위의 큰 사랑을 나누어 보자.

큰 사랑을 나눌 수 있기 위해서 자신을 갈고닦아야 한다. 포용과 나눔은 역량을 바탕으로 하기 때문이다. 꿈을 품고 뜻을 세우면 큰 사랑을 위한 지속적인 동기부여가 가능해질 것이다. 미래는 주어지는 것이 아니라, 청년들이 만들어 가는 것이다.